# 人力资源开发与管理

肖冬平◎主编

Human Resource Development and Management

中国经济出版社
CHINA ECONOMIC PUBLISHING HOUSE
北 京

**图书在版编目（CIP）数据**

人力资源开发与管理 / 肖冬平主编 . -- 北京 ：中国经济出版社，2025. 1. -- ISBN 978-7-5136-7894-0

Ⅰ. F241

中国国家版本馆 CIP 数据核字第 20248JP625 号

责任编辑　焦晓云
责任印制　马小宾
封面设计　久品轩

**出版发行**　中国经济出版社
**印 刷 者**　河北宝昌佳彩印刷有限公司
**经 销 者**　各地新华书店
**开　　本**　787mm × 1092mm　1/16
**印　　张**　13.75
**字　　数**　268 千字
**版　　次**　2025 年 1 月第 1 版
**印　　次**　2025 年 1 月第 1 次
**定　　价**　88.00 元
**广告经营许可证**　京西工商广字第 8179 号

**中国经济出版社**　**网址** http://epc.sinopec.com/epc/　**社址** 北京市东城区安定门外大街 58 号　**邮编** 100011
本版图书如存在印装质量问题，请与本社销售中心联系调换（联系电话：010-57512564）

---

# 前言 PREFACE

人力资源管理的原理，其实也是人们为人处世的道理。道理说教千万遍，不如撞南墙一回。很多道理都是人们在亲身体验后悟到的，如小马过河一样，不亲自去蹚一下水，就不知河水之深浅。

随着科技的进步、经济的发展，我们的祖国变得越来越强大，人力资源在其中所发挥的作用也更加明显。无论社会怎么发展，有一样东西似乎一直没怎么变化，那就是人性。从表面上看，人性无影无形，既看不见也摸不着，但人性是人力资源管理的基础。一个人的成功，在很大程度上是对人性把握和运用的成功；一个人的失败，也可以归结为对人性领悟的失败。正所谓：谋事莫非人心，处世莫非人性。一个组织的成功，也可以归结为对人性把握和运用的成功。

管理涉及我们每个人的日常生活、工作和学习。比如，对自己情绪的管理、对自己时间的管理、对自己兴趣爱好的管理等。可以毫不夸张地说，有人的地方，就需要管理。管理无处不在，管理无时不有。从这个角度看，一个人的成功其实也是管理的成功。一个组织的成功也可以归结为管理的成功，即对组织各种资源管理的成功，其中人力资源管理是重中之重。

编者于 2013 年出版过一本教材——《人力资源开发与管理：原理与案例》，在教学实践中，发现该教材中许多内容已经过时，不再适用于现在的教学。在近年的课堂教学中，编者穿插了一些时事、新理念、新思维等，课堂效果很好，因此，产生了把讲义稿出版的念头，一则提升教材质量，二则与时俱进，三则教学相长。

本教材与原教材以及其他同类教材的主要不同在于，没有按照人力资源管理类教材的一般思路和逻辑，内容也不是按常规的“六大模块”（人力资源规划、招聘与配置、培训与开发、绩效管理、薪酬福利管理、员工关系管理）进行布局，而是根据教学的实际情况，着重探讨原理，并结合丰富的案例，以期不落窠臼、不千篇一律。所谓“原理”，就是一般规律性的东西，是事物内部的逻辑规则。本教材主要涉及欲望动力原理、压力动力原理、群体动力原理、同素异构原理、相对优势原理、利益相容原理、用进废退原理、边际效用递减原理等人力资源管理实践中常常会用到的原理。此外，本教材穿插了“知识拓展”“推荐阅读”“案例”等内容，一方面希望拓展学生的知识面，另一方面希望帮助学生加深对相关知识点的理解。

本教材既可作为高等院校本科生“人力资源管理”课程的教材，也可作为人力资源相关从业者的业务参考书，还可为对人力资源管理感兴趣的读者提供学习参考。

# 目录 CONTENTS

# 第一章　人力资源管理概述

在任何一家企业的发展过程中，人力资源管理都发挥着核心作用。可以毫不夸张地说，人力资源是企业的核心竞争力。企业通过人力资源开发、资本集合和员工行为产生核心竞争力，从这个意义上说，怎么强调其重要性都不为过。进入 21 世纪，随着社会、经济、科技、文化的不断发展和进步，企业的经营环境不断发生变化，任何一家企业都面临着新的机遇与挑战，这也给人力资源管理带来了新的挑战。

## 一、人性——人力资源管理的基础

要学好人力资源管理，首先要理解什么是人性，因为人性是人力资源管理的基础。人性，是指人的本质属性，是所有人身上共有的属性。

### （一）人性的主流观点

1. 人之初，性本善

孟子曰：恻隐之心，人皆有之；羞恶之心，人皆有之；恭敬之心，人皆有之；是非之心，人皆有之。

美国麦格雷戈的 Y 理论指出，一般人本性不是厌恶工作，一旦给予机会，他们是喜欢工作的，并渴望发挥其才能。也就是说，人是愿意负责任的。

中国古代儒家思想在两个基本设定上犯了根本性错误。一是人性设定。儒家思想主张，人性向善，人人皆可成圣人。二是政治设定。儒家的政治理想是圣人君子治国，人人自觉并各安其位。这两个基本设定是乌托邦式的构想，与现实相悖。

2. 性本恶

在中国，荀子首次提出性本恶的观点。

美国麦格雷戈的 X 理论指出，人天生不喜欢工作，好逸恶劳，喜欢逃避责任。

在中国历史上，特别是汉武帝时期董仲舒提出“罢黜百家，独尊儒术”以来，性善论成了社会意识的主流，而性恶论却少有人提及，成为被边缘化的思想。

有学者认为，人性是恶的，特别是在利益面前，没有人是讲道德的。春秋战国时期的伍子胥逃跑的时候被守卫抓住了。伍子胥说："你知道楚王为什么抓我吗？是因为他听说我有一颗宝珠，楚王想得到我的宝珠。可现在我的宝珠丢了，到时候，你把我送到楚王面前，他问我珠子在哪里，我身上没有，我就说是你夺去了。你怎么办？"守卫一听这话，当场就把他放了。可见，在生死攸关之时，在切身利益面前，人的行为和选择很难简单地用善恶来区分。

**知识拓展**

**荀子《性恶》**

人之性恶，其善者伪也。今人之性，生而有好利焉，顺是，故争夺生而辞让亡焉；生而有疾恶焉，顺是，故残贼生而忠信亡焉；生而有耳目之欲，有好声色焉，顺是，故淫乱生而礼义文理亡焉。然则从人之性，顺人之情，必出于争夺，合于犯分乱理而归于暴。故必将有师法之化，礼义之道，然后出于辞让，合于文理，而归于治。用此观之，人之性恶明矣，其善者伪也。

故枸木必将待檃栝、烝矫然后直，钝金必将待砻厉然后利。今人之性恶，必将待师法然后正，得礼义然后治。今人无师法，则偏险而不正；无礼义，则悖乱而不治。古者圣王以人之性恶，以为偏险而不正，悖乱而不治，是以为之起礼义，制法度，以矫饰人之情性而正之，以扰化人之情性而导之也。始皆出于治，合于道者也。今人之化师法，积文学，道礼义者为君子；纵性情，安恣睢，而违礼义者为小人。用此观之，人之性恶明矣，其善者伪也。

3. 性本无善无恶

告子认为，人一生下来，就像一张白纸，无所谓善，也无所谓恶，其善恶由后天教化所致。

例如，水的流向，本无所谓东，也无所谓西，人将它引向何方，它就流向何方，如著名的京杭大运河、南水北调工程。

又如，木材的形状，桌子、椅子本不是它们最初的形状，是人类把它们变成了那样。

日裔美籍学者威廉大内的 Z 理论强调组织管理的文化因素，并认为组织在生产力方面不仅需要考虑技术和利润等硬性指标，还需要考虑软性因素，如人与人之间的密切关系等。

X 理论和 Y 理论体现了西方的管理原则；而 Z 理论则强调在组织管理中加入东方的人性化因素，是东西方文化和管理哲学的碰撞与融合。

人性的主流观点见表 1–1。

**表 1–1　人性的主流观点**

| 人性论（人性假设） | 中国 | 外国 | 主要观点 |
|---|---|---|---|
| 性善论（Y 理论、自我实现人假设、社会人假设） | 孔子、孟子 | 梅奥、马斯洛、赫茨伯格和麦格雷戈 | 在社会上活动的人不是各自孤立存在的，而是某一个群体中有所归属的“社会人”，是社会存在。人具有社会性，人与人之间的关系和组织带来的归属感比经济报酬更能激励人。“社会人”不仅有追求收入的动机和需求，在生活和工作中还需要友谊、安全感、尊重和归属感等 |
| 性恶论（X 理论、经济人假设） | 荀子 | 麦格雷戈 | 人以一种合乎理性的、精打细算的、利益最大化的方式行事，他们的行为由经济因素推动和激发；人是自私、懒惰、险恶的；人是不负责任的 |
| 性本无善无恶论（Z 理论、超 Y 理论、复杂人假设） | 告子 | 薛恩 | 人的需要多种多样，需要的层次也因人而异；人在同一时期会有多种需要；人是抱着各种各样的愿望和需要加入组织的；人会随着工作和生活条件的变化而不断产生新的需要；由于需要不同、能力各异，并没有一套适用于所有组织和个人的管理方法 |

资料来源：编者根据相关资料整理。

### （二）参悟人性的重要性

参悟人性在现实生活和企业实践中都具有极其重要的作用。

1. 参悟人性是成功的重要密码

从某种意义上讲，管理就是管人，管人其实就是“搞定”人。游泳要知水性，做事要通人性。成功人士通常能够较好地把握人性。

做事要懂人性、顺人情。人都是自私的，你能在关键节点做贡献、肯吃亏，你就能让更多的人信服；人都爱犯懒，你若能勤快一点，你就能更优秀、更接近成功；人都喜欢吃美食，你能控制住自己，你就能保持好身材。我们在做事的时候，要学会站在人性的角度去思考。甘于奉献、肯吃亏、愿意做有挑战的事，把简单、容易的事情留给别人，才能塑造更好的自己。

2. 悟透人性是一个人成熟的标志

成熟是什么？什么样的人才算成熟？相信每个人都有自己的答案。

一个人成熟的明显标志是什么？就是可以接受所有的不如意。

当你能接受所有的不如意时，就表示你已经足够成熟了，你的思维已经到了一定的高度。这时你跟所有人的沟通都可以用四个字来表示：降维沟通。你会发现，世界在你眼中是明亮的，你可以接受人间百态，你与这个世界融洽了。

3. 人性是制定政策的重要依据

北京联合大学中国旅游经济与政策中心主任曾博伟指出："好的政策是什么呢？我认为，好的政策应该符合人性，政策背后其实是对于人性深刻的透视，而不仅仅是简单的号召。因为当号召的东西跟利益的诉求背道而驰时，它就很难持久。"在制定政策的时候，人性发挥着重要作用，因而从某种意义上说，人性是制定政策的重要依据。

## 二、人力资源及其管理

### （一）人力资源

并不是所有人都能称为人力资源。人力，顾名思义，就是可以出力的人。当然，这里的"力"既可以是体力，也可以是脑力。如果丧失了劳动能力，就不能称为人力。现实的人力资源包括以下三个部分：① 16 岁到 60 岁（女性 55 岁）之间的劳动力。这是现实人力资源最主要的部分。②已经在工作的未满 16 岁的未成年人。③已经到了退休年龄但还在工作岗位上的退休、返聘、再创业及兼职人员。

不具备劳动能力的 16 岁以下的未成年人，完全丧失劳动能力的残疾人，以及不想再工作的退休人员等不属于我们要探讨的人力资源范畴。以下几类人也不能称为现实的人力资源，而只能称为潜在的人力资源：①正在求学人员；②正在服刑人员；③正在服役人员；④正在找工作却一直没找到，在家赋闲的失业人员；⑤在家赋闲也不想去找工作的待业人员。

### （二）管理

"管"字上面的竹字头代表什么，官代表什么？"理"字的"王"字旁代表什么，"里"又代表什么？

我们先来看"管"，竹字头代表握笔的人，即有知识、有文化、有智慧的人，官代表职位、位置，合起来意思就是，只有有知识、有文化、有智慧的人，才能胜任管理者的职位。"理"字的"王"字旁代表权力、权威、控制力，"里"代表内心，合起来意思就是，控制力深入人的内心，让人心服。

"下智管物，中智管事，上智管人。"物是死的，物的管理不需要多少智慧；事是需要人去完成的，介于物和人之间，多少需要点智慧；人是活的，是有思想的，是最难管理的，所以需要最高的智慧。

管理的最高境界是让人心服口服。

“身在曹营心在汉”，说的是人表面上服你，而内心并不服你。我们听课、听报告、听演讲时，常常是处于人在心不在的状态，听完之后，没几个能真正领会所听的内容。这是为什么？心不服，你管的就只是表面，并不到位。

管理的成功，或者说，管理的最高境界，是让人心服口服。内心服你才是真正的服你，内心服管才是真正的服管。

## 三、人力资源管理与人力资源开发的关系

人力资源管理与人力资源开发既有区别又有联系。

两者的区别体现在以下四个方面：①人力资源开发属于综合性的边缘学科，而人力资源管理则属于管理学科的一个分支。②人力资源开发针对的是广义的人力资源范畴，即面对所有的人，设计人的整个生命周期；而人力资源管理针对的是狭义的人力资源，即面对工作中的人。③人力资源开发虽然也涉及微观问题，但更多考虑宏观的政策和目标管理；而人力资源管理更侧重微观的操作性问题。④人力资源开发主要包括国家和企业（组织）对所涉及范围内的所有人员进行正规的智力开发、职业培训和全社会的启智任务；而人力资源管理主要反映对全社会或一个企业各层次、各类型从业人员，从招聘、录取、培训、使用、升迁到调动、辞退全过程的管理。

两者的联系体现在以下两个方面：①人力资源开发要求不断改善人力资源管理工作，合理安排和使用人力资源，充分发挥人力资源的主动性和积极性。②人力资源管理是实现人力资源开发战略的一个重要环节，包括人力资源经济运动的全过程；人力资源开发的许多子目标要通过人力资源管理来实现。

## 四、人力资源管理与传统人事管理的区别

人力资源管理与传统人事管理的区别（见表 1–2）体现在以下八个方面：

第一，管理视角不同。人力资源管理视员工为第一资源和资产，传统人事管理则视员工为成本和负担。

第二，关注主体不同。人力资源管理以“人”为中心，传统人事管理以“事”为中心。以“人”为中心，关注人的安危，关注的是过程和结果；以“事”为中心，关注的是事情是否完成，即结果。

第三，管理目的不同。人力资源管理以实现组织和员工的共同利益为目的，而传统人事管理则以实现组织目标为目的。

第四，管理活动不同。人力资源管理重视培训开发，而传统人事管理重使用、轻开发。

第五，管理地位不同。人力资源管理侧重战略层面，而传统人事管理侧重执行层面。

第六，角色定位不同。人力资源管理的角色定位为效益中心，而传统人事管理的角色定位为成本中心。

第七，管理方式不同。人力资源管理采用民主、参与的管理方式，而传统人事管理常常使用命令、控制的管理方式。

第八，管理方法不同。人力资源管理的方法非常多样，并使用前沿的技术；而传统人事管理的管理方法十分单一、传统。

**表 1-2　人力资源管理与传统人事管理的区别**

| 项目 | 人力资源管理 | 人事管理 |
| --- | --- | --- |
| 管理视角 | 视员工为第一资源和资产 | 视员工为成本和负担 |
| 关注主体 | 以人为中心 | 以事为中心 |
| 管理目的 | 实现组织和员工的共同利益 | 实现组织目标 |
| 管理活动 | 重视培训开发 | 重使用、轻开发 |
| 管理地位 | 战略层面 | 执行层面 |
| 角色定位 | 效益中心 | 成本中心 |
| 管理方式 | 民主、参与 | 命令、控制 |
| 管理方法 | 多样，使用前沿的技术 | 单一、传统 |

资料来源：刘善仕，王雁飞．人力资源管理［M］．2 版．北京：机械工业出版社，2023。

# 第二章　人力资源开发概述

## 一、人力资源开发的含义

人力资源开发（Development of Human Resource）由美国乔治·华盛顿大学的奥纳德·纳德勒教授首次提出。他对人力资源开发的定义有三层含义：第一，由雇主提供的有组织的学习体验；第二，在一段特定的时间内；第三，目的是使雇员提高自己在职位上的绩效与个人发展的可能性。①

美国培训与开发学会（American Society of Training and Development）对人力资源开发的定义为：综合利用培训与开发、职业生涯开发、组织开发等手段改进个人的、群体的和组织的效率。根据该定义，很多学者把人力资源开发分为职业生涯开发、组织开发和管理开发三大类。

美国联邦储备委员会（US Federal Reserve Board）前主席艾伦·格林斯潘（Alan Greenspan）曾在 2004 年 2 月指出："美国的财富创新无疑是全球化的，而其重要方面正在于人口的知识和技能水平。今天，由知识带动经济比过去要复杂得多，并且影响更加深远和广泛。我们需要保证美国的教育，无论是正式的还是其他形式的，要使其能够为经济的有效运行提供足够的技术动力。"②

人力资源开发其实就是人力资源培养、教育、培训、学习的过程。矿产资源之类的自然资源，一般是埋在地底下的，需要把它们挖掘出来，加工之后才能利用。这个挖掘的过程，我们就称为"开发"。隐藏在人身上的很多能力，即潜能，需要他人（包括父母、老师、朋友等）的培养、教育、引导以及自身的学习，才能被意识到并发挥作用，这个培养、教育、引导、学习的过程，就是"人力资源开发"。

---

① 赵曙明，张正堂，程德俊 . 人力资源管理与开发［M］. 2 版 . 北京：高等教育出版社，2018：164.

② 段超群 . 培训与开发［M］. 沈阳：东北师范大学出版社，2012：2–4.

## 二、人力资源开发的特点

人力资源开发具有以下六个特点：

一是战略性。人力资源开发对于一个国家、一个组织的未来发展具有重要的战略意义。

二是系统性。从纵向来看，人力资源开发是一个长期的过程，各阶段前后衔接、循序渐进；从横向来看，这个大系统包含人力资源总量平衡、结构配置优化、素质提高等多个部分，每个部分又包含多个子系统。

三是双重性。双重性是人力资源开发区别于其他资源开发的重要特征之一。人既是开发的主体又是开发的客体，因而人力资源开发要重视发挥人的主观能动性。

四是社会性。一方面，人力资源开发在社会的环境中进行；另一方面，人力资源开发广泛作用于社会的各层面、各组成部分。

五是效益性。人力资源开发既具有经济效益又具有社会效益，追求效益最大化是其出发点和归宿。

六是动态性。人力资源开发是一个动态过程，必须根据不同的对象和不同对象所处的不同环境采取不同的方式。

## 三、人力资源开发的作用

现代科学研究表明，人的大脑具有巨大的潜能，这些潜能需要开发才能为自己所用。人的大脑中大约有 2000 亿个脑细胞，可储存大约 1000 亿条信息。思想每小时游走 150 多千米，拥有 100 兆以上的交错线路，平均 24 小时能产生大约 4000 种思想，是世界上最精密、最灵敏、最高级的器官。研究还发现，人的大脑中蕴藏着无数待开发的资源，一般人对脑力的开发和运用不到总量的 5%，即使是那些成就卓越的科学家，运用的智慧也不超过其智慧潜能总量的 10%。如果能把潜在的智慧运用到 50%，我们大多数人都可以轻松地学会 40~50 种语言，可以一字不漏地把大英百科全书轻松地背下来，能够完成数十所大学的博士课程。因此，我们自身所具有的潜在能量，是难以估量甚至是难以想象的。美国心理学家卢果曾深有感触地说："我们活在地球上，最大的悲剧不是地震、泥石流、海啸、战争、瘟疫等，而是我们从生到死都没有意识到自身潜藏着巨大的智慧能量，更不懂得如何去开发和利用它们。"①

无论是对组织还是对个人来说，人力资源开发都具有极其重要的意义。人力资源

① 左岸．情商管理课［M］．北京：中国华侨出版社，2017：6.

开发所带来的益处是多层次、多方面的，可以同时促进组织和个人的发展。约翰·阿代尔从任务、团队和个人三个方面阐述了人力资源开发的益处。①

### （一）对任务的益处

人力资源开发对任务的益处主要包括有助于生产能力的增加、工作目标的进一步明确和标准化的建立。一般而言，人力资源开发程度越高，对完成任务的促进作用越大。因此，在大多数情况下，学历越高，越受招聘单位欢迎。

### （二）对团队的益处

人力资源开发对团队的益处主要包括有助于设立团队行为标准、解决团队困难和团队内的冲突、培养团队合作精神、建立目标型团队、促进团队成员间的交流和理解等。团队成员开发程度越高，团队的整体素质越高，团队协作的效率也越高。

### （三）对个人的益处

人力资源开发对个人的益处主要包括有助于员工了解自身的能力、优势、需求及目标，进而更加积极地应对困难和挑战，获得对自己工作努力及绩效的认同，等等。

个人开发程度越高，能力会越强，眼界会越高，在谋生、处事等方面也会更顺利。

## 四、人力资源开发的分类

按不同的标准，可对人力资源开发进行不同的分类。

### （一）按开发对象分类

按开发对象，可以将人力资源开发分为能力开发和有效管理者开发。②

#### 1. 能力开发

能力开发包括人力资源在学习型组织中的自我超越、心智模式、共同愿景、团队学习和系统思考五项修炼。

#### 2. 有效管理者开发

有效管理者开发包括正规教育、在职体验和人际互动等方面的开发。

---

① 陈国海．员工培训与开发［M］．北京：清华大学出版社，2012：297.

② 陈国海．员工培训与开发［M］．北京：清华大学出版社，2012：296–297.

（1）正规教育。

正规教育，又称“正规教育计划”（Formal Education Programs），包括专门为公司员工设计的脱产和在职培训计划，由顾问或大学提供的短期课程及住校学习的大学课程计划。这些开发计划一般通过企业专家讲座、商业游戏、仿真模拟、冒险学习与客户会谈等方式实施。

（2）在职体验。

在职体验（Job Experiences）是指员工在工作中遇到的各种关系、问题、需要、任务以及其他事项。在职体验的前提假设：当员工过去的经验和技能与目前的工作所需不相匹配时，就需要进行人员开发。为了有效地开展工作，员工必须拓展自己的技能，以新的方式来应用其知识和技能，并积累新的经验。利用工作实践进行员工开发有多种方式，包括工作拓展、工作轮换、工作调动、晋升、降级，以及其他临时性工作安排。

（3）人际互动。

人际互动是指员工通过与企业中资深成员之间的互动来开发自身技能，积累与企业和客户有关的知识与技能。人际互动主要有导师辅导和教练指导两种形式。

导师（Mentor）是指公司中富有经验、生产效率高的员工。他们对开发经验不足的员工（被指导者）负有辅导的责任。

教练（Coach）就是与员工一起工作的同事或经理。教练能够鼓励员工，帮助他们开发技能，同时提供激励和工作反馈。教练一般可以扮演以下三种角色：一是为员工提供一对一的训练（提供反馈）；二是帮助员工自我学习，包括帮助员工找到能协助他们解决所关心问题的专家，以及教导员工如何从他人那里获得信息反馈；三是向员工提供通过导师辅导、培训课程或工作实践等途径无法获得的其他资源。

### （二）按开发内容分类

按开发内容，可以将人力资源开发分为心智开发和潜能开发。

#### 1. 心智开发

心智开发是指改变人们根据既定思维模式和行动模式开发的实践活动。在组织中，人们常常会结合现有的工作内容和职责来考虑自己的行为，而不会主动积极地去打破既定思维模式和行动模式。这种开发仅适用于普通员工。

#### 2. 潜能开发

潜能开发，就是把人们本身具有但目前还没有表现出来的能力激发出来。潜能开发需要有科学、专业和系统的指导与训练，要努力消除潜意识中有碍集中注意力的负面情绪，建立潜意识中有利于强化注意力的正面情结。这种开发适用于管理者。

### （三）按开发方式分类

赵曙明教授曾把人力资源开发方式总结为在职辅导培训、工作轮换、继任计划、角色扮演和行动学习五种。

#### 1. 在职辅导培训

在职辅导培训是最普遍的人力资源开发方法，既可用于操作技能的培训，也可用于管理技能的培训。

#### 2. 工作轮换

工作轮换是指组织有计划地按照大体确定的期限，让员工轮换担任若干种不同类别工作的做法。这是一项成本较低的组织内部调整。

#### 3. 继任计划

继任计划是指确定和持续追踪高潜能员工的过程。高潜能员工是指公司认为能胜任更高职位的人，如战略经营部门的总经理、职能部门的总监或首席执行官（CEO）。高潜能员工通常会参加快速路径开发计划，包括教育、行政指导和训练，通过工作分配进行工作轮换。他们还可能接受特殊的工作分配，如在公开场合演讲、在委员会或项目小组工作等。

继任计划的目标：把高潜能员工培养成中层管理者或执行总裁，使企业在吸引和招聘高潜能员工方面具有竞争优势，帮助企业留住管理人才。

具体来说，开发高潜能员工需要经历以下三个阶段：

一是在组织中挑选一批高潜能员工。这些员工要么是以优异成绩完成学业的，要么是有出色工作表现的，同时需要通过相关的心理测试。

二是高潜能员工参与开发实践活动。此举是为了确保高潜能员工具有良好的口头和书面表达能力、人际交往能力和领导能力。

三是由企业最高管理者来确认这些员工是否适应企业文化，并了解其个性特征能否代表企业形象。

只有通过以上各阶段的选拔，才能确定最初挑选的高潜能员工能否进入最高管理层。开发高潜能员工是一个缓慢的过程，到达第三个阶段可能要花费 15~20 年的时间。

#### 4. 角色扮演

角色扮演最常用的方法是让受训者根据简单的背景材料（如剧本或规定的情境）扮演分配给他们的角色。这种方法通常将受训者分为两部分：一部分进入角色情境去处理各种问题，通过表演去体验他人情感或他人在特定环境下处理问题的方式。对扮演者来说，在角色扮演中，他们实际上获得了一次自我发现和自我认知的机会。另一部分受训者则要认真观察扮演者的行为，在表演结束后对扮演者的行为进行评价，这样才能保证台上台下的受训者都能受益。

5. 行动学习

行动学习，又称“干中学”，由英国管理学思想家雷格·瑞文斯（Reg Revans）提出。行动学习是指给管理团队或者个人一个实际工作中出现的问题，让他们通过合作分析问题并制定解决问题的方案，然后由他们去实施这一方案的开发方法。

行动学习不仅可以让管理者参与，还可以让顾客和供应商参与进来，是一种贴近实际的演练。

企业可以通过行动学习发现新一代领导人。企业利用行动学习，在发现和塑造领导者的同时，还可以解决自身在战略和运营方面的问题。当这种方法被大规模应用时，将对塑造企业文化起到积极作用。

行动学习的过程包括两种交替进行的活动：一种是集中的专题讨论会，参与者可以在会上得到各种信息，这些信息或催人奋进，或发人深省；另一种是分散的实地活动，既包括行动小组为了解决问题而去实地收集资料的活动，也包括辅助性的团队建设活动。在经过数个星期或数个月的集中和分散后，参与者的各种能力均能得到提高，组织的战略问题也能得到解决。

## 五、人力资源开发的途径

从中国的国情出发，人力资源开发的途径主要有五种。

### （一）自我开发

自我开发，其实就是自己在人生的道路上体验、感悟、学习和成长的过程。正所谓“活到老，学到老，开发到老”。自我开发，也可称为“自我管理”。有的学者把这一过程称为“命运前途操之在我”。[①] 追求圆满人生的首要准则，就是“操之在我”，其含义不仅是采取主动，还包括人必须对自己负责，即个人的行为是自身的抉择，而不是任由环境或他人摆布。理智可以战胜情感，人有能力也有责任创造对自己有利的外部环境。

李嘉诚、华罗庚、张海迪等都是自学成才、自我开发的典范。

李嘉诚，白手起家。他有一句经典名言：有钱大家赚，利润大家分享，这样才有

① 蒋明新. 人力资源开发与管理［M］. 成都：西南财经大学出版社，2003：369-370.

人愿意合作。假如拿65%的股份是公正的，拿60%也可以，但是如果只拿50%的股份，就会财源滚滚来。

华罗庚是美国科学院历史上第一位当选为外籍院士的中国学者。华罗庚只有初中文凭，根本没有机会上大学，但他是中国解析数论、典型群、矩阵几何学、自守函数论和多复变函数论等很多方面研究的创始人和奠基者。他的研究成果被国际数学界命名为“华氏定理”“布劳威尔－加当－华定理”“华－王方法”“华氏算子”“华氏不等式”等。他一生为我们留下了200多篇学术论文、10部专著（其中8部被国外翻译出版）。他把数学方法创造性地应用于国民经济领域，筛选出了以改进工艺问题的数学方法为内容的“优选法”，以及以处理生产和组织与管理问题为内容的“统筹法”。

张海迪5岁时，因患脊髓血管瘤而高位截瘫。1970年，她随父母下放到山东聊城莘县，自学完成了小学、中学和大学的课程，并学习了针灸，在当地行医。1983年，她被誉为“八十年代新雷锋”和“当代保尔”，历任第九、第十届全国政协委员。

### （二）家庭开发

#### 1. 家庭开发的含义

家庭开发是指家人对被开发者的言传身教，以及各种有意识、有计划的指导、指引和培养。家庭开发对每个人的成长都十分重要。家庭开发，其实就是家庭教育。

目前，中国留守儿童的教育问题十分严重。这些留守儿童要么由爷爷奶奶带着，要么由外公外婆养着，父母都在外打工。老人在传统观念和认知方面的局限，导致这些儿童大多养成了“以自我为中心”的性格，这为他们以后走上社会埋下了隐患。

有的人奋斗了一辈子所得到的是有的人一生下来就拥有的，这就是起点不同导致的差异。

在多子女家庭中，越受父母宠爱的孩子，往往越没出息。

苏联教育学家苏霍姆林斯基说，儿童就像一块大理石，把这块大理石造成一座雕像需要六位雕塑家：家庭、学校、儿童所在的集体（群体）、儿童本人、书籍、偶然出现的因素。

爱迪生一生只上过3个月的小学，他的学问是靠母亲的教导和自修得来的。是母亲自小对他的耐心教导，使原来被认为是低能儿的爱迪生长大后成为举世闻名的“发明大王”。

爱迪生从小就对很多事物感到好奇，而且喜欢动手试验，直到明白其中的道理为止。长大以后，他在新泽西州建立了一个实验室。他一生发明了电灯、留声机等2000

余种东西。爱迪生的研究精神，让他在改进人类生活方式方面做出了重大贡献。

“最大的浪费莫过于浪费时间。”爱迪生常对助手说，“人生太短暂了，要多想办法，用极少的时间办更多的事情。”

2. 家庭开发的重要性

家庭开发是人力资源开发的第一个重要环节。柏拉图在《理想国》中指出：凡事开头最重要，特别是生物，在幼小柔嫩的阶段，最容易接受陶冶，你要把它塑成什么形式，就能塑成什么形式。亚里士多德从家庭遗传的角度阐释了优生优育的重要性。他指出：优种传递优种，世泽之家的后裔常常有良好的品德。可见，古希腊人已经认识到了家庭教育对人力资源开发的重要性。①

家庭是社会的细胞，对于孩子的培养，家庭既是养育生命的摇篮，也是人力资源开发的第一个重要环节；对于家庭主要成员，特别是对夫妻双方的人力资源开发，家庭是非常重要的环节，也是非常重要的场所。夫妻不但要承担开发子女的责任和义务，也承担着彼此之间相互促进与相互开发的责任和义务。这就是人们常说的：成功的男人背后总会有一个贤惠的妻子，而成功的女人背后也总会有一个心胸宽广的男人。

在人力资源开发过程中，家庭不但要考虑孩子的优生问题，还要考虑孩子的优育问题。家庭不但为孩子提供了第一个生活和学习的场所，而且是孩子乃至家庭所有成员的避风港；父母是孩子的第一任老师，家庭是人力资源开发的坚强后盾。

3. 家庭开发要注意的问题

家庭开发要注意以下五个问题：

（1）要创造和谐的家庭氛围。家庭是孩子成长的摇篮，应该给孩子营造和谐宁静、充满亲情的良好氛围。为此，除了不懂事的婴幼儿外，每个家庭成员在家庭中都应该对自己有一个定位。所谓“定位”，并不是专制和保守，而是让每个家庭成员都能明白自己的家庭角色。唯有如此，才能培育良好的家庭氛围。

（2）要保障孩子的身心健康。一个家庭义不容辞的责任之一就是保障孩子的身心健康。在实际生活中，许多家庭由于过于疼爱孩子走向溺爱的极端，而溺爱很容易让孩子偏离正常轨道。

（3）要理解、赞赏和鼓励孩子。家庭除了在物质生活上给予孩子足够的关照，还要在精神上给予孩子充足的营养。这种营养就是经常性的理解、赞赏和鼓励。此外，还要注意保护孩子的好奇心和求知欲。

---

① 薛永武．人才开发学［M］．北京：中国社会科学出版社，2008：197–208.

（4）家庭开发要形成合力。父母是家庭中的核心人物，对孩子的培养应该达成共识，这样才能在家庭中形成合力。这里的共识，是指父母对孩子的生涯设计和教育原则要尽可能达成一致意见，不能相互矛盾。

（5）对孩子的期望要张弛有度。望子成龙，望女成凤，是中国父母对孩子的普遍期待。但是，很多父母并没有意识到，家庭的希望是一回事，能否实现是另一回事。因此，对孩子的教育要注意张弛有度，要对孩子有信心，也要学会接受孩子的不完美，切忌揠苗助长。

### （三）学校开发

1. 学校开发的含义

学校开发，也称“正规教育”，就是接受学校教育（Formal Education）。学生的整个求学阶段，都在被学校开发着。学校教育就是人力资源开发中的学校开发。

2. 学校开发的重要性

学校教育在人的一生中有着十分特殊的意义。自有学校以来，社会就把学校视为培养人才的专门机构。学校是适龄学子追求知识、增长学问和智慧的神圣场所。从历史的角度来看，大凡从正规学校毕业的学生，一则成才的比例比较高，二则在社会上有比较好的声誉。因此，富有远见的管理者大多支持办好学校，家长也希望孩子能够进入正规学校学习，大多数孩子也愿意去学校读书。

当社会发展到以人才开发为时代动力的新时期以后，学校教育就成了世界各国获取人才的竞争高地。如果哪个国家忽视学校教育，这个国家的发展一定会出现大问题。亚里士多德在其《政治学》中提出：邦国如果忽视学校教育，其政制必将毁损。古希腊就把学校教育上升到社会兴亡的高度来认识，体现了对学校教育认识的战略眼光，应该说具有认识上的极大超前性。①

3. 学校教育的阶段

正规的学校教育可以分为以下四个阶段：

（1）学前教育。

学前教育是指实施幼儿教育的机构根据一定的培养目标和幼儿的身心特点，对入小学前的幼儿进行有计划的教育。学前教育的主要任务是使儿童身心获得协调发展，为接受小学阶段的教育做好准备。实施学前教育的机构主要有托儿所、幼儿园、附设在小学的学前班等，其年限从 1 年至 3 年不等。

---

① 薛永武．人才开发学［M］．北京：中国社会科学出版社，2008.

学前教育是终身学习的开端，是国民教育体系的重要组成部分，是重要的社会公益事业。办好学前教育、实现幼有所育，是党的十九大做出的重大决策部署，是党和政府为老百姓办实事的重大民生工程，关系亿万儿童的健康成长，关系社会和谐稳定，关系党和国家事业的未来。

（2）初等教育。

初等教育即小学阶段，可以分为两个阶段，即小学低年级和小学中高年级。

小学低年级教育和引导学生热爱中国共产党、热爱祖国、热爱人民，爱亲敬长、爱集体、爱家乡，初步了解生活中的自然、社会常识和有关祖国的知识，懂得保护环境、爱惜资源，养成基本的文明行为习惯，形成自信向上、诚实勇敢、有责任心等良好品质。

小学中高年级在小学低年级的基础上，教育和引导学生了解家乡发展变化和国家历史常识，了解中华优秀传统文化和党的光荣传统，懂得日常生活的道德规范和文明礼貌，初步形成规则意识和民主法治观念，养成良好的生活和行为习惯，树立保护生态环境的意识。

（3）中等教育。

中等教育是在初等教育基础上继续实施的中等普通教育和专业教育，这种教育在整个学校教育体系中有承上启下的重要作用。实施中等教育的学校为各类中等学校，普通中学为其主要部分，还包括中等专业学校。普通中学担负着为高一级学校输送各类合格新生以及为国家建设培养劳动后备力量的双重任务。中等专业学校包括中等技术学校和中等师范学校，担负着为国民经济部门培养中等专业技术人员的任务。各类中等学校的办学情况直接影响着国家教育建设和劳动力的培养质量，以及国家各方面的发展，因此日益引起世界各国的重视。

普通中学包括两个阶段，即初中学段和高中学段。

初中学段在小学阶段的基础上，教育和引导学生认同中华文化，继承革命传统，弘扬民族精神，理解基本的社会规范和道德规范，树立规则意识、法治观念，培养公民意识，掌握促进身心健康发展的途径和方法，形成尊重他人、乐于助人、善于合作、勇于创新等良好品质。

高中学段在初中学段的基础上，教育和引导学生坚持中国特色社会主义道路，弘扬民族精神，增强民族自尊心、自信心和自豪感，增强公民意识、社会责任感和民主法治观念，学习运用马克思主义基本观点和方法观察问题、分析问题和解决问题，掌握正确选择人生发展道路所需的相关知识，初步形成正确的世界观、人生观和价值观。

（4）高等教育。

联合国教科文组织多次对“高等教育”这一概念进行界定。

1962年在非洲召开的由44个国家参加的高等教育会议认为，“高等教育是指大学、文学院、理工学院和师范学院等机构所提供的各种类型的教育，其基本入学条件为完成中等教育，一般入学年龄为18岁，学完课程后授予学位、文凭或证书，作为完成高等学业的证明”。

2011年修订的《国际教育标准分类法》指出，高等教育建立在中等教育之上，在专业化的教育学科领域提供学习活动。它以高度复杂和专业化的学习为目标。高等教育包括通常所理解的学术教育，还包括高级职业或专业教育，因此比学术教育的范畴广泛。

《现代汉语词典》（第7版）这样定义高等教育：“在中等教育的基础上，培养具有专门知识、技能的人才的教育。实施高等教育的学校有大学、专门学院等。”

1999年施行的《中华人民共和国高等教育法》第二条第二款规定：“本法所称高等教育，是指在完成高级中等教育基础上实施的教育。”

高等教育按教育方式可以分为以下六种类型：

第一，普通高等教育。普通高等教育是指主要招收高中毕业生进行全日制学习的本专科学历教育或通过全国硕士研究生统一招生考试招收的全日制或非全日制普通研究生的研究生学历教育。普通高等学校是按照国家规定的设置标准和审批程序批准举办的。

第二，应用型高等教育。在社会主义市场经济体制下，发展应用型高等教育是中国高等教育改革发展的趋势。我国发展应用型大学，就是要培养应用型人才。在应用型人才培养过程中，要强调人才的复合型和通用性。应用型高等教育注重实践环节和职业技能的培养，其目标是培养适应社会经济发展需要的高层次应用型人才。

党的十九大报告中明确提出，要“实现高等教育内涵式发展”。深化产教融合、产学研结合、校企合作是高等教育，特别是应用型高等教育发展的必由之路。

第三，成人高等教育。成人高等教育是高等教育的重要组成部分，国家承认学历，学生参加全国招生统一考试，各省、自治区统一组织录取。成人高等教育分为三种：专科起点本科（简称“专升本”）、高中起点本科（简称“高起本”）、高中起点专科（简称“高起专”）。

成人高等教育的授课方式有脱产、业余及函授三种，考生应根据自身情况选择适合自己的学习形式。

第四，高等继续教育。高等继续教育需要通过高等教育自学考试。高等教育自学考试是对自学者进行的以学历考试为主的高等教育国家考试，是个人自学、社会助学和国家考试相结合的高等教育形式，是中国高等教育体系的重要组成部分。高等教育自学考试的任务是通过国家考试促进个人自学和社会助学活动，推进在职专业教育和大学后继续教育，造就和选拔德才兼备的专门人才，提高全民族的思想道德、科学文化素质，适应社会主义现代化建设的需要。

第五，电大开放教育。电大开放教育是相对于封闭教育而言的一种教育形式。电大开放教育的基本特征为：以学生和学习为中心，取消对学习者的限制。比如，电大开放教育对入学者的年龄、职业、所在地区、学习资历等没有太多的限制，凡有志学习者，具备一定文化基础的，不需要参加入学考试，均可以申请入学；学生对课程选择和媒体使用有一定的自主权，在学习方式、学习进度、时间和地点等方面也可以由学生根据需要决定；在教学上采用多种媒体教材和现代信息技术手段等。

第六，远程网络教育。远程网络教育是一种新兴的教育模式，全国有教育部批准具备招生资格的试点网校 68 所。远程网络教育和传统教学方式不同，主要通过远程教育实施教学，即学生点击网上课件（或光盘课件）完成课程的学习，通过电子邮件等方式向教师提交作业或与教师进行即时交流，另有一些集中面授。

2017 年 1 月 25 日，教育部发布《教育部关于“十三五”时期高等学校设置工作的意见》（教发〔2017〕3 号），提出“探索构建高等教育分类体系。以人才培养定位为基础，我国高等教育总体上可分为研究型、应用型和职业技能型三大类型”，“各地要结合国家高等教育分类体系框架和本地区高等教育事业发展实际，因地制宜地构建符合本地省（区、市）情和发展需要的高等教育分类体系，积极探索建立不同类型高等学校的拨款标准、质量评估、人事管理、监测评价等管理制度，充分发挥资源配置和政策引导作用，逐步形成不同类型高等学校之间各安其位、相互协调，同类型高等学校之间有序竞争、争创一流的发展格局”。

### （四）组织开发

组织就是单位，既可以是一家公司，也可以是一个政府部门。组织开发（Organization Development），也叫“组织培养”“组织栽培”。组织对人力资源的培训开发（Training Development），有的教材上是单独作为一个章节来阐述的，有的学校甚至将其作为一门课程来安排。

组织对人力资源的开发通常有三种方式，即培训开发、职业开发和管理开发。[①]

#### 1. 培训开发

培训开发是指组织为了使员工获得或改进与工作有关的知识、技能、动机、态度和行为所做的有计划的、系统性的各种努力。培训开发可以有效提高员工的工作绩效，

---

① 段超群 . 培训与开发［M］. 沈阳：东北师范大学出版社，2012：2–3.

并帮助员工在实现组织战略目标的过程中发挥作用。

当今组织的培训开发活动主要有三种，即新员工入职培训（岗前培训）、管理技能开发培训和在职业务培训。

### 2. 职业开发

人力资源管理的一个基本假设就是：组织有义务最大限度地开发员工的能力，并为每位员工提供不断成长以及挖掘个人最大潜力的机会。越来越多的组织开始重视职业开发。

职业开发（Career Development）是指在确保个人职业目标与整个组织目标一致的基础上，实现个人与组织需求的最佳匹配。

职业开发包括职业规划和职业管理两个方面。职业规划强调个人在职业生涯中的主观能动性，即个人在评价自己的技术和能力，了解自己的兴趣、价值观等之后，确定合适的职业生涯发展目标，制订一个比较现实的职业规划方案，并努力去实现它。职业管理则更关注组织在员工职业发展过程中的主导作用，即强调组织要督导员工实施其职业生涯规划。

### 3. 管理开发

管理开发（Management Development）是指通过传授知识、转变观念或提高技能改善当前或未来管理工作绩效的活动。有学者认为，管理开发就是通过管理活动开发人力资源，把人力资源开发的思想、原则与目的渗透到日常的管理活动中。①

也有学者把管理开发叫作"管理开发培训"，认为管理开发培训是针对员工管理能力、综合素质提升的一整套培训与开发计划和管理的过程。②这是组织为了提高生产力和盈利能力，持续追踪高潜能、高绩效员工，帮助组织内部经理人员成长和提高的项目。

管理开发是正式的培训项目，会涉及组织内部和与经理人员有关的许多政策和惯例。比如，在职培训、绩效评估、工作轮换、职业轨迹、管理继任和高潜能人员确认系统，以及职业发展和各种咨询活动。因此，管理开发实际上是以开发、发展为中心的在职培训。

俗话说：学而优则仕。在许多组织中，这样的情况很普遍。比如，最好的销售员被提拔为销售经理，最好的工程师被提拔为工程总监。不管他们的管理技能和资质如何，被提拔后再通过不断试错来开发和提升其管理技能，就是管理开发。

---

① 萧鸣政．人力资源开发与管理：在公共组织中的应用：[M]．2 版．北京：北京大学出版社，2009：71.

② 石金涛．培训与开发 [M]．北京：中国人民大学出版社，2013：122.

### （五）名人开发（师带徒）

这里的“名人开发”是指拜名人为师，在名人的指导下不断成长的过程。名人开发的实质就是师带徒，只不过，“师”都是“名师”。孔子与颜回、子贡、宰予，荀子与李斯等，都是名师带徒的典型。

中国有句古话叫“名师出高徒”。这句话充分说明了名人开发的重要性。即使一个人资质很好，也要找对老师才行，否则很难成大器。

师带徒（Apprenticeship），也叫师徒传承、个别指导、老带新，是由一个在年龄上、经验上、资历上、能力上资深的人员支持一位资历较浅者进行个人开发或生涯发展的方式。

师带徒的一个主要优点是可以让学习者在学习的同时获得收入。师带徒一般会持续好几年，学习者的工资会随着他们技能水平的提高而不断增长。一般情况下，企业会在培训结束后将受训者吸纳为全职雇员。

师带徒也有一些缺点，比如，有些项目限制了少数族裔和妇女的参与，无法保证培训结束后还有职务空缺，只对受训者进行某一项技艺或工作的培训。

**知识拓展**

**鬼谷子和他的弟子们**

鬼谷子是春秋战国时期最具神秘色彩的人物，是道家祖师之一。他一生学识广博，开创纵横家学派，被誉为“千古奇人”。民间传说他是个神通广大的智者，具有未卜先知的能力，与先秦时期的孔子、孟子、韩非子等圣贤齐名，是华夏历史上留有浓墨重彩的人。

鬼谷子，本名王禅，创建鬼谷门派，道号玄微子。虽然他自己的事迹很少流传在世，是个不出世的高人，但他的徒弟个个名扬天下。鬼谷子的徒弟有苏秦、张仪、孙膑、庞涓、商鞅、吕不韦、白起、李牧、王翦、甘茂、乐毅、毛遂、赵奢等，其中，有八个徒弟最为知名，下面为大家详细叙说。

1. 苏秦

苏秦（？—前284），己姓，苏氏，名秦，字季子，今河南洛阳人，战国时期著名的纵横家、外交家和谋略家。苏秦早年投入鬼谷子门下，学习纵横之术。

苏秦游说秦王未果，资用匮乏，潦倒而归。之后，苏秦闭室不出，出其书遍观之，后得太公《阴符》，发奋攻读，一年后学成，遂游说列国，组建六国合纵联盟抗秦，佩六国相印，使秦国十五年不敢出兵函谷关。

2. 张仪

张仪（？—前309），今山西万荣人，战国时期著名的纵横家、外交家和谋略家。早年入于鬼谷子门下，学习纵横之术。出山之后，张仪为秦朝游说东方诸侯，首创“连横”的外交策略，使所有诸侯国从反秦变为亲善秦国，受封为武信君。

3. 孙膑

孙膑（约前380—前320），战国时期齐国人，早年拜鬼谷子为师，是著名的军事理论家和指挥家，著有《孙膑兵法》一书。孙膑学艺有成之后，先是去了魏国，拜为大将军，后被庞涓诬陷导致身体残疾。在齐国使臣的帮助下，孙膑投奔齐国，并被任命为军师，辅佐齐国大将田忌两次击败庞涓，取得了桂陵之战和马陵之战的胜利，为齐国的霸业奠定了基础，成为后世敬仰的军事家。

4. 庞涓

庞涓（？—前341），战国时期的魏国名将。早年拜于鬼谷子门下学习兵法。学成之后，进入魏国，成为将军，率领6万兵士，攻取了战略要地安陵、襄陵，通过谈判拿到林中，之后声名鹊起，进入当世名将之列。

5. 毛遂

毛遂（前285—前228），战国时期赵国人，传闻其师承纵横家鬼谷子。毛遂本是赵公子平原君的门客，自荐出使楚国后，促成了楚、赵合纵，之后名声大振，被平原君视为座上客。平原君曾称赞毛遂：“毛先生一至楚，而使赵重于九鼎大吕，毛先生以三寸之舌，强于百万之师。”可以说一时风光无限。

6. 商鞅

商鞅（前390—前338），卫国人，传闻其师承纵横家鬼谷子，战国时期秦国的政治家、改革家、思想家、军事家。商鞅在辅佐秦孝公期间积极实行变法，使秦国成为富裕而强大的国家，秦国大治，史称“商鞅变法”。商鞅是法家代表人物之一。法家论著中记载，商鞅著有《商君》29篇——由商鞅的言行和思想汇编而成，是法家学派的代表作品之一。该书主张以法治国、重农抑商、重战尚武、重刑轻赏，贬斥儒家学说、纵横家及游侠。

7. 白起

白起（？—前 257），今陕西眉县人，传闻其师承纵横家鬼谷子。战国时期名将，杰出的军事家，"兵家"代表人物。白起熟知兵法，善于用兵，在长平之战中重创赵国主力。在辅佐秦昭襄王期间，白起屡立战功，为秦国统一六国做出了巨大贡献，受封为武安君。白起与廉颇、李牧、王翦并称"战国四大名将"，后位列"武庙十哲"。

8. 吕不韦

吕不韦（？—前 235），今河南濮阳人，传闻其师承纵横家鬼谷子。战国时期卫国商人。他将秦国质子秦异人带回秦国，扶植其成为秦庄襄王，后被拜为相国，封文信侯。吕不韦领兵攻取周国、赵国、卫国，为秦王嬴政兼并六国做出了重大贡献。庄襄王去世后，吕不韦迎立太子嬴政即位，拜为相邦，尊称"仲父"，权倾天下。吕不韦主持编纂《吕氏春秋》，汇合了先秦诸子各派学说，"兼儒墨，合名法"，史称"杂家"。

鬼谷子纵横捭阖的思想，影响了一代又一代人，很多人看了《鬼谷子》和《本经阴符七术》后，都自称是他的弟子传人，可见他的纵横术被认可的程度。

### （六）社会开发

社会就像一个大熔炉，任何人都要被社会开发。不同的是，有的人被开发成社会名人，有的人则一辈子默默无闻。

一个人生活在社会中，无不被社会历练、被社会教训、被社会筛选。真正能在社会上立足并成长为名人的，无一不是有着很高悟性的人。

立足于社会，靠的不全是智商，很大程度上靠的是情商。北大校长给他的毕业生的忠言是：情商比智商重要。情商高，通俗地讲，就是会说话、会办事，你说话越让人爱听，你办事越让人舒服，你在工作和生活中越会得到更多人的认同。

孔子曰："侍于君子有三愆：言未及之而言谓之躁，言及之而不言谓之隐，未见颜色而言谓之瞽。"

有一种说法，人之所以长两只耳朵一张嘴巴，就是上帝告诉你要多听少说。人只用一年的时间就学会了说话，却要用一生的时间去学习如何闭嘴。良言一句三冬暖，恶语伤人六月寒。可见，说话是一门艺术。

# 第三章　人力资源管理原理

原理是指带有普遍性的、基本的、可以作为其他规律的基础规律、具有普遍意义的道理，如机械原理。人力资源管理中有很多常用的原理，如欲望动力原理、压力动力原理、群体动力原理等。

## 一、欲望动力原理

1. 基本内容

欲望动力原理，是指一个正常人的正常欲望是其奋斗的原始动力。没有欲望就没有奋斗的动力，奋斗动力的大小与欲望的大小成正比。

2. 代际传递模式——家族发展模式

家族发展模式往往是一个家族中个人欲望动力的总和，是欲望动力原理的代际传递模式。比如，布登勃洛克家族的发展模式：第一代人，追求金钱，拼命聚集财富，成为当地首富；第二代人，出生在有钱的家庭，对追求金钱不感兴趣，转向追求社会地位，当上了议员；第三代人，出生在既有钱又有地位的家庭，追求精神生活，出了很多艺术家、思想家。

布登勃洛克家族发展模式是家族发展模式的典型代表。

当然，如果缺少正确的引导，很可能出现“富不过三代、仕不过三代”的现象。

3. 适用范围

欲望动力原理在人力资源管理实践中的应用十分广泛，如可用于招聘、绩效管理、薪酬管理等。

## 二、压力动力原理

1. 基本内容

压力动力原理，是指一个人在一定的压力下会产生奋斗的动力。可以说，没有压力就没有动力。正常情况下，压力的大小跟动力的大小成正比，即压力越大，动力越大。但是，这种压力是有上限的，一旦超出了一个人所能承受的限度，就会适得其反——压力会成为压垮一个人的直接原因。

"喷泉之所以漂亮，是因为有压力；瀑布之所以壮观，是因为没有退路；滴水之所以能穿石，是因为有目标；人之所以优秀，是因为有方向、压力和动力。"适当的压力可以成为前进的动力。人必须有点压力，才能前进，才能进步，才能有所成就。

"生于忧患，死于安乐"说的也是这个道理：适当的压力可以成为前进的动力。

2. 适用范围

压力动力原理既可用于绩效管理，也可用于人员管理和激励管理。

## 三、群体动力原理

1. 基本内容

群体动力原理，是指属于某一群体的个人会因为受到群体的压力而形成动力。比如，大家熟知的从众行为。

群体动力来自群体压力。所谓"群体压力"，是指已经形成的群体规范对群体成员的心理和行为产生的约束力。

群体压力往往会迫使个人遵守群体规范。众怒难犯、众矢之的、众口铄金、墙倒众人推，都说明群体规范的力量是巨大的。

群体压力给个人的动力往往体现为从众和逆向淘汰。从众意味着顺从，不敢越雷池一步；逆向淘汰意味着枪打出头鸟——优秀的员工常常会被排挤。

群体压力对员工绩效的提高有双重影响。当员工的绩效大大低于或超过群体中大多数人的绩效时，他就会感到群体压力。群体压力和权威命令不同，它不是"自上而下"强制个体员工改变自己的绩效水平，而是多数人一致的绩效水平使员工在心理上感到很难逾越，即当一个人发现自己的工作绩效与群体不一致时，就会产生紧张、恐惧的心理，害怕受到群体其他成员的排挤和冷落，从而促使自己提高或降低绩效水平，以与群体保持一致。

2. 逆向淘汰（Reverse Elimination）

从众很好理解，不过多介绍。这里重点介绍逆向淘汰。

逆向淘汰，也称"逆向选择""劣币驱逐良币""柠檬市场"。

为什么天鹅总被癞蛤蟆觊觎？为什么鲜花总是插在牛粪上？为什么好白菜都被猪拱掉了？

当事人的信息不对称是“劣币驱逐良币”现象存在的基础。因为如果交易双方对货币的成色或者真伪都十分了解，劣币持有者就很难将手中的劣币用出去，或者即使能够用出去，也只能按照劣币的“实际”价值而非“法定”价值与对方进行交易。但事实上，劣质同良币有相同的货币效益，即有破损的一元钱和崭新的一元钱购买力是相同的，所以有时这种现象也并非由信息不对称导致，而是自发性的好恶导致，其结果就是劣币逐渐增多，最终良币被淘汰掉。

美国加州大学经济学教授乔治·阿克洛夫提出不对称信息理论，并因此获得了2001年的诺贝尔经济学奖。可是他的开创性论文《“柠檬”市场》（在英文中，次品俗称“柠檬”）曾经因为被认为“肤浅”，先后遭到三家权威经济学刊物的拒绝。几经周折，这篇论文在哈佛大学的《经济学季刊》上发表，并立即引起巨大反响。

在铸币流通时代，在金和银同为本位货币的情况下，一国要为金币和银币之间规定价值比率，并按照这一比率无限制地自由买卖金银，金币和银币可以同时流通。由于金和银本身的价值是变动的，两者的兑换比率相对保持不变，就产生了“劣币驱逐良币”的现象，使复本位制无法实现。比如，金和银的兑换比率是1∶15，当银由于开采成本降低而价值降低时，人们就按上述比率用银兑换金，将其贮藏，最后使银充斥市场，从而排斥了金；如果银的价值上升而金的价值降低，人们就会按上述比率用金兑换银，将银贮藏，流通中金币的数量就会大大增加。这就是说，实际价值较高的良币渐渐为人们所贮藏而离开流通市场，使实际价值较低的“劣币”充斥市场。这一现象最早被英国的财政大臣格雷欣（1533—1603）发现，故称为“格雷欣法则”。

格雷欣法则的实现需要具备以下条件：①劣币和良币同时为法定货币；②两种货币有一定的法定比率；③两种货币的数量总和必须超过社会所需的货币量。

“劣币驱逐良币”的现象不仅在铸币流通时代存在，在纸币流通时代也有。人们常常会把肮脏、破损的纸币或者不方便存放的劣币尽快花出去，而留下整齐、干净的货币。这种现象在现实生活中比比皆是。譬如，平日乘公共汽车或地铁上下班，按规矩排队者常常被挤得东倒西歪，几趟车也上不去，而不守秩序的人常常能争得座位或抢得时间。最后，遵守秩序排队上车的人越来越少，车辆一来，众人争先恐后，搞得每次乘车如同打仗，苦不堪言。在有些“大锅饭”盛行的单位，无论水平高低、努力与否、业绩如何，所获得的待遇和奖励没什么差别，于是，年纪轻、能力强、水平高的人就另谋高就去了，剩下的则是老弱残兵、平庸之辈。这也是“劣币驱逐良币”的现实体现。

“劣币驱逐良币”法则的内容和条件如前所述，这里我们再讨论一个相反的法则。譬如，在一个完全自由的外汇市场，即没有任何法律强制干预的市场，在各种货币之间，并没有法定比价存在，这些货币的价值各不相同，其中走势坚挺、含金量较高的货币被认为是硬通货，即“良币”，而走势疲软的货币被认为是软通货，即“劣币”。在国际贸易当中，人们乐意接受硬通货，即“良币”，而不愿意要软通货，即“劣币”，从而导致“良币驱逐劣币”的局面。此可谓“格雷欣法则”的反例，也可称为“反格雷欣法则”。

3. 历史演变

在16世纪的英国，贵金属不敷造币使用，必须在新铸造的货币中加入其他金属成分，故当时市场上就有两种货币，一种是原先不含杂质的货币，另一种是被加入了其他金属的货币。虽然两种货币在法律上的价值相等，但人们能加以辨认，并且储存不含杂质的货币，而将含有杂质的货币拿去交易，故市面上的良币（指不含杂质的货币）渐渐被储存而较少流通，市场上的劣币则越来越多。

另外一种“劣币驱逐良币”的情形，发生在金银复本位制下。在18—19世纪，金银复本位被英国、美国、法国长期采用。金币和银币之间的兑换比率是政府经由法律定下的，所以会长期稳定不变，但市场上金银之间的相对价格会因为供需法则而出现波动。当黄金实际价值超过法定兑换率时，人们会将手中价值较大的金币（良币）熔成金块，再将金块卖掉换成银币（劣币）使用。经过这种程序之后，就可通过“金币换银币”换得更多的银币。有时，人们会重复这样的过程许多次，故市面上的良币（此处的“良币”并非指单价高的货币，而是根据兑换比率较有优势的货币）日益减少，劣币则会充斥市场并严重扰乱市场秩序。从人类赋予金银一定的价值起，这一法则就起作用了。

早在古罗马时代，人们就习惯从金银钱币上切下一角，这就意味着货币在充当买卖媒介时，价值含量降低了。古罗马人不是傻瓜，他们很快就觉察到货币越来越轻。当他们知道货币变轻的真相时，就把足值的金银积存起来，专门用那些不足值的货币。这个例子说明：坏钱把好钱从流通领域挤出去了。为了避免这一现象的加剧，政府发行了带锯齿的货币——足值货币的边缘都有细小的沟槽。如果货币边缘的沟槽被挫平，人们就知道这枚货币被动过手脚。

早在公元前2世纪，中国西汉的贾谊就指出“奸钱日繁，正钱日亡”的事实，这里的“奸钱”指的就是劣币，“正钱”指的就是良币。当时，金和银都是法偿货币，在法律上按一定比价具有相同的价值。但实际上，金银的开采成本、市场供求是不太可能完全同步变化的，于是当金相对于银来说更为贵重时，人们必然储存更有价值的金而使用相对价值较低的银，因为交换时是以法定比价而不是实际比价来计算的。如果银相对来说更为贵重，金就会成为劣币，银就会成为良币。

进入纸币流通时代，货币的不足值性更加明显，国家也必须采取更加有力的手段保障其法偿性。也正是在这时，格雷欣法则开始受到一些学者的质疑。事实上，没有良币出现，或者有强有力的政府禁止良币的使用，劣币也不能一直使用下去。

一个十分明显的例子，在国民政府执政末期，法币贬值，物价飞涨，民间开始使用银圆，拒收劣币。此时的国民政府虽说对付解放军不行，但禁止人民使用银圆进而没收银圆发行银圆券还是可以的。但是人民并不因此就接受银圆券，许多私人机构开始以大米为薪金，社会交换退化到了物物交换时代。

问题的根源在于，“劣币驱逐良币”并不是产生于竞争的前提条件下。每一套货币的发行，都是由国家强制人民接受的，尽管付款的一方很乐意使用劣币，但收款的一方不会甘愿接受，只有在国家保证收款方接受的劣币能够继续流通时，劣币才能继续存在。换句话说，如果国家滥用发行货币的权力，通过“劣币驱逐良币”的把戏来掠夺民间财富，这个过程可以说是增强政府消费自己信誉的过程，当这个消费过程超过一定的限度时，人民也是有可能拒绝所谓的法偿货币，通过自由选择使货币自发地建立新规律的。

在现今社会，这种情况仍然存在。例如，在我国香港的流通货币中，同时有十元纸币和十元硬币，由于十元硬币较容易伪造，而且较重，携带不方便，被视为“劣币”，如果一个人同时有十元硬币和十元纸币，他会优先使用硬币，导致劣币流通量比良币高。

4. 适用范围

群体动力原理在人才引进与裁员时经常会用到。到底该引进什么样的人才，又该淘汰什么样的人才，招聘者应该慎重对待。群体压力原理还可用于绩效管理。

## 四、同素异构原理

同素异构原理是指对相同人员进行不同编排组合会产生不同的效益。同素异构原理可以应用于用人管理、绩效管理等领域。

石墨和金刚石都是碳元素，但两者的元素排列组合不同，密度也大相径庭。

田忌赛马，既是同素异构原理的典型，也是不守规则的典型。

管理启示：不怕神一样的对手，就怕猪一样的队友。具体来说，就是要跟对人才能办成事。这也说明了同素异构原理的重要性。

## 五、相对优势原理

相对优势原理也称“比较优势原理”“互补增值原理”。一国在两种商品的生产上都处于劣势地位，相比之下劣势较小的产品在生产上具有优势。这种观点是英国古典经济学家李嘉图在相对优势理论中提出的。相对优势原理大多用于招聘管理、用人管理等领域。

在经济学中，相对优势原理是指一个生产者（个人、公司或国家）能以低于另一个生产者的机会成本生产商品或提供服务。相对优势原理解释了双方进行贸易的好处，即使其中一方可以比对方以更少的资源进行生产，他也可以从贸易中获益，因为他可以专门生产自己具有相对优势的产品。

我们应坚信人人有才，承认人才各异，人才贵在适用。

《水浒传》中的108位好汉各有各的本事：打虎的武松，倒拔垂杨柳的鲁智深，会水的阮小二、阮小五、阮小七，会偷盗的时迁，等等。

八仙过海，各显神通。

清代顾嗣协的小诗《杂兴》曰：骏马能历险，犁田不如牛。坚车能载重，渡河不如舟。舍长以就短，智者难为谋。生才贵适用，慎勿多苛求。

管理启示：用人之长，避其所短。

## 六、利益相容原理

当双方利益发生冲突时，可寻求一种方案，该方案在经过适当的修改或补充后，能够使双方均能接受从而获得相容，这就是“利益相容原理”。利益相容原理可以用于招聘管理、用人管理等领域。

利益相容原理的内容十分简单，但是实行起来并不容易。其基本内容有四条：

（1）冲突各方可能因矛盾处理不好而对立或者对抗，可能因矛盾处理得当而相处融洽。

（2）实现利益相容要求矛盾的一方或多方做出让步。

（3）进行调解时，矛盾各方均须到场，坦诚协商，共谋解决之法。

（4）原则性与灵活性统一。没有原则性，相容就毫无意义；没有灵活性，原则性就难以坚持。

化解矛盾必须有正确的前提和基础，不能和稀泥、敷衍了事。人为财死，鸟为食亡，利益是人们做事首先要考虑的因素。

团队的概念也基于此原理。

在现实生活中，篮球比赛、足球比赛、排球比赛等都是团队作战的体现。

零和博弈——双赢、多赢。零和博弈是博弈论中的一个概念，属于非合作博弈，是指在严格的竞争条件下，一方的收益必然意味着另一方的损失，博弈各方的收益和损失相加总和永远为零，因此双方不存在合作的可能。

在零和博弈中，参与者的利益是完全对立的，总收益为零。简而言之，一个人的收益增加必然导致其他人的收益减少。例如，在棋类游戏中，赢家所得的分数正是输家所失的分数，整个游戏的总得分始终为零。零和博弈认为，世界是一个封闭的系统，财富、资源、机遇都是有限的，个别人、个别地区和国家的财富增加必然意味着对其他人、其他地区和国家的掠夺。

与零和博弈相对的是非零和博弈。在非零和博弈中，参与者的利益不是完全对立的，总收益可以大于零或小于零，存在合作的可能性。

随着社会的不断发展，人们逐渐认识到“利己”不一定要建立在“损人”的基础上，通过有效合作，可以实现双赢甚至多赢的局面。

利益捆绑——你借给人家 3 块钱，你不会关注他的日常生活，可如果你借给人家 30 万块钱，你可能就会时刻关注他的身体状况和日常生活了，因为此时你的利益和他的利益可以说是捆绑在一起的。

《史记》中吕不韦和子楚（异人）的合作，中国股市里庄家和上市公司的合作,《动物世界》中非洲野狗猎杀野牛、狮群猎杀角马、狼群猎杀大型动物等，都是合作共赢的体现。

我国的“一带一路”倡议，就是要与共建国家（地区）进行经贸合作，体现的也是合作共赢的理念。

## 七、用进废退原理

用进废退的观点最早是法国生物学家拉马克提出的。“用进废退”进化论的主要内容如下：现今存在的生物是由其他物种变化而来的。用进废退，是指生物体的器官经常使用就会变得发达，而不经常使用就会逐渐退化。获得性遗传，是指生物后天获得的性状是可以遗传的。定向变异，是指生物一定是朝着适应环境的方向发生变异的。

用进废退原理大多用于用人管理领域。

拉马克在《动物的哲学》中系统阐述了他的进化学说（被后人称为“拉马克学说”），提出了两个法则：一是用进废退；二是获得性遗传。他认为，这两者既是变异产生的原因，又是适应形成的过程。他提出：物种是可以变化的，物种的稳定性只有相对意义，环境对生物机体有直接影响；生物在新环境的直接影响下，习性会发生改变，某些经常使用的器官会逐渐发达，而不经常使用的器官会逐渐退化。适应是生物进化的主要过程。长颈鹿的脖子，食蚁兽的鼻子和嘴巴，都是用进废退的体现。

管理启示：人用好了，越用越好用；没用好，越用越难用。很多公司、单位招聘的时候强调“有相关经验者优先”，就是这个原理在现实中的应用。

## 八、边际效用递减原理

通俗地说，边际效用递减原理就是：开始的时候，收益值很高，越到后面，收益值越低。用数学语言可表达如下：$x$ 是自变量，$y$ 是因变量，$y$ 会随 $x$ 的变化而变化，随着 $x$ 值的增加，$y$ 的值也会增加，但是增加的幅度会不断减小。边际效用递减原理常用于绩效管理、用人管理等领域。

有这样一个笑话：一个人吃到第七个包子的时候终于吃饱了，他就十分后悔地说，早知道这样，不如就吃第七个包子得了。

这个笑话告诉我们一个经济学原理——边际效用递减原理。该原理的一种说法是：在其他投入固定不变时，连续增加某一种投入，新增的产出最终会减少。该原理的另一种说法是：超过某一水平之后，投入的边际产出就会下降。例如，在炎热的夏日，喝一杯冰啤酒会使你感到神清气爽，舒服极了，喝第二杯，感觉也不错，喝第三杯、第四杯甚至更多杯，感觉会怎样？如果第二杯啤酒给你的满足度跟第一杯一样，我们说边际效用恒定。但是，第三、第四、第五甚至第 $N$ 杯啤酒给你的满足度，跟上一杯相比如何呢？显然，良好感觉会逐步减弱，若觉得不胜酒力了，说明边际效用达到了零，如果再喝，则会醉酒甚至呕吐，那么边际效用就是负的了。

通过上面的分析，我们可以对边际效用递减原理进行如下修正：如果是周期性或连续性发生的个体商品或劳务消费，不论这种消费品是否为生活必需品，消费者得到的边际效用都必定递减。

管理启示：激励手段和方式不能太单一，要不断变换花样，要有新鲜感。

## 九、管理借力原理

管理的实质就是借力，管理借力原理即借助他人的力量把事情做好、把任务完成、把目标实现。管理借力原理可用于招聘管理、用人管理等领域。

借力到位，会事半功倍；借力不到位，则会事倍功半。管理的成功，大多数是借力的成功；管理的失败，大多数是借力的失败。

借力的对象，既可以是下级，也可以是同事、同辈、同学、同乡等，还可以是上级，如直接上司，这叫贵人相助。

杠杆、滑轮都是借力的典型例子。

阿基米德说：给我一个支点，我可以撬起整个地球。

中国古代运大型石头到京城，一路上都是用圆木垫在石头底下，拉一段路，再用圆木铺，这也是一种借力。如果是冬天，在道路上泼水，让它结冰，然后人再去推或拉，也可以借力、省力。

## 十、制度管理原理

制度管理原理是指通过设置合理的制度进行管理，以取得比人管人更高的效率。制度一旦设置好，只要严格执行，不管谁来做领导，都可以取得较好的效果。

### （一）制度与规则的含义

1. 制度

制度，《现代汉语词典》（第 7 版）的解释是：①要求大家共同遵守的办事规程或行动准则；②在一定历史条件下形成的政治、经济、文化等方面的体系。

通俗地讲，制度就是一种游戏规则。一般来说，制定游戏规则的人是有权威的，是所有玩游戏的人认可的有发言权的人；也可以说，谁有发言权、谁最有权威，谁就可以制定制度。

2. 规则

规则也叫“规矩”，是制度的一种体现形式，是指规定出来供大家共同遵守的条例或章程。比如，交通规则、饭店管理规则等。

规则是由人定的。例如，在石头剪刀布的游戏中，我们既可以规定谁赢了谁喝酒，也可以规定谁输了谁喝酒。

### （二）制度有效执行的条件

制度的有效执行需要满足以下三个条件：

第一，必须得到所有参与的人的认可。

第二，目的和标的物必须事先确定。要考虑制定制度的目的是惩罚还是奖励。比如，以石头剪刀布决定谁喝酒的游戏。如果参与游戏的人都喜欢喝酒，认为喝酒就是一件乐事、一件幸福的事，那么我们可以这样规定：谁赢了谁喝酒。这是一种奖励。相反，如果参与游戏的人都不喜欢喝酒，认为喝酒是受罪，那么游戏规则可以这样设定：谁输了谁喝酒。这就是一种惩罚。如果参与游戏的人，既有喜欢喝酒的，又有不喜欢喝酒的，那么最好不要用喝不喝酒作为游戏结果的标的物，因为这样容易产生分歧。

第三，强有力的执行。如果没有足够的执行力，再完美的制度也是形同虚设。

### （三）合理的制度是怎样形成的

我们先来看一个小故事：

从前，山上的寺庙里有七个和尚，他们每天分食一大桶粥，可是每天可以分食的粥都不够，因为僧多粥少。为了使每个和尚基本能吃饱，和尚们想用非暴力的方式解决分粥的难题。

一开始，他们商定由一个小和尚负责分粥事宜。但大家很快就发现，除了小和尚每天都能吃饱，其他人总是要饿肚子，因为小和尚总是自己先吃饱再给别人分剩下的粥。

于是，在大家的倡议下换了一个小和尚，但这次变成只有这个小和尚和住持碗里的粥是最多最好的，其他五个人分得的粥仍然不够吃。

饿得受不了的和尚们提议大家轮流负责分粥，每天轮一个。这样，一周下来，他们只有一天是饱的，就是自己分粥的那一天，其余六天都是饿得肚皮打鼓。

大家对这种状况很不满意，于是又提议推选一个公认道德高尚的长者出来分粥。开始这位德高望重的人还能基本公平，但不久他就开始为自己和挖空心思讨好他的人多分，使整个小团体乌烟瘴气的。

这种状态维持了没多长时间，和尚们就觉得不能再这样下去了，他们决定分别成立由三人组成的分粥委员会和由四人组成的监督委员会，这样公平的问题基本解决了。可是由于监督委员会提出多种议案，分粥委员会又屡屡据理力争，互相攻击扯皮下来，等分完粥时，粥早就凉了。

最后，他们总结经验，想出一个办法，就是每人轮流值日分粥，但分粥的那个人要等到其他人都挑完后再拿剩下的最后一碗。令人惊奇的是，在这个制度下，七只碗里的粥每次都几乎一样多，就像用科学仪器量过一样。这是因为，每个负责分粥的人都知道，如果七只碗里的粥不一样，他确定无疑将享用分量最少的那碗粥。从此，和尚们都能均等地吃上热粥了。

从上面的故事中我们不难看出，制度在一开始时往往是不合理的，难以使相关各方都满意，需要在执行的过程中不断调整、不断试错。可见，合理的制度是在人们不断调整、不断试错的过程中逐渐形成的。试错，正如邓小平同志所说的，是一个“摸着石头过河”的过程。谁也不能保证制度一开始就十分的合理，因为制度只有在实行过程中才能发现真正的问题所在。只有合理的制度，才能得到相关各方的认可，保障各方利益，并长久地执行下去。

### （四）什么是好的制度

人的天性中都有自私自利的一面，因此，必须用科学合理的制度去规范人的行为。

什么是好的制度？适合的就是最好的。所谓“适合的制度”，就是既符合人性又符合实际需要的制度。在现实中，好的制度大多浑然天成、清晰且精妙，既简洁又高效，能让大多数人折服并自觉遵守。正如和尚分粥，最后大家都满意的方案，其实和最初的方法看起来差不多，只是多了道挑选的程序，就得到了大家都满意的结果。这个方案成本很低，既实现了对权力的约束，又能为大家带来实实在在的好处。要找到适合的制度，就要使制度在一个不断博弈的过程中持续创新、与时俱进，要不断提升制度的实效和竞争力。

好的制度可以达到帕累托最优。帕累托最优也称“帕累托效率”“帕雷托最佳配置”，是博弈论中的重要概念，在经济学、工程学和社会科学中有着广泛的应用。

帕累托最优是资源分配的一种理想状态。假定有一群人和一些可分配的资源，在从一种分配状态到另一种分配状态的变化中，在没有使任何人境况变坏的前提下，使至少一个人变得更好，就是帕累托最优。帕累托最优的状态就是不可能再有更多改进的余地。

帕累托最优回答的是效率问题。从社会福利角度出发，用效率来评价总体经济运行有其合理性，因为如果资源配置未达到帕累托最优，那么总有一些人能改善境况而没有人会受损，也就是说，社会福利总量肯定能上升，那么通过一种恰当的分配或补偿措施，能使所有人的境况都有所改善。

需要注意的是，我们可以判断一种状态是不是帕累托最优，却不能对两种帕累托最优进行比较。如果两个都是最优，那么哪一个更优？经济学没有办法判定。如果要判定哪一个更优，需要加入经济学之外的东西——价值观。

### （五）制度管理比人管理更有效率

制度管理与人管理相比，具有明显的优势：不管谁执行，制度都是不变的，都不影响社会的正常运转。制度要有一定的稳定性，不能朝令夕改。制度稳定，人心才能稳定，这样才能切实发挥制度的作用。制度管理原理可以用于人力资源管理的各个方面，特别是绩效管理、薪酬管理、员工关系管理等。这里，我们要搞清楚法治的概念，同时了解民主与专制的区别。

1. 什么是法治

17 世纪，英国思想家洛克说：权力不可私有，财产不可公有，否则，人类将进入灾难之门。个人可以做任何事情，除非法律禁止；政府不能做任何事情，除非法律许可。法治，是给公民最充分的自由，给政府尽可能小的权力。法治社会的真谛在于：公民的权利必须保护，政府的权力必须限制。

2. 民主与专制的区别

通俗地讲，民主与专制的区别在于：民主就是民众把官员分成两拨，让他们为满足民众的需要而博弈，最后民众能切实受益；专制就是官员把民众分成两拨，让他们互相争斗，最后官员得利。

## 十一、人岗匹配原理

人岗匹配原理，也称“能位对应原理”，就是把合适的人放到合适的位置上去做合适的工作。人岗匹配原理一般用于用人管理、人力资源配置等领域。

随着人口的增长，尤其是毕业生队伍的扩大，找工作越来越难了。确切地说，找一份适合自己的工作越来越难了。其实，社会上有大量的工作等着人去做，而其中很多工作是你不愿意去做或不屑于去做的。正因如此，才出现了“有的工作没人做，有的人没工作”的结构性失业现象。

### （一）人的工作要素

人的工作要素主要包括以下五点。

1. 知识

一般来说，对知识的衡量主要考虑专业知识的掌握程度、外语水平、知识面的宽窄等。知识能改变命运。获取知识最主要也是最常用的方式就是读书。

在招聘过程中，知识要素一般用学历、学位来表示。

2. 技术

技术一般包括计算机应用技术、驾驶技术、设备操作技术等。

技术要素，一般用各种资格证书来表示，如教师资格证书、驾驶执照、会计从业资格证书等。

3. 能力

这里的能力，指各种工作必备的能力。关于能力，后文会详细阐述，这里从略。

4. 习惯

习惯是指在长时间养成的、一时不容易改变的行为方式、倾向等。一个人的习惯一旦养成，是很难改变的。

5. 个性

个性是指在一定的社会条件和教育影响下形成的一个人比较固定的特性。

### （二）霍兰德职业倾向性测试

美国约翰·霍普金斯大学心理学教授约翰·霍兰德（John L. Holland）提出职业性向理论。他把人的个性分为六种类型，见表 3–1。

表 3–1　霍兰德个性类型与职业类型的匹配

| 职业性向 | 职业类型 | 个性类型 | 典型职业 |
|---|---|---|---|
| 现实型 | 喜欢机械技能和体力，擅长使用各种机器设备 | 务实、朴素、节俭 | 机械师、木匠、电工 |
| 研究型 | 喜欢独立工作，喜欢逻辑思维，喜欢概念，喜欢发现问题和解决问题，不太喜欢交际 | 逻辑性强、富有好奇心、勤于思考、细心 | 研究与开发人员 |

续表

| 职业性向 | 职业类型 | 个性类型 | 典型职业 |
|---|---|---|---|
| 艺术型 | 喜欢与众不同，喜欢异想天开，喜欢创造性工作 | 富有想象力、独立、有创造性 | 画家、歌唱家、舞蹈家、诗人 |
| 社会型 | 喜欢社会活动，喜欢交际 | 热情、友好、善于合作 | 社会活动家、政治家、教师、咨询人员 |
| 企业型 | 喜欢组织事务和管理人，喜欢控制别人 | 冒险、热情、精力充沛 | 推销员、管理人员 |
| 传统型 | 喜欢事务性工作，喜欢整理和安排事务 | 顺从、细心、有条理、有耐心 | 办事员、秘书 |

资料来源：赵曙明．人力资源管理与开发［M］．2 版．北京：高等教育出版社，2018。

## 十二、个体差异原理

个体差异原理是指每个个体与其他个体之间是存在差异的。

如果没有差别，千人一面，就不需要测评，也不需要分配工作了。个体差异原理一般用于用人管理、人力资源配置等领域。

员工测评的基本假设是：人的素质是有差异的。这种差异是客观存在的，不以人的意志为转移。

人的素质存在差异的原因有三个：先天的、后天的、社会的。

同样的教师教同一个班的学生，为什么大家的成绩不一样？这因为是学生素质存在差异。

茱莉亚·达尔是美国著名的辩论家之一，可当有人向她请教如何说服别人时，她却回答：我们唯一能和别人达成一致的事就是无法在任何事情上达成一致。面对提问者不解的表情，她用拼图来类比人与人之间的关系。拼图各部分都不相同，但人们总能想办法把它们拼成一张完美的图片，可当所有拼图变成一个形状时，反而不好组合了。世界像个万花筒，参差多态是底色。真正成熟的人能尊重差异、包容差异、接受差异。

某杂志上有一则漫画：画中有个被赋予生命的人，因为自己身着白衣，就希望所见一切都变成白色。当他将所有东西都变得和自己一样时，原本绚烂多彩的画纸也变成了一片空白。

哲学家罗素说，玫瑰和茉莉一同开放，花园才会呈现独一无二的美感。人类社会也离不开各种思想、认知和价值观的碰撞。如果遇到不同的人，就试图改变对方，不仅徒费心力，也会让生活怨怼丛生。

三观不同，不必相互征服。很多时候，观点不同并不代表谁对谁错。不同的环境会催生不同的性格，不同的性格势必产生不同的判断。不是所有鱼都生活在同一片海域，也不是所有人都要在一个频道上。一个兼容许多频道的人才能走出眼前的逼仄，领略更为广阔的世界。

尊重差异是一种修养，包容不同是一种境界。

管理最难管的是人。为人处世，难的也是与人相处。

## 十三、工作差异原理

马克思把劳动分为简单劳动和复杂劳动。简单劳动是指在一定的社会条件下不需要经过专门训练，每个普通劳动者都能从事的劳动。复杂劳动是指具有一定技术专长的人才能从事的劳动，而获得这些技术专长，需要经过专门的培养和训练。

简单劳动和复杂劳动的区分是相对的，在经济发展的不同时期和经济发展程度不同的国家有不同的标准。但是，在同一国家的同一时期，简单劳动和复杂劳动的区别是客观存在的。商品价值量由社会必要劳动时间决定，是就生产同种商品而言的，生产不同商品的劳动复杂程度是不同的，那么价值量该如何确定呢？通过“各种劳动化为当作它们的计量单位的简单劳动的不同比例”[①]来确定，即通过把一定量的复杂劳动化为多倍的简单劳动来实现。少量的复杂劳动可以等于自乘或多倍的简单劳动，需要少量复杂劳动的产品可以和需要多量简单劳动的产品交换。在商品经济条件下，这种交换比例的折合，是在无数次的竞争和交换活动中自发确定的。

工作差异原理是指世界上的工作与工作之间是存在差异的。即便是同一种工作，因工作的主体不同，也会产生不同的效果。工作差异原理一般用于用人管理、人力资源配置、绩效管理、薪酬管理等领域。

员工测评的另一个假设就是：不同的工作、不同的职位是有差异的。

这种差异主要体现在两个方面：其一，工作任务的差异或工作内容的差异。每个岗位的工作任务是不一样的，即使同样的岗位，每个人的工作重点也是不同的。其二，工作权责的差异。不同的工作责任，对完成任务的人有着不同的要求。

术业有专攻。对一个精力有限的人来讲，只能在某一方面或某些方面具有高质量完成工作所需要的素质和技能。不同的工作必须由拥有相应素质和技能的人来承担，这是社会发展的需要。

从另一个角度来看，人的个性和兴趣是有差异的。也就是说，每个人适合做的和喜欢做的工作是不一样的。正是由于存在许多工种，人们才有了挑选的余地，可以去寻找能够发挥自己特长、展现自身实力的工作。

---

① 卡尔·马克思.资本论［M］.中共中央马克思恩格斯列宁斯大林著作编译局，译.北京：人民出版社，1978.

# 第四章　人力资源管理战略

说到人力资源管理战略，就要搞清楚“战略”与“战术”这两个词。

## 一、战略与战术

### （一）战略的含义

“战略”（Strategy）一词源于希腊文，原意为军事将领、地方行政长官。在军事学中，与“战术”一词相对，意为指导战争全局的计划和策略，是交战国的一方用武装力量取得战争胜利的一种科学和艺术。

钱德勒（Alfred D. Chandler，1962）认为，战略可以定义为确立企业的长期目标并为实现目标而采取必需的行动序列和资源配置。企业的经营战略由三个部分构成：第一，企业长远目标；第二，实现目标的行动方案；第三，资源分配。

亨利・明茨伯格（Henry Mintzberg，1998）认为，战略即5P：Plan（计划）——总体规划与基本准则，Ploy（计谋）——可操作性较强的谋略和计策，Pattern（模式）—— 一系列决策中形成的某种共性，Position（定位）——在竞争图景中的位置选择，Perspective（视角）——经久一致的思维方式。

奎因（Quinn，1980）认为，企业战略是一种计划，用以整合组织的主要目标、政策与活动次序。

美国哈佛商学院教授安德鲁斯（Kenneth R. Andrews）认为，企业总体战略是一种决策模式，它决定和揭示企业的目的和目标，提出实现目标的重大方针与计划，确定企业应该从事的经营业务，明确企业的经济类型与人文组织类型，以及决定企业应对员工、顾客和社会做出的经济与非经济的贡献。

巴尼（Jay B. Barney，1991）认为，企业经营战略不过是一个实现企业宗旨的详尽计划。

### （二）战略与战术的区别

战略，是战争实践的产物。战争是人类社会所有实践活动中最暴烈的一种行动，关系生死。长期的战争实践迫使敌对双方都去探索、创造克敌制胜的艺术。

战术，是进行战斗的方法。其主要内容包括：基本战术原则、兵力部署、协同动作、战斗指挥和战斗行动的方法以及各种保障措施。按类型，战术可分为进攻战术和防御战术；按军兵种，战术可分为合同战术、军种战术和兵种战术；按规模，战术可分为兵团战术、部队战术、分队战术等。在中国古代，《孙子兵法》以“用兵之法”表述战术、作战方法。

在西方，“战术”一词源于希腊文。战术随着战斗的出现而产生，随着军事技术的进步和战争实践的发展而发展，由古代的徒兵方阵逐渐演变为诸军兵种合同战术。在冷兵器时代，敌对双方列成方阵以白刃格斗进行对抗。在火器时代，产生了火力杀伤与冲击相结合的线式战术、纵队战术、散兵线战术等。第一次世界大战期间，随着坦克、飞机的出现，产生了合同战术。第二次世界大战期间，军种战术、兵种战术和合同战术得到全面发展。之后，核武器、导弹、直升机与其他常规武器的发展，以及部队机械化、装甲化，使合同战术进入了高速度、大纵深、立体化的新阶段。总之，战略是目的、核心和理论，战术是方法、手段和技术，我们只能针对某一具体事项，判定何为战略、何为战术。

毛主席曾说，“战略上藐视敌人，战术上重视敌人”。

我们常说，“生活不只眼前的苟且，还有诗和远方”。什么是眼前的苟且？它就是眼前要做并在做的事。什么是诗？诗是浪漫的代名词。什么是远方，远方有多远？这是人对未来以及未知的一种憧憬。从人力资源管理角度来看，眼前的苟且就是战术，诗和远方就是战略。

清代陈澹然在《寤言二・迁都建藩议》中说：“不谋万世者，不足谋一时；不谋全局者，不足谋一域。”

人无远虑，必有近忧。远虑是什么，近忧又是什么？远虑就是人生的战略，近忧就是人生的战术。

战略与战术的区别见表 4–1。

**表 4–1　战略与战术的区别**

| 序号 | 战略 | 战术 |
|---|---|---|
| 1 | 整体、全局 | 部分、局部 |
| 2 | 大致 | 具体 |
| 3 | 总的目标 | 分步措施 |
| 4 | 大的方向 | 小的策略 |
| 5 | 结果 | 过程 |
| 6 | 稳定性 | 灵活性 |

## 拓展阅读

### 《西游记》是一部伟大的人力资源管理名著、成功学名著

战略：总体方向——取到真经（唐僧把握）。

战术：具体细节——降妖除魔、历经九九八十一难（三个徒弟具体操作）。这八十一难，其实就是现实生活中可能遇到的各种苦难。

书中四位主人公，实际上是现实生活中四种典型人群的写照。

唐僧作为团队领导，虽然专业技术水平不及属下（如孙悟空），但他具备了作为领导的特质。第一，方向把控得精准到位：去西天取经，不忘初心，牢记使命。始终没有忘记终极目标。第二，严格自律。一路上无论遇到多大的诱惑，都能抵挡住。比如，在女儿国，一般人都会选择留下来，可是他抵挡住了诱惑，能始终做到洁身自好。第三，背景深厚，人脉广。金蝉子转世下凡，在天上有很重要的关系，之所以他能带领团队去西天取经，这个背景不能忽略。

《西游记》中有九九八十一难，其中八十难都给了孙悟空，唯独女儿国这一难是给唐僧的。小时候，觉得女儿国这一关最好过，有点无聊，因为没有任何厉害的妖怪，也没有凶狠的恶魔，只有温柔的女儿国国王，按理说，这不叫难关，太好过了。可是长大后才知道，自古情关最难过。这一关，过得撕心裂肺，过得肝肠寸断。女儿国国王对唐僧说："你说'四大皆空'却紧闭双眼，要是你睁开眼睛看看我，不信你两眼空空。不敢睁开眼睛看着我，还说什么四大皆空？"唐僧只回了一句："阿弥陀佛。"唐僧这短短的四个字，表达了想爱又不能爱的决绝。面对女儿国国王的痴痴挽留，唐僧临走之前说了一句：若有来生。可是真有来生吗？小时候，为唐僧庆幸他又躲过了一劫。长大以后才懂得：他是错过了这一生。女王还是女王，守着自己孤寂的城；唐僧还是唐僧，走着自己超凡的路。不是所有的爱恋都能永相随。若有来生？可有来生？唐僧这一生只撒过两次谎：第一次是骗孙悟空戴上金箍；第二次是骗女儿国国王来生相守。国王在等御弟哥哥下辈子红装相娶，却不知他到西天会成佛，再无来生。唐僧这一生终究还是没能做到"不负如来不负卿"。人世间最美好的爱情是一见钟情，而最凄惨的爱情也是一见钟情。因为它犹如烟花，瞬间辉煌之后留下的多半是久久的惆怅和遗憾。

孙悟空是社会上能人的典型代表。能人，有才干的人，专业技术水平精湛（火眼金睛，妖魔鬼怪无处遁形），往往桀骜不驯、恃才傲物、孤僻清高、目中无人。这类人往往怀才不遇的多，被打压的多（压在五行山下五百年），真正能充分发挥自己专业技术能力的不多。

猪八戒是好吃懒做的普罗大众的典型代表。贪财好色，贪图享乐，遇事就想逃，喜欢推卸责任。

沙和尚是默默无闻甘于奉献的平民百姓的代表。

若论目标，还有比唐僧更明确的吗？不管遇到啥事，只要让唐僧说一句话，就一句：赶紧走吧！

若论积极心态，还有比孙悟空更积极的吗？孙悟空就是中国文化中“心”的象征。孙悟空是心，白龙马是意，加在一起叫“心猿意马”；八戒代表的是性，沙和尚代表的是情，加在一起叫“戒性和情”。

《西游记》还是一部成功学名著。成功靠什么？明确的目标，积极的心态，不断的行动，最后才能取得成功。你要真想取得自己的成功，就得驾驭住心猿意马，还要戒性和情。唐僧就是修身的代表。

（资料来源：作者根据相关资料整理。）

### 课堂讨论

是方向决定成败，还是细节决定成败？

## 二、企业战略

### （一）企业战略的定义

企业战略是企业面对激烈变化、严峻挑战时，为求长期生存和不断发展而进行的总体性谋划。

战略管理是指高层管理人员根据企业的使命和管理目标，分析企业经营的外部环境，确定存在的机会和威胁，估计自身的内部条件，认清企业经营的优势和劣势，并在此基础上，制定能完成使命、达到目标的战略计划。

赤壁之战中曹操亲率百万雄师与孙权、刘备的联盟军决一雌雄。考虑到军队不善水战，曹操下令用铁链和木板连接战船，犹如城堡，使步骑兵可在船上驰骋，以利攻战。虽然这其中有很大的漏洞，也是曹操战败的主要原因之一，但它不失为解决士兵不善水战问题的一个好办法。

战略管理的过程和经济学上的 SWOT 分析类似。SWOT 分析方法是一种企业内部分析方法，即根据企业自身的既定条件进行分析，找出企业的优势、劣势及核心竞争力。其中，S 代表 strength（优势），W 代表 weakness（弱势），O 代表 opportunity（机会），T 代表 threat（威胁），S、W 是内部因素，O、T 是外部因素。

### （二）企业的基本战略

企业的基本战略可以分为总成本领先战略、标新立异战略和目标集聚战略。

（1）总成本领先战略。采取总成本领先战略的企业会竭力在生产经营活动中降低成本、扩大规模，达到规模经济，使企业的产品成本低于竞争对手，从而通过低价格和高市场占有率保持竞争优势。

【案例】

**20 年持续成功的真正奥秘——娃哈哈总成本领先竞争战略研究**

在食品饮料产业，娃哈哈的广告费用最多，主导产品的单价明显比主要竞争对手的低，但利润是竞争对手的好多倍，这是不是个悖论？

一般而言，广告投放量大，产品的价格理应较高，毕竟羊毛出在羊身上；如果价格不高，那么利润理应不多才是。如果单价低，走“渠道推力”路线，投放广告岂不要大亏？但是，娃哈哈做到了广告投放量大、价格低和利润高的有机统一。原因何在呢？

有专家（包括当年乐百氏的高层智囊团）称，将娃哈哈的人力资源、产品、管理、渠道等与各个企业（包括乐百氏、可口可乐、康师傅、养生堂等）的运作要素进行专项调查、量化对比，发现娃哈哈除了在企业家一项占有优势外，在其他要素上均不占优势，总分数处于末位，于是得出结论：娃哈哈无持续发展的能力。

但现在，娃哈哈仍然风华正茂，原因何在？

娃哈哈为什么能够成功，而且连续 20 年获得持续成功？除了公认的当家人宗庆后的思想、智慧这个“尖峰”核心竞争力外，各路专家学者还结合各自的研究领域进行了剖析——运用了“渠道制胜”“广告制胜”“品牌制胜”“跟进策略制胜”等管理模式。这在一定程度上是有道理的。

这些策略能够获得短期的、局部的成功，但难以获得持续的、整体的成功，只有运用一定的战略，才能使一家企业获得持续的发展！

去伪存真，透过现象看本质，娃哈哈能够获得持续发展的奥秘在于坚持不懈地实施总成本领先竞争战略！

（资料来源：罗建幸．娃哈哈 20 年持续成功的真正奥秘［EB/OL］.（2008-06-27）. http://www.linkshop.com/news/200893620.shtml。）

企业及学术界大多重视集中化战略和差异化战略。或许是由于总成本领先战略过于简单，专家学者对该战略的相关案例研究重视程度明显不够。

其实，娃哈哈的持续成功，除了其坚持结合区域、传播诉求等进行差异化营销，最重要的还是其始终如一地坚持总成本领先战略。

（2）标新立异战略。采取标新立异战略的企业会努力使自己的产品或服务在全产业范围具有独特性。标新立异战略就是做到：人无我有，人有我优，人优我特。

【案例】

### iPod 一族的出现

我们经常会在街上看到这样一群人，他们耳朵里塞着白色的耳机，摇头晃脑，耸动肩膀，甚至有时还会大声唱出来，看起来是那么享受，他们就是 iPod 一族。

iPod 凭借其小巧和线条明朗的“平板”式造型，以及创造性的战略平台，在当前的世界风尚中独树一帜。苹果公司成功地证明了一点：成千上万的人都可以因为与音乐的个性化互动而改变。iPod 使他们的生活更加鲜活。iPod 及其系列产品通过独树一帜与竞争者泾渭分明地区分开来，使苹果公司的规模在很短的时间内翻番。

曾经，《华尔街日报》高度赞扬了苹果公司的产品以及它所带动的文化现象：“Apple 是世界上第一台个人电脑，Mac 系列则是世界上最有影响力的电脑。而现在的明星则当然是 iPod，这种集科技、时尚装饰、生活品位于一身的综合产品，在以后任何时代回顾起来，都可以用来代表 21 世纪早期的生活状态。”

一年又一年，一个产品接着一个产品。今天，iPhone 与 iPad 创造了电子产品的奇观。苹果公司成功地做到了从来不与竞争者在规模和功能上直接火拼。

独树一帜、避免竞争的最大优势，就是使竞争者不得不背弃他们原来的战略。他们的这种改变，不是为了超越你，而只是为了追赶你。

独树一帜、避免竞争的第二个巨大优势是，它可以帮助你找到潜在的战略伙伴。苹果公司已经和很多音乐公司签订了协议，正朝着更好的方向发展。它还与好莱坞的电影公司在新的合作事宜上达成了一致，这将使苹果公司可以通过 iTunes 的网上商店销售电影。与派拉蒙影业等电影公司的合作关系，已经使 iPod 的用户可以下载无数电影了。

独树一帜、避免竞争的第三个优势就是，为同一家公司的其他新产品进入市场开辟了道路。苹果公司的新型手机 iPhone 的推出，早已是广为人知和顺理成章的了。正如《金融时报》所评论的那样，当 iPhone 揭开面纱时，“迎接它的是苹果忠实用户们兴高采烈的掌声，里面有他们难以置信的急促的呼吸，还有不时发出的欣喜的尖叫声”。

虽然独树一帜、避免竞争有许多优势，但像苹果这样的公司，在未来依旧要持续不断地创新，要面对的是一条高成本、充满挑战的道路。这是一个有挑战性的、成本高昂的、危险的甚至是容易上瘾的选择，而许多时候最终迎来的是灾难性的结局。

（3）目标集聚战略。采取目标集聚战略的企业会将精力集中于某个特定顾客群、某产品系列的一个细分区段或某个地区市场进行经营，并努力在这一市场中实现专门化，从而在更大的范围内超过竞争对手。

目标集聚战略就像挖井，没有章法地乱挖很难挖出水，只有坚定一个目标努力地挖下去，才有可能最终挖出水来。

**【案例】**

### 海尔地瓜洗衣机的创新

1996年，一位四川农民投诉海尔洗衣机排水管老是被堵。服务人员上门维修时发现，这位农民居然用洗衣机洗地瓜，泥土多，当然容易堵塞！但服务人员并没有推卸责任，依然帮顾客加粗了排水管。农民感激之余说，如果能有洗地瓜的洗衣机就好了。

农民一句话，海尔人记在了心上。经过调查他们发现，原来这位农民生活在“红薯之乡”，当年红薯喜获丰收，卖不出去的红薯需要加工成薯条。在加工前要先把红薯洗净，但红薯上沾带的泥土洗起来费时费力，于是农民就动用了洗衣机。更深一步的调查发现，在四川农村有不少洗衣机用过一段时间后，电机转速减弱、电机壳体发烫。向农民一打听，才知道他们冬天用洗衣机洗红薯，夏天用它来洗衣服。

技术人员一开始把此事当成笑话来讲，但是，海尔集团董事局主席兼首席执行官张瑞敏听了之后不这样认为，张瑞敏对科研人员说：满足用户需求，是产品开发的出发点与目的。技术人员对开发能洗地瓜的洗衣机想不通，因为按“常理”来说，客户这一要求太离谱甚至荒诞了！但张瑞敏说，要开发创造一个全新的市场。终于，“洗地瓜的洗衣机”在海尔诞生了！它不仅具有一般双桶洗衣机的全部功能，还可以洗地瓜、水果！

**（三）企业的发展战略**

从企业的长期发展来看，战略可分为以下四类：

（1）成长战略。企业在市场不断扩大、业务不断增加的情况下，通常采取成长战略，以抓住发展机会。企业在采取成长战略时，应根据具体情况选择三种不同的战略：一是集中型战略；二是内部成长战略；三是外部成长战略。

（2）维持战略。当市场相对稳定且被几家竞争企业分割经营时，处于其中的企业通常会采取维持战略，即维持自己的市场份额、客户和经营区域，防止企业利益被对手吞食，同时防止新的对手进入市场。

（3）收缩战略。当企业的产品进入衰退期或因经营环境的变化而陷入危机时，企业可以通过收缩战略扭转颓势、克服危机。

（4）重组战略。重组战略是指企业通过资产重组的方式寻求发展。常见的资产重组方式有兼并、联合、收购。

## 三、人力资源战略

### （一）战略人力资源管理

战略人力资源管理是指组织为达到战略目标，对人力资源各种部署和活动进行系统规划和管理，是组织战略不可或缺的组成部分，是人力资源管理的重要组成部分。

战略人力资源管理的理念是美国人提出的，但在20世纪80年代以前，日本的企业实际上扮演着战略人力资源管理先驱者和实践者的角色。日本人力资源管理实践的精髓在于其人本主义理念，在这一理念的指导下，日本的企业将管理重心放在对人的管理上，实行了一系列人力资源管理制度，如终身雇佣制、年功序列制、教育培训制等。这些制度的战略基础是能力、品质、技能、教育程度、完成任务的适应性和岗位工作绩效等。20世纪80年代以后，日本人力资源管理的弊端日益显露。约翰·沃洛诺夫的《日本管理的危机》、帕茨·史密斯的《日本：一种新的解释》、菲利普·安德森的《黑纱的里面：除去日本人商业行为的迷雾》等著作中，均深刻剖析了日本模式的弊端。他们指出，在日本的企业中，人力资源管理在更大程度上陷入了一般事务性职能，对人力资源的战略性、战略人力资源的工作绩效激励、核心雇员的配置等缺乏充分的界定、使用和激励，这使日本企业的“核心人力资源”（Core Human Resources）在“战略性”上受到极大限制。

构建战略人力资源管理体系并使其发挥作用的前提是组织要为人力资源管理提供必要的平台，这个平台要包括人力资源专业队伍、人力资源组织环境、人力资源专业化建设和人力资源基础建设四个方面。

人力资源专业队伍是构建战略人力资源管理体系的重要保障。战略人力资源管理对人力资源专业队伍要求较高，明确界定了人力资源部门的职责和职权，同时对直线经理参与和配合人力资源管理提出了明确的要求，从各个方面保证人力资源专业队伍能成为构建战略人力资源管理体系的人力基础。

人力资源组织环境是构建战略人力资源管理体系的重要外部条件。企业要设计出一套与自身发展整体战略相匹配的组织结构，并细化每个岗位的职责，并根据公司外部环境进行优化，为公司构建战略人力资源管理体系提供科学合理的组织环境。

人力资源专业化建设是构建战略人力资源管理体系的专业保障。战略人力资源管理有着明显的专业特征，可为有效履行人力资源管理职能奠定专业基础。人力资源专业化建设具体包括：组织系统的岗位分析，以明确每个岗位的工作职责、工作职权、工作条件和任职资格等；根据公司业务和职位特征设定相应的定员标准；组织系统的岗位评价，作为确定薪酬序列的重要依据；根据公司战略需要和岗位类别开发相应的素质和能力模型。

人力资源基础建设是战略人力资源管理体系正常运行的基本保障。战略人力资源管理是一个庞大的系统，要保证这个系统正常运行，需要建立一个与之相适应的基础管理体系，包括通过建立人力资源管理信息系统高效为各项人力资源管理活动提供信息，开展日常事务性工作保证人力资源管理体系有效运行等。

战略人力资源管理具有以下五个特点：

（1）关键性。传统的人事管理在企业中往往处于比较底层的地位，停留在作业性、辅助性上。然而随着知识经济时代的到来，生产力的关键要素越来越多地依赖人脑，人力已成为获取竞争优势的关键资源。

（2）开发性。传统的人事管理将人力视为成本，因此，企业会想方设法减少人力资源投资，以降低成本；而战略人力资源将人力视为企业的核心资源。

（3）整体性。传统的人事管理只强调人事功能，以单独、狭隘的方式运作，不涉及其他部门的工作；而战略人力资源管理以整合的方式统筹环境、战略及情境因素。

（4）系统性。在传统的人事管理中，员工管理的几个互相联系的阶段——招聘、使用、培训、考核、奖励等往往被分隔开，独立地进行管理，其结果很可能是员工感到沮丧或士气不足，有损企业的竞争力；而战略人力资源管理将这些阶段有机结合起来，进行通盘考虑。

（5）竞争性。传统的人事管理所做的事情大多是一些细节性的单纯的“技术”工作，活动范围有限，以短期导向为主；而战略人力资源的重点放在发展企业可持续竞争优势上，注重长期效果。

### （二）人力资源战略的定义

人力资源战略是指确定一个企业将如何进行人员管理以实现企业目标。它是为了管理变化而制订的一种方向性的行动计划，是使人力资源管理与企业经营战略保持一致的手段。人力资源战略提供了一种通过人力资源管理获得和保持竞争优势的行动思路，即在变化的环境中将重点放在对人的管理上。

### （三）人力资源战略的作用

人力资源战略是一种黏合剂，能将所有人力资源活动连在一起并使管理人员了解它的意义。具体来说，人力资源战略有以下六个作用：①界定实现企业目标的机遇与阻碍；②促使对问题产生新思路，引导和教育参与者并提供比较广阔的视野；③检测管理过程的投入程度，开创一种将资源分配给具体计划和活动的方式；④培育紧迫感和积极行动的精神；⑤建立一种针对今后两三年重点问题的长期行动方针；⑥提出企业管理与管理人员开发的战略要点。

人力资源战略属于职能战略，用于支持企业总体战略和事业战略。

### （四）人力资源战略的分类

不同学者从不同角度对人力资源战略进行了分类（见表 4–2）。

**表 4–2　人力资源战略的分类**

| 序号 | 提出者 | 人力资源战略分类 | 特点 |
|---|---|---|---|
| 1 | 美国康奈尔大学 | 诱引战略 | 通过丰厚的薪酬去诱引和培养人才，从而形成一支稳定的高素质的员工队伍 |
| | | 投资战略 | 通过聘用数量较多的员工，形成备用人才库，以提高企业的灵活性，并储备多种专业技能人才 |
| | | 参与战略 | 使员工有较大的决策参与机会和权力，在工作中发挥自主权，管理人员像教练一样为员工提供必要的咨询和帮助 |
| 2 | 史戴斯和顿菲（Stace & Dunphy，1994） | 家长式战略 | 集中控制人事管理，强调程序、先例和一致性，进行组织和方法研究，硬性的内部任免制度，强调操作和督导，人力资源管理的基础是奖惩和协议 |
| | | 发展式战略 | 注重发展个人和团队，尽量从内部进行招聘，大规模的发展和培训计划，运用内在激励多于外在激励，优先考虑企业的总体发展，强调企业整体文化，重视绩效管理 |
| | | 任务式战略 | 非常注重业绩和绩效管理，强调人力资源规划、工作再设计和工作常规检查，注重物质奖励，内部招聘和外部招聘并重，进行正规的技能培训，有正规程序处理劳动关系问题，非常强调战略事业单位的组织文化 |
| | | 转型式战略 | 进行影响整个企业和事业结构的重大变革；调整员工队伍结构，进行必要的裁员，缩减开支；从外部招聘管理骨干；对管理人员进行团队训练，建立新的“理念”和“文化”；打破传统习惯，摒弃旧的组织文化；建立适应经营环境的新的人力资源系统和机制 |

资料来源：根据陈维政、余凯成、程文文《人力资源管理》（第二版）（高等教育出版社，2006）第 35–38 页整理。

## 四、职业生涯

职业生涯既是一个人一生所有与职业相连的行为与活动，以及相关的态度、价值观、愿望等连续性经历的过程，也是一个人一生中职业、职位的变迁及职业目标实现的过程。

生涯，“生”，即“活着”，“涯”，即“边界”。从广义上说，“生”，指与一个人的生命相联系；“涯”，则有边界的含义，即指人生经历、生活道路和职业、专业、事业。人的一生，包含少年、成年、老年三个阶段，成年阶段是最重要的时期。

根据中国职业规划师协会的定义，所谓“职业生涯”，是指人的一生中的职业历程。人的职业历程，有着种种可能：有的人从事这种职业，有的人从事那种职业；有的人一生变换多种职业，有的人终身在一个岗位上；有的人不断追求、事业有成，有的人穷困潦倒、无所作为。不同的人，职业生涯会有差异，这不仅有个人能力、心理、机遇等方面的影响，也有社会环境的影响。

一个人、一个地区、一个国家，都有其生态位。这个所谓的“生态位”，就是给自己的发展一个恰当的定位。

## 五、组织人力资源规划

组织战略应该与人力资源战略保持一致。

### （一）影响人力资源战略的因素

影响人力资源战略的因素有外部因素和内部因素之分。外部因素包括经济环境、技术环境、劳动力市场、政府法律法规的健全程度和社会文化等。内部因素包括公司战略、人力资源状况、财务实力、生产技术状况和公司领导风格等。

### （二）组织的三大战略与人力资源规划

前文讲到的企业的基本战略，其实就是竞争战略，也是成长战略。美国哈佛大学的迈克尔·波特（Michael E. Porter）在《竞争战略》一书中提出：一个企业在严酷的市场竞争中能否生存和发展取决于其产品的“独特性”和“顾客价值”，如果两者皆无，就很难取得优势。为了获取竞争优势，企业应根据自身情况采取以下三大基本竞争战略中的一种：①总成本领先战略。这种战略适合于成熟的市场和技术稳定的产业。比如，沃尔玛、家乐福连锁超市。②标新立异战略。比如，同样是牙膏，云南白药牙膏能卖那么贵，是因为它实行的是产品差别化战略，具有其他牙膏所不具有的消炎、止疼、止血的功效。企业也可以通过生产高品质产品来实现这一战略目的，即以优秀品质战胜竞争对手。③目标集聚战略。目标集聚战略也叫“市场焦点战略”，是指企业集中精力于某一个较小较窄的细分市场进行生产经营，努力使自己在这一市场中实现专业化，弥补他人产品的不足。这一战略主要是通过巧妙地避开直接竞争求得生存和发展。

与上述战略相对应的人力资源战略如下：总成本领先战略所需要的人力资源不需要有太高的学历，也不需要有太深的资历，只要吃得苦耐得劳的普通人员就行；采取标新立异战略的企业产品技术含量较高，所以需要具备专业知识的人员；采取目标集聚战略的企业产品特点是“高、精、尖”，因此需要在某一领域相当有造诣的资深顶尖人才。组织的三大战略与人力资源规划见表 4–3。

**表 4–3　组织的三大战略与人力资源规划**

| 组织战略 | 特点 | 举例 | 人力资源规划 |
| --- | --- | --- | --- |
| 总成本领先战略 | 以低价吸引顾客 | 娃哈哈、家乐福、沃尔玛 | 普通人才 |
| 标新立异战略 | 人无我有，人有我优，人优我特 | 云南白药牙膏 | 中等人才 |
| 目标集聚战略 | 以专业取胜 | 微软 Windows 操作系统、海尔“洗地瓜的洗衣机” | 高端人才（专业型人才） |

资料来源：编者根据相关资料整理。

### （三）人力资源供需平衡

人力资源的供给与需求始终是人力资源规划要关注的问题，一般会出现三种情况，需要认真对待并加以解决：一是供给小于需求；二是供给大于需求；三是供求总量平衡，结构不匹配。我们分别来讨论这三种情况。

1. 供给小于需求

当人力资源出现供给小于需求的情况时，我们可以这样来平衡供需关系：

（1）扩大对外招聘。从外部招聘需要的相关人员，可以解燃眉之急。

（2）返聘离退休人员。离退休人员具有丰富的工作经验，只要身体允许也愿意继续工作，就不失为一条弥补人力资源不足的捷径。

（3）提高工作效率。比如，改进技术、调整工作方式等。

（4）加班。适当延长工作时间，可在一定程度上提高工作效率。

（5）降低员工离职率、流失率。企业可以进行内部调配，通过增加员工的内部流动来提高某些职位的供给。

（6）外包。企业可以将那些非核心业务外包出去，以减少对人力资源的需求。

2. 供给大于需求

当人力资源出现供给大于需求的情况时，我们可以这样来平衡供需关系：

（1）扩张。扩大经营规模，或开拓新的增长点，以增加对人力资源的需求，或使内部富余人员得到较好的安置。比如，进行多元化经营，以吸纳过剩的人力资源。

（2）裁员。永久性裁员或辞退员工，这样的措施是被逼无奈的选择，不到万不得已不要采取。虽然这种方法比较直接，但是会带来不良社会影响，往往会受到政府的限制。

（3）提前退休。鼓励员工提前退休，给那些接近退休年龄的员工以优惠政策，让他们提前离开组织。

（4）停止对外招聘。通过自然减员来减少供给。

（5）缩短工时。可通过缩短员工工作时间、实行工作分享或降低工资等方式来减少供给。

（6）加大培训力度。对富余人员进行培训，为未来发展储备人力资源。

3. 供求总量平衡，结构不匹配

任何组织或单位要做到人力资源供给与需求的完全平衡都是不可能的，即使供需总量达到了平衡，也会出现层次或结构上的不平衡——有的人没事做，有的事没人做，这也是社会上出现结构性失业的主要原因。针对这种结构性人力资源不平衡的情况，可采取以下措施：

（1）在组织内部进行人员的重新配置，包括调动、晋升、降职等，以弥补空缺职位，满足这部分人力资源的需求。

（2）对现有赋闲人员进行有针对性的培训，使他们能够从事空缺职位的工作。

（3）对所有人员进行普查、置换，清理不需要的赋闲人员，补充需要的相关人员，以调整人员的内部结构，使之平衡。

# 第五章　工作分析

**【导入案例】**

## 宏伟公司的清扫工作该由谁来做？

宏伟公司于1998年10月正式成立，主营业务是开发与生产电子产品。该公司原来是一家国有研究机构，现任总经理刘家祥是原研究机构的高级工程师，在技术领域和学术造诣上堪称泰斗，对现代企业管理却不太精通。公司为刘家祥配备了两名助理，都是近年从高校招聘的本科毕业生，了解企业管理知识。公司设立财务、人力资源、营销和生产四个职能部门，部门经理分别为杨斌、张杰、王阳和李静。杨斌、张杰和王阳是原来研究机构的技术骨干，李静是总经理的朋友，以前从事私营企业经营。在四个职能部门中，李静主管的生产部实际上处于中心位置。生产部之下设有车间和班组。公司满怀信心地投入了运营，各路人马按部就班，各司其职。然而，开业不足两个月，公司在内部员工职责权限划分上接连出现问题。

先是在组装车间，一个包装工不小心将大量液体洒在操作台周围的地板上。正在一旁的包装组长见状立即走上前要求这名工人打扫干净。不料这名工人一口回绝道："我的职责是包装产品，您应该让勤杂工处理这样的工作。况且，我的工作职责中没有要求我打扫卫生这一项。"组长无奈，只得去找勤杂工，而勤杂工不在，因为勤杂工是在正班工人下班后才开始清理车间。于是，包装组长只好自己动手，将地板打扫干净。

第二天，包装组长向车间主任请求处分包装工，得到了同意。谁料人力资源部门却不予支持，反而警告车间越权。车间主任感到不解，并向李静反映了这一情况，请求支持。包装组长更是满腹委屈，他反问道："难道我就该什么都负责？我的职责中也没要求我做清扫工作呀。"

李静觉得自己的车间主任受了委屈，就向总经理反映了这一问题，要求刘总警告人力资源部不要过多干涉车间内部事务，否则生产会受到影响。但刘总说："我只管战略性的重大事务，内部的分工与沟通，你们自己去协商。"

李静虽然感到吃惊，但还是表示理解总经理的指示，并且与人力资源部经理张杰进行协商。张杰的态度也很积极，马上让秘书拿来工作说明书一起分析。包装工的工作说明书规定：包装工以产品包装工作为中心职责，负责保持工作平台以及周围设备处于可操作状态。勤杂工的工作说明书规定：勤杂工负责打扫车间，整理物品，保持车间内外的整洁有序。为了保证不影响生产，工作时间为生产休息时刻。包装组长的工作说明书规定：包装组长负责使班组的生产有序、高效，并协调内部工作关系。车间主任的工作说明书规定：车间主任负责本车间生产任务的完成，并且可以采取相应的措施对员工加以激励。人力资源部主要负责员工的招聘、选拔、培训、考评、辞退、奖惩、工资福利等。因为员工奖惩权归人力资源部，因此人力资源部坚持认为生产部门对员工的处分决定越权了。生产部门则认为，对员工的奖惩应由自己部门决定，否则难以对员工进行有效管理。包装组长感到委屈，声称要辞职。协商陷入了僵局。

思考题：

（1）宏伟公司的员工在工作中产生矛盾的原因是什么？应该如何解决？

（2）你认为应该采取什么措施防止类似事件再次发生？

以上案例其实是要解决“你要做什么”或者说“你做的是什么”的问题。

## 一、工作

### （一）什么是工作

《现代汉语词典》（第7版）对工作的解释如下：①（动词）从事体力或脑力劳动，也泛指机器、工具受人操纵而发挥生产作用。②（名词）职业。③（名词）业务；任务。

工作就是在解决某个问题的同时，创造了某种价值，获取了某些报酬，以满足某种需要。世界上没有一份工作不辛苦。

### （二）工作与事业的区别

我们常会听到“某某隔几天换一份工作”的说法，却没听说过“某某隔几天就换一份事业”，常常听到“某某立誓要干出一番事业”，却从没听说过“某某立志要干出一份工作”。这说明，工作与事业有很大区别。

工作与事业的区别如下：

（1）工作让你厌倦，但事业让你兴奋。

（2）为了工作，你希望45岁之前退休，然后领取退休金过完余生；为了事业，你希望干得越久越好。

（3）工作时，你常觉得薪水太薄、佣金太少；做事业时，你觉得自己的财富不在于金钱，而在于你的个人成长。

（4）工作让你找退路；事业让你找出路。

（5）只有工作的人没有安全感；有事业的人从容不迫。

（6）只有工作的人一旦失业就会回到起点，甚至很难堪；有事业的人到哪里都可以延续事业。

（7）工作的人会狠狠地花钱减压；而做事业的人不会，因为他们不会觉得自己很委屈。

（8）工作的人很计较、精打细算；做事业的人却很大度，处处受人尊敬。

（9）工作的人没有做事的明确目标；做事业的人清楚每一分钟该做什么事。

（10）工作的人喜欢多嘴；做事业的人锁定目标后会专注地去做自己该做的事。

工作是饭碗，是谋生手段；而事业不仅是饭碗、谋生手段，还承载着人生价值、理想、信念，是实现理想、抱负的平台。

### （三）什么是好工作

很多人都说工作不难找，难找的是好工作，但是每个人心中好工作的标准并不一样，这也导致很多人在听取别人关于工作方面的建议时，总是感觉不太对。接下来我们要讨论一下，什么是好工作。

什么是好工作？

大多数人觉得好工作就是事少、钱多。

但是钱多和事少这两个标准并不具体，多少钱算钱多，多少工作量算事少，这很难进行明确的界定。你找到一份你觉得事少、钱多的工作时，开始你会觉得很不错，但是慢慢地，你会发现这份工作让你感到无聊，自我价值难以体现。这时，你还会觉得它是一份好工作吗？

我们可以用马斯洛需求层次理论来进行具体分析，人们的需求总是会由低层次转向高层次。

在工作满足了你最基本的需求以后，你就会希望它能够满足你更高的需求。

显然，好工作的标准会随着你的成长而不断变化。那么，就真的无法判定什么是好工作吗？

如果真的想通过一些标准来定义好工作，那么这三个基本标准可供参考：

（1）令自己满意的收入。这份工作带来的收入能够让你拥有足够的动力继续下去，而不是想离开。

（2）有足够的个人休息时间。这份工作不会总是让你熬夜加班，你能拥有足够的休息时间。

（3）个人能力能够得到提升。这份工作能够让你学到很多新知识，掌握很多新能力，或者领导愿意栽培你。

其实，对于好工作，每个人的标准都不同。适合你的工作就是好工作，这样的工作能充分发挥你的才能，让你创造更大的价值。

**思考**

在电视剧《乔家大院》中，是孙茂才成就了乔家日升昌，还是乔家日升昌成就了孙茂才？

## 二、工作分析

### （一）什么是工作分析

工作分析（Job Analysis），也称“职务分析”“职位分析”“岗位分析”，既是全面了解一项职务的管理活动，也是对该项职务工作内容和任职说明的描述与研究过程，还是编制职务描述和任职说明的系统过程。

### （二）为什么要进行工作分析

一个和尚挑水喝，两个和尚抬水喝，三个和尚没水喝。这是一段寓言，其寓意是：办一件事，如果没有制度做保证，责任不落实，人多反而办不成事。三个和尚为什么没水喝？因为三个和尚都不想出力，都想依赖别人，在取水的问题上互相推诿，结果谁也不去取水，以致大家都没水喝。其实，三个和尚也可以有水喝，只要稍加组织，订立轮流取水的制度，责任落实到人，违者重罚，就有水喝了。太多人做同样的事情，会使有些人觉得：反正大家都做同样的事情，我少做点，别人也看不出来。当然，并非每个人都这么想，但也绝不会只有一个人这么想。所以，组织需要一定的制度去约束成员的行为。比如：你挑一桶水，用于洗刷；他挑一桶水，为了做饭；我挑一桶水，用于灌溉。虽然是做同样的事情，但是目的非常清晰、分工非常明确。谁不挑水，今天的生活某一环节出现问题，就找那人承担责任。

不进行工作分析，不明确工作职责，就会出现相互推诿、事倍功半的情形。

可见，工作分析是人力资源管理的一项基础性工作，发挥着非常重要的作用，具体如下：

（1）为人力资源管理活动提供依据。工作分析可以为人力资源规划提供必要信息，为员工招聘提供明确标准，为人员培训与开发提供明确依据，为制定公平合理的薪酬制度奠定基础并提供依据，为绩效管理提供参考。

（2）对企业管理有溢出效应。工作分析除了对人力资源管理本身具有重要意义之外，还对企业的整体管理有一定的帮助，即溢出效应。例如，工作分析可以帮助员工反省和审查自己的工作内容与工作行为，主动寻找工作中存在的问题，为企业发展做出应有的贡献。通过工作分析，企业人力资源管理人员能够充分了解企业经营的各个业务环节和业务流程，从而有利于将人力资源管理职能上升到战略层面。借助工作分析，企业的经营管理层能够充分了解每个工作岗位上的人目前所做的工作，发现职位之间的交叉或缺位情况，并及时进行调整。

## 三、工作分析的内容

工作分析至少应该包括以下七项内容（6W1H）：

（1）工作目的（Why）：为什么要做这份工作？对这个问题的回答是很有必要的，也是进行其他内容分析的前提。如果这份工作没有存在的价值，就没有必要进行分析。对于面临巨大变革的组织来说，分析工作目的有助于将那些没有存在意义的岗位精减掉。

（2）工作内容（What）：做什么？即某项工作具体做什么，承担哪些任务与责任。比如，客户服务人员的工作内容是处理客户投诉，协调客户与企业的关系，为其他部门提供客户资料。

（3）工作者（Who）：谁来做？即某项工作由谁来做，做的人需要具备怎样的素质和条件。比如，在受教育程度、身体素质、心理素质、工作经验等方面的要求。

（4）工作地点（Where）：在哪里做？工作是否有外出要求，以及其他特定的工作环境和条件。比如，高温环境、高空作业、井下作业等。

（5）工作时间（When）：什么时候做？比如，工作的时间、进度、班次等如何安排，每周工作多少小时，早、中、晚班如何轮流，法定节假日如何安排。

（6）怎样操作（How）：怎么做？这是指工作程序，即要完成某项工作，需要哪些具体的工具、设备、材料、数据、信息，在工作的过程中需要做什么，等等。

（7）对谁负责（for Whom）：为什么人做？这是指工作服务的对象是谁。

## 四、工作到位的具体表现

工作到位的具体表现如下：

（1）汇报工作说结果。不要告诉老板工作过程有多艰辛，你有多么不容易。举重若轻的人老板最喜欢，一定要把结果给老板，结果思维是第一思维。

（2）请示工作说方案。不要让老板做问答题，而是要让老板做选择题。请示工作至少给老板两个方案，并表达自己的看法。

（3）总结工作说流程。做工作总结要描述流程，不仅要做到先后顺序逻辑清楚，还要总结出流程中的关键点、失误点和反思点。

（4）布置工作说标准。工作有布置就有考核，考核就要建立标准，否则下属不知道如何做，做到什么程度才最合适。标准不但确立了规范，还划定了工作边界。

（5）关心下属问过程。关心下属要注意听他们的问题，让其阐述得越详细越好。

（6）交接工作讲道德。在交接工作时，要把工作中吸取的经验和教训毫不保留地告知对方，对完成的和未完成的工作进行分类，不要设置障碍，帮助对方迅速进入工作角色。

（7）回忆工作说感受。在交流时，应多说自己在工作中的感悟，哪些是悟到的，哪些是该反思的，哪些是要努力的。

（8）领导工作别瞎忙。比尔·盖茨说过："一个领袖，如果每天很忙，就证明一件事：能力不足。"如果作为领导者的你很忙，不妨问自己四个问题：第一，我在忙什么？第二，我忙的事情有多大价值？第三，我做的事情别人会不会做？第四，我为什么会这么忙？

历史上所有伟大的人物，有哪位是整天忙着做具体的事的？他们每天做的最多的事是学习成长、把握方向、分析市场、战略布局、制定打法。

思路决定出路，抉择改变命运，专注成就未来！

## 五、职场

### （一）什么是职场

职场，就是单位，工作的场所，谋生的平台。既然大家都是来谋生的，都是冲着利益来的，难免会发生冲突。世界上所有的冲突，都是因为利益而产生的。同行是冤家，就是此理。

单位是你与社会、他人进行交换的桥梁，是你显示自己存在价值的舞台，是你美好家庭的后台，是你的竞技场、练兵站、美容室，是你提升身价的增值器，是你安身立命的客栈，是你在家庭中和社会上的发言权。

**参考视频**

刘媛媛《年轻人能为这世界做什么》。

### （二）公司为什么要聘用你

公司请你来做什么？公司聘用你，无外乎一个理由：解决问题。

请你来，是为了解决问题，而不是制造问题。

如果你不能发现问题或解决不了问题，那你本人就是问题。

你能解决多大的问题，你就能坐多高的位子。

你能解决多少问题，你就能拿多少薪水。

优秀的管理者，会让解决问题的人高升，让制造问题的人让位，让抱怨问题的人下课。

1. 问题就是你的机会

- 公司的问题：是你改善的机会。
- 客户的问题：是你提供服务的机会。
- 自己的问题：是你成长的机会。
- 同事的问题：是你提供支持建立合作的机会。
- 领导的问题：是你获得信任的机会。
- 竞争对手的问题：是你变强的机会。

2. 不要轻易离开团队，否则你要从零做起

- 不要因为不顺利就放弃，哪个团队都有问题，哪个团队都有优点。
- 跟对领导很重要，愿意教你、放手让你做的领导，绝对要珍惜。
- 团队的问题是你脱颖而出的机会，抱怨和埋怨团队没有任何意义，积极寻求解决之法才是根本。
- 心怀感恩之心，感谢系统给你平台，感谢伙伴与你配合。
- 创造利润是你存在的核心价值。
- 遇到问题先思考，只反映问题是初级员工做的事，思考并努力解决问题才是高级员工该做的事。

3. 谁能最后享受到胜利成果

- 能始终跟着团队一起成长的人。
- 始终看好团队前景的人。
- 在团队不断探索中能找到自己位置的人。
- 为了团队新的目标不断学习的人。
- 抗压能力强且有耐性的人。
- 与团队同心同德、同舟共济、同甘共苦的人。

- 不计较个人得失、顾全大局的人。
- 德才兼备，有奉献的人！

只为成功找方法，不为失败找借口，这才是做人做事的根本。你的责任就是你的方向，你的经历就是你的资本，你的性格就是你的命运。

复杂的事情简单做，你就是专家；简单的事情重复做，你就是行家；重复的事情用心做，你就是赢家。

4. 领导与员工的关系

对领导而言，严格要求员工是对他们负责的表现；而作为员工，要清醒而客观地看待领导的严格要求。

- 严格要求你的领导，才是能真正帮助你成长的好领导——使我痛苦者，必使我强大！
- 任何强大的公司都不会给下属安全感，它们会用最残忍的方式激发每个人的潜能，使其变得强大。
- 凡是想办法给下属安全感的公司最终都会毁灭的，因为再强大的人，在顺境中也会失去狼性！
- 凡是想方设法逼出员工能力、开发员工潜能的公司都会升腾不息，因为在这种环境下，要么变成狼，要么被狼吃掉！
- 不给员工安全感的公司，才会给他们真正的安全感，因为逼出了他们的强大，逼出了他们的成长，也因此让他们有了未来！
- 领导要培养下属，才会考核他、要求他，逼迫他成长！如果碍于情面，低目标、低要求，是对下属最大的不负责任。因为这样只会让他们消极懈怠、止步不前。

### （三）职场上要学会珍惜

1. 珍惜工作

工作就是职责，职责就是担当，担当就是价值。在职场上，要学会感谢那些让你独当一面的人，感谢那些给你压担子的人，感谢那些给你补台的人。因为那是机会，是信任，是平台，是发言权。

2. 珍惜关系

职场中的各种关系一定要珍惜。一个人只有处理好和工作有关的关系，才叫有能力。和工作无关的关系，只是吃喝、玩耍，不属于高质量的关系。

3. 珍惜已有的

在职场中，你已经拥有的，一定要珍惜。也许时间久了，你会感到厌烦，但一定要学会及时调整，使自己在面对枯燥无味的工作时能始终保持良好的状态。

### （四）职场千万不能犯的三个错误

在职场上，切记不能犯以下三个错误：

（1）把工作推给别人。工作既是你的职责，也是你的权利，还是你的义务，更是你在单位立足的根本。把自己职责范围内的工作推给别人，会让领导和同事认为你不能胜任，对你个人的发展是非常不利的。

（2）愚弄他人。对那些信任你、依靠你、倚重你的人，万万不可耍小聪明，否则，你会得不偿失的。每个人在职场中立足，都应该积累一些生存智慧，要学会真诚而不卑不亢地对待工作环境中各种与你有关系的人，不能靠耍小聪明而获得一时的满足。

（3）沉不下心。沉不下心是职场的大忌。单位很有可能是你一生的根据地，要沉下心来，踏踏实实地把工作做好。心浮气躁无论对个人的发展还是职场价值的提升都无益。

## 推荐阅读

### 你凭什么在单位立足

1. 忠诚

单位不一定挽留有能力的员工，但对一个忠心耿耿的人，不会有领导愿意让他走，他会成为单位这个铁打的营盘中最长久的战士，而且是最有发展前景的员工。

（1）站在领导的立场上思考问题。

（2）与上级分享你的想法。

（3）时刻维护单位的利益。

（4）琢磨如何为单位创造价值。

（5）在外界诱惑面前经得起考验。

2. 敬业

随着社会的进步，人们的知识背景越来越趋同。学历、文凭已不再是单位考量员工的首要条件。很多单位考察员工的第一条件是敬业，第二条件才是专业水平。

（1）工作的目的不仅仅在于报酬。

（2）提供超出报酬的服务与努力。

（3）乐意为工作做出个人牺牲。

（4）模糊上下班概念，完成工作再谈休息。

（5）重视工作中的每个细节。

### 3. 积极

不要事事等人交代，一个人只要能自动自发地做好一切，哪怕起点比别人低，也会有很大的发展，自发的人永远受领导欢迎。

（1）从“要我做”到“我要做”。

（2）主动分担一些“分外事”。

（3）学会毛遂自荐。

（4）高标准要求：要求一步，做到三步。

（5）拿捏好主动的尺度，不要急于表现、出风头甚至抢别人的工作。

### 4. 负责

勇于承担责任的人，对单位具有重要意义。一个人工作能力可以比别人差，但是一定不能缺乏责任感，凡事推三阻四、找客观原因，不反思自己，一定会失去上级的信任。

（1）责任的核心在于责任心。

（2）把每件小事都做好。

（3）言必信，行必果。

（4）错就是错，绝对不要找借口。

（5）让问题的皮球止于你。

（6）不因一点疏忽而铸成大错。

### 5. 效率

高效的工作习惯是每个渴望成功的人必备的，也是每个单位都非常看重的。

（1）跟穷忙瞎忙说“再见”。

（2）心无旁骛，专心致志。

（3）量化、细化每天的工作。

（4）拖延是最狠毒的职业杀手。

（5）防止完美主义成为效率的大敌。

### 6. 结果

“不管黑猫白猫，抓到老鼠就是好猫！”无论苦干、巧干，出成绩的员工才会得到众人的肯定。单位重视的是你有多少“功”，而不是吃了多少“苦”。

（1）一开始就要想怎样把事情做成。

（2）办法永远要比问题多。

（3）要聪明地工作而不仅仅是努力地工作。

（4）没有条件，就创造条件。

（5）超出预期地完成任务。

### 7. 沟通

不好沟通者，即便自己再有才，也只是一个人的才干，既不能传承，又无法进步；好沟通者，哪怕很平庸，也可以边干边学，最终实现自己的价值。

（1）沟通和八卦是两回事。

（2）不说和说得过多都是错。

（3）带着方案去提问题，当面沟通，当场解决。

（4）培养接受批评的情商。

（5）胸怀大局，既报喜也报忧。

（6）内部可以有矛盾，对外一定要一致。

### 8. 团队

团队提前，自我退后。不管个人能力有多强，只要伤害到团队利益，单位决不会让你久留——不要认为缺了你一个，团队就无法运转！

（1）滴水融入大海，个人融入团队。

（2）服从总体安排。

（3）遵守纪律才能保证战斗力。

（4）不做团队的“短板”，如果现在是，就给自己“增高”。

（5）多为别人和团队考虑。

### 9. 进取

个人永远要跟上单位的步伐，单位永远要跟上时代的步伐。记住，一定要前进，停止就意味着放弃，意味着出局！

（1）以空杯心态去学习、去汲取。

（2）不要总生气，而要争气。

（3）不要一年经验重复用十年。

（4）挤时间给自己“增高”“充电”。

（5）发展自己的“比较优势”。

（6）挑战自我，未雨绸缪。

### 10. 低调

才高不必自傲，不要以为自己不说、不宣扬，别人就看不到你的功劳。别在同事面前炫耀。

（1）不要邀功请赏。

（2）克服“大材小用”的心理。

（3）不要摆架子耍资格。

（4）凡是人，皆须敬。

（5）努力做到名实相符，要配得上自己的位置。

（6）成绩只是开始，荣誉当作动力。

### 11. 成本

节约不是抠门，而是美德。不要把单位的钱不当钱，单位“锅”里有，员工“碗”里才有，“锅”里多，“碗”里自然就多，而掌勺的，恰恰就是你自己。

（1）报销账目，一定要诚信。

（2）不耍小聪明，不贪小便宜。

（3）不浪费单位的资源，哪怕是一张纸。

（4）珍惜工作的每一分钟。

（5）付出成本，就要力争最大收益。

### 12. 感恩

为什么我们能允许自己的过失，却对他人、对单位有这么多的抱怨？再有才华的人，也需要别人给你做事的机会，也需要他人对你或大或小的帮助。你现在的幸福不是你一个人就能成就的。

（1）单位给了你饭碗。

（2）工作给你的不仅是报酬，还有学习和成长的机会。

（3）同事给了你工作中的配合。

（4）服务对象帮你创造了业绩。

（5）对手让你看到距离和发展空间。

（6）批评者让你不断完善自我。

## （五）职场“潜规则”

这个世界上，所有的资源都要靠努力去争取，不能有等分配思维，没有人会总是把好的资源、好的工作分配给你，守株待兔的人不会总是那么好运。

想在职场中获得稀缺资源，就必须积极行动，懂得一些职场生存智慧。

1.“斗争与合作”是人类的永恒主题

天下大势，分久必合，合久必分。人与人之间很难有绝对的斗争或绝对的合作，往往是斗中有合、合中有斗。我们常说：没有永远的朋友，也没有永远的敌人，只有永远的利益。职场中真正聪明人的做法是“斗而不破，和而不同”。

2. 不管领导多器重你，都要把握好“度”

职场中的智者，是那些无论何时都能摆正自己位置的人。无论领导多么器重你，都要明白什么话该说、什么话不该说，什么事情能做、什么事情不能做，什么场合该把话说到什么程度、该把事情做到哪一步。

在向领导汇报工作或提建议时，要懂得一些沟通的技巧和智慧，还要分清场合。当领导在公众场合问你的意见时，是让你表示对他的赞同，回答时一定要注意分寸。即便你有好的建议，也应选择在合适的时间或场合，与领导做进一步的沟通。

在职场中，对“度”的把握常常能决定你的工作状态和效果。

3. 与同事相处，要保持适当的距离

智商高、情商高的人，春风得意；智商不高、情商高的人，贵人相助；智商高、情商不高的人，怀才不遇；智商、情商都不高的人，一败涂地。

在职场中，与同事尤其是岗位性质相同或相似的同事相处时，由于会存在竞争关系或利益上的冲突，一定要把握好分寸，保持适当的距离。

职场上常常会出现这样的现象，你曾经最要好的同事，就是你未来发展最大的障碍。当你们不是竞争对手时，你们是交心的朋友；当有一天你升职加薪了，他就会对你心生嫉妒，你曾经跟他分享的那些秘密，都会成为他攻击你的武器。

当然，并不是说职场中就没有真正的朋友，但由于环境的特殊性，这样的朋友可遇而不可求。

# 第六章　招聘·应聘：人力资源的获取

## 一、简历

### （一）为什么要看简历

招聘单位为什么要看你的学习成绩与在校表现？因为人的行为是有惯性的，一个人在学校表现怎样，在今后的工作中大概率也会有相同或相似的表现，至少具有一定的参考性。

### （二）简历的主要内容

一般来说，简历应该包括个人基本信息、学习经历、工作经历、求职意向、兴趣爱好、期望薪酬等内容。

下面我们来具体说说简历的内容设计。

1. 个人基本信息

**姓名：**必须写。你得让招聘单位知道你是张三不是李四，否则真让你面试，都不知怎么称呼你。

**性别：**最好写。在简历中，如果贴了个人照片，那性别一目了然，可以不写。如果未贴照片，建议标明性别，以便招聘单位结合岗位需要及工作性质进行选择。

**年龄：**刚毕业的大学生，年龄差距不大，可写可不写。有些研究生毕业时年龄偏大，常常因 35 岁以上而被歧视，建议就不要写年龄了，否则很可能因为这个而丢掉面试的机会。

**学历、学位、专业：**一定要标明，这些在很大程度上决定着求职者与工作岗位的匹配程度，也是招聘单位关注的重点。

**政治面貌：**如果你不是党员，就不要写了。很多招聘单位对党员还是很看重的，在同等条件下，党员绝对有优势。

**身高、体重：**对于一般性的工作岗位来说，这些是无关紧要的信息，不必写，毕竟招聘单位又不是在选美。过早暴露这些无关紧要的信息，很可能让你失去展示自己其他优点的机会，道理很简单，可能有些单位本来对这些信息不在意，但你写了，可能会引起招聘人员的过多考虑。

**身体状况：**一些毕业生的简历上会写着身体状况，往往就两个字：良好。在签订正式合同之前，一般招聘单位会组织员工进行常规性的体检，所以这一点不用写。

**联系方式：**有些人喜欢把自己的联系方式写在前面，但其实没有哪个招聘人员一上来就对你的联系方式感兴趣，还是把重要的信息放在前面好。建议将联系方式放在后面。

2. 求职意向

求职意向这一栏很难写。原因有两个：一是应届毕业生没参加过工作，对工作认识不足，当然不会对工作有很深入的了解，往往在写简历的时候对自己到底能做什么、想做什么没有明确的概念。二是应届毕业生的简历大多没有针对性，求职意向上写着无数个职位，而且有的职位跨度很大，没有丝毫联系。这其实是一种让人摸不着头脑的做法，看起来是个全才，什么都能做，但明显与“应届毕业生”这个身份不匹配。其实，可以换一种做法：准备几份不同的简历，每份简历只写一个求职意向，比如人力资源，简历的内容都围绕这一主题写，这样你的简历看起来会更有针对性。

此外，应届毕业生要注意，一个公司录用你，往往都是从基层做起的，至于战略管理方面的大事，还是交给领导或是有经验的人去做吧。

很多单位在招聘时，很少看求职者的意向，只看专业，专业对口，不论你是否有这个求职意向，都会考虑。应届毕业生可塑性极强，在被录用后，招聘单位一般会对其进行一年左右的入职培养，将其改造成自己需要的人才。

3. 学习经历 / 教育背景

这里要注意两点：一是有些毕业生会把自己中学的学习情况写上，这个不需要，从大学写起就行。二是一些毕业生在校可能参加过相关技能的培训，这些培训经历应该写到简历中，以使招聘人员更多地了解你，知道你能做什么。

4. 工作经历 / 社会实践

一般来说，应届毕业生没什么工作经历，所以招聘单位一般也不是很强调这一点。至于社会实践，你可以把在校期间的实习或其他经历写上，如在学生会担任什么职务、做过哪些事、出过哪些力、取得过哪些成绩。这部分内容一定要写得详细些，比如写“我在担任系学生会生活部部长时组织过系辩论赛”就不太详细，你应该把在辩论赛中做了哪些工作、发挥了什么作用说一说，这样可以让招聘人员觉得你具有较强的组织能力、沟通能力等。切记一点，这部分内容不能随便乱写，要确确实实做过，真正了解具体情况才能写。有些社会实践，尤其是与求职意向相关的，招聘人员会很看重，因而会多问一些细节。如果你确实做过，当然会有自己的感触和思考，只要如实回答就好，但如果没做过，你的经历是乱编的，那往往几句话就会露出原形。

最常见的情况，就是毕业生会写上自己曾担任学生会干部。至于真实性如何，就要招聘者自己去判断了。有招聘人员表示，一张学生会干部任职证明让他很意外，且不说这份证明的含金量有多高，至少学生会的那个印章比空口一说可信多了。

特别需要说明的是，工作经历或社会实践要挑重点的写，尤其是与求聘意向相关或相近的内容，不要眉毛胡子一起抓，是个事就写上，这样才会更有针对性，求职成功的概率也会更高。

5. 课程

大多数毕业生只是罗列自己学过的课程，没什么条理性，这样往往会让招聘人员对毕业生学过的课程没什么系统的认识。建议毕业生对自己学过的课程进行分类，比如：管理系的学生，可以将课程分为管理类、营销类、财会类、金融类、经济类等，这样招聘人员就会一目了然，清晰地知道在哪些方面你具有一定的知识储备。这里要注意，要重点列出与应聘岗位相关的课程，不要上过的课都写上。有的毕业生连军训都写上了，这对应聘没有任何帮助，人家又不是来招保安的。

6. 计算机、外语水平

大部分招聘单位对求职者的要求是，只要能熟练使用 WORD、EXCEL、PPT 等办公软件就行了。外语过四级通常是个硬指标。很多毕业生在介绍英语水平时喜欢表述为“良好的听说读写能力”。这是个很模糊的概念，你应该写的具体些，比如，能和外国人自由交流，或者在某项比赛中获得了什么奖。这样写会让招聘人员更清楚地知道你的英语“良好”到什么程度。

7. 奖励 / 证书 / 科研成果

凡是获得过的奖励，都要写上，如奖学金、优秀干部等。证书，尤其是与应聘岗位相关的证书会提高你获得面试的概率。这也是许多在校生热衷于考证的原因。像注会这样的多科目考试，即使你没有完全通过，也不要紧，把你通过的科目写上。这其实是很有必要的，别无意中把自己的优势给抹杀了。科研成果，把你的毕业论文或发表过的文章写上就行了，大多数招聘单位并不会期望毕业生能有什么科研成果。

8. 特长 / 爱好

很多毕业生在这里会罗列很多词语，比如，性格开朗、待人热情、工作细心、办事高效、能吃苦耐劳、有较强的组织能力等。其实，这样的表述没有任何意义。你不如只挑几个词，在这些词的后面举简单的例子证明。比如，你说自己组织能力强，可以说自己独立组织了某某活动，在系里反响很好，受到了学校表扬等。那些与工作相关的特长一定要展开写。比如，你说自己写作水平好，可以说自己非常擅长写应用文、各种报告等，这样比你只说自己写作水平好更有针对性。另外，与岗位无关的特长、爱好不建议写，你说你喜欢踢足球，招聘单位并不会给你准备个足球场，你说自己爱唱歌，招聘单位也不是在招歌唱家，这些特长、爱好是你以后在工作中有机会展示的，写多了，会让你的简历没有重点。

9. 英文求职信、英文简历

如果不是外企或某些公司有特殊要求，可以不附。大部分单位在招聘的时候并不要求求职者附英文简历。很多毕业生英语水平很一般，英文简历写得也很一般，甚至是用翻译软件翻译过来的，这样做根本没必要。对要求英语水平的单位来说，这会暴露你的缺点，而对不要求英语水平的单位来说，显得有些画蛇添足。如果你要写英文简历，一定不要有拼写错误或语法错误，最好找个懂英文的朋友帮忙润色一下。

10. 学校推荐信、成绩单

很多招聘人员认为，推荐信不过是学生自己写或请同学代写后盖了学校公章，没有什么参考价值。如果在学校表现突出，可以请导师或学院领导进行针对性推荐，这样会显得含金量很高。但推荐信并非必要内容，简历中可以不附。成绩单一定要有，不是说看你考试考了多少分，你考 60 分招聘人员不会认为你的成绩低，你考 90 分，招聘人员也不会认为你的成绩高，不同的专业，考试的难度不一样，所以没有可比性。附成绩单，主要是让招聘人员知道你是否有补考科目。这也可以从一个侧面看出你的学习态度和努力程度，如果你有挂科的历史，成绩单就不要附了。

11. 各种证书复印件

这些也用不着。在面试通过以后，招聘单位会要求出示证书原件。

至于其他的，如学校简介、专业简介，没有必要写。如果招聘人员对你的学校不是很了解，会在面试时询问的。

此外，写简历时还要注意以下几点：

（1）要简，一到两页就够了，无关紧要的内容不要附，格式要有创新，不要让招聘单位觉得你是在填表格。

（2）要突出重点，你最想传递的信息一定要突出，让招聘人员一眼就能看到。

（3）不要有明显的字词句错误。

（4）用事实说话，空洞的词语少写。

（5）如果你本人形象较好，可以在简历中附上一张照片，但要注意，照片要体现你的本色，能展现你的精神风貌、性格特质等，不能用艺术照或经过特别加工的照片刻意美化自己。

## 二、招聘 / 应聘

### （一）招聘 / 应聘的实质：选择与被选择

招聘与应聘，实际上就是选择与被选择，招聘是单位选人，应聘是人选单位。

路遥的《人生》中说：人生的道路虽然漫长，但紧要处常常只有几步。不同的选择，可能会决定不同的人生道路。

人生的三大抉择：择学、择业、择偶。

北大校长告诫学生：选择比努力更重要。

老子的《道德经》曰：少则得，多则惑。

选择都是有机会成本的，鱼与熊掌不可兼得。

### （二）个人面试的“三不”原则

面试时，一定要遵循“三不”原则：

（1）不对抗。一般来说，面试官会比较反感应聘者对什么都辩解一番。因此，面试者在回答面试官的问题时，一定要注意分寸。

（2）不回避。对自己的弱点或短处，不要回避，要敢于直面它。这种勇敢面对自己不足的精神是值得赞赏的。

（3）不修正。面试官所问的问题中如有错误，不必指出或更正。作为应聘者，要搞清楚自己是来做什么的，看问题、做事情要抓住重点。面试时，你要做的是回答面试官的问题，而不是来给人家挑错。况且，当面指出对方的问题往往会让对方觉得你不懂得尊重前辈，很容易影响对方对你的评价，甚至面试结果。

### （三）应聘前的准备

作为一个应聘者，在应聘前应做好以下准备：

（1）带着清晰的目标。目标越清晰，越容易获得自己想要的工作岗位。

（2）充足的准备。所谓充足的准备，是指各种应聘材料、证件、着装等前期准备做得越充分越好，即有备而来、有备无患。

（3）一颗平常心。去应聘，结果只有两种：被录用和被淘汰。要有被淘汰的心理准备。

### （四）企业需要哪些人

如果你是公司老板，你想要找什么样的人？请把你要招聘的条件列举一下，然后对照你所提出的条件，看看自己符不符合，想想你会不会招像自己一样的人。

企业选择人才一般有以下八条标准：

（1）有强烈的进取心和责任感：追求进步，敢于承担责任，能独立自主地做好自己的工作。

（2）有较好的组织能力：能领导并激励下属，能与同事融洽相处，建立良好的工作关系，并乐于帮助别人。

（3）有较强的分析能力：能全面思考问题，准确找到问题的实质，对纷繁复杂的事件进行分析并得出合理结论。

（4）有较强的表达和交流能力：能简明而有说服力地表达自己的观点，可对别人产生影响，同时有客观、开放的态度，能够认真听取别人的建议及反馈。

（5）富有创造性：有创意，能创造性地发挥，能发现新的工作方法，有实现某些目标的能力。

（6）有团队合作精神：一个有领导才能的人，懂得如何激发成员的热情，令他们团结一心、友好合作，在工作中最大限度地发挥作用。

（7）具有诚实、正直的品格：优秀的人一般具有诚实、正直的品格，不贪婪、不狡诈、不存私心，在每项工作中都能做到竭尽所能。

（8）善于学习：学习能使人增长知识和才干，进而协助团队实现目标。只有善于学习、不断学习，才能紧跟社会的脚步，适应企业不断发展的要求。

### （五）招聘成本与离职重置成本

招聘都是有成本的，在招聘之前一定要做好测算。

招聘成本包括直接招聘成本和间接招聘成本。直接招聘成本是指举办招聘活动的直接费用，如广告费、招聘人员差旅费等。间接招聘成本包括参加面试的面试官的时间成本及为准备招聘而付出的各项劳动成本。

招聘有效度可用一个数值反映。一般企业会用在某一招聘周期的录用人数作为参考值。但是，由于录用人数、岗位不同，招聘难度不同，用录用人数作为参考值很难反映真实的招聘情况。用企业在某一招聘周期所录用人数的平均薪酬或每单位人工价值需付出的招聘成本作为参考，可以更直接而有效地反映某个时间段内的招聘有效度。

**例 1** M 公司 2021 年 2 月参加三场招聘会，刊登两次报纸招聘广告，招聘费用合计 64000 元。招聘结果如下：财务主管 1 人，月薪 8000 元；文员 3 人，月薪均为 3300 元；技术工人 5 人，月薪均为 4700 元。M 公司在 2021 年 2 月的招聘有效度如下：

（1）64000 元 ÷（1+3+5）≈7111 元 / 人，即每招聘 1 人，需付出的招聘成本为 7111 元。

（2）64000 元 ÷（8000+3300 × 3+4700 × 5）≈1.55 元，即每招聘人工价值为 1 元的员工，需支付的招聘成本约为 1.55 元。

**例 2** T 公司 2021 年 2 月招聘情况如下：

（1）参加一次招聘会，招聘成本（展会费 + 差旅费）合计 4480 元。通过此次招聘会，招到技术工人 2 人，月薪合计 2800 元。

（2）刊登一次报纸广告，招聘成本为 3000 元。通过此广告，招到文员 1 人，月薪 1200 元。

（3）通过猎头招聘到技术研发人员 1 人，猎头服务费为 12000 元，技术研发人员月薪 8000 元。

各个岗位的招聘成本计算如下：

（1）技术工人：4480 ÷ 2800 ÷ 2=0.8 元。

（2）文员：3000 ÷ 1200=2.5 元。

（3）技术研发人员：12000 ÷ 8000=1.5 元。

此项分析表明，此次招聘文员的成本最高。

同时，可计算出各个招聘渠道的招聘成本：

（1）招聘会：4480 ÷ 2800=1.6 元。

（2）报纸广告：3000 ÷ 1200=2.5 元。

（3）猎头：12000 ÷ 8000=1.5 元。

此项分析表明，在各个招聘渠道中，猎头这个招聘渠道的性价比最高，而报纸广告这个招聘渠道是最不划算的。

如果招聘到的人员离职，会产生重置成本。

资产按照现在购买相同或者相似资产所需支付的现金或现金等价物的金额计量；负债按照现在偿付该项负债所需支付的现金或者现金等价物的金额计量。重置成本是一种现行成本，它和原始成本在资产取得当时是一致的。之后，由于物价的变动，同一资产或其等价物可能需要用较多或较少的交换价格才能获得。因此，重置成本表示当时取得同一资产或其等价物需要支付的交换价格。这种交换价格应该是从企业资产或劳务市场获得的成本价格，而不是企业正常经营过程中通常出售其资产或劳务的市场中的销售价格。

员工招聘与离职产生的成本见表 6–1。

**表 6–1　员工招聘与离职的成本**

| 成本类型 | 直接成本 | 间接成本 |
| --- | --- | --- |
| 获取成本 | 广告与招募成本、家庭迁移成本、工作安置成本、其他费用 | 提升、工作流动等产生的成本 |
| 开发成本 | 岗前培训、在职培训、直接培训 | 培训者的时间损失、劳动生产率损失 |
| 培养成本 | 保健费用、医疗保险与卫生保险、养老保险 | 改善环境与生活质量、劳动生产率损失 |
| 离职成本 | 离职补偿、管理成本 | 职位空缺的损失，效率的损失，<br>技术诀窍的流失（核心技术/知识的损失） |

资料来源：根据陈维政、余凯成、程文文《人力资源管理》（第二版）（高等教育出版社，2006 年版）第 102 页整理。

## 三、识人

识人是招聘的前提。

虽说人不可貌相，但在现实生活中，大多数情况下，我们会不自觉地以貌取人。这是因为，人的相貌在一定程度上能够反映一个人的品质和内在精神。

**课堂思考 1**：为什么要有试用期？

这是因为，识人很难。试玉要烧三日满，辨才须待七年期。路遥知马力，日久见人心。

**课堂思考 2**：以貌取人有无道理？

有人说："人不可貌相，海水不可斗量。"庞统为什么不为孙权所用？就是因为庞统其貌不扬。

司马迁在《史记·滑稽列传》中曰："相马失之瘦，相士失之贫。"相（xiàng），意为观察。该句大意是：相马者往往因为马瘦而忽视马的潜力，相人者往往因为人穷而忽视人的才能。在招聘时，企业应综合考虑应聘者的各方面条件，而不能以貌取人。

### 拓展阅读

《史记·仲尼弟子列传》曰："吾以言取人，失之宰予，以貌取人，失之子羽。"

孔子有许多弟子，其中有一个名叫宰予的，能说会道，利口善辩。开始的时候，他给孔子的印象不错，但后来渐渐露出了本来面目：既无仁德，又十分懒惰，大白天不读书听讲，躺在床上睡大觉。为此，孔子骂他是"朽木不可雕"。孔子的另一个弟子叫澹台灭明，字子羽，是鲁国人，比孔子小三十九岁。子羽的相貌很丑。开始时，孔子认为他资质低下，不会成才。但他从师学习后，致力于修身实践，处事光明正大，不是为了公事，从不去会见公卿大夫。后来，子羽游历到长江，跟随他的弟子有三百人，声誉很高，各诸侯国都传诵他的名字。孔子听说了这件事，感慨地说："我只凭言辞判断人品质能力的好坏，结果对宰予的判断就错了；我只凭相貌判断人品质能力的好坏，结果对子羽的判断又错了。"

### （一）尧舜禹：六戚观人法

六戚观人法是尧舜禹时期考察人、评鉴人的一种方法，即通过一个人与父母、兄弟、妻儿之间的关系来考察人、评鉴人。正是通过这种方法，尧选择了舜，舜又选择了禹，实现了远古帝位的圣圣相传。六戚观人法成为中国观人术的滥觞，并为后世观人术的不断发展和广泛应用奠定了坚实的基础。

### （二）周文王：六征观人法

周文王在政务活动中注重观察人才的品德和才艺，以便选拔和任用，从而形成了著名的"六征观人法"，即观察诚信、考察心志、测试内心、观察颜色、观察隐藏与假托、揆度道德操守。六征观人法不仅使观人术成熟起来，而且成为政府选拔和任用人才的重要手段。

### （三）庄子：识人"八验"

庄子识人有自己的一套经验，被称为"八验"。

（1）远使之以观其忠。把一个人派到很远的地方，做一件很小的事，看他能不能做到位，以此来判断一个人的忠诚度。

（2）近使之以观其敬。把下属放在身边工作，工作之外相处多一点，看他是不是尊敬你，以此来考察他的自我定位。这样做是要让下属明白，跟领导的关系再好，该尊敬还是要尊敬，工作还是要做到位。下属必须清楚自己的位置。

（3）烦使之以观其能。领导不断给下属压担子，看他的能力倾向。作为员工，应该记住，领导在提拔你之前，一定会不断给你加压。这时候，你需要做的是，能做的就做，做不到的，要如实跟领导说。也许领导是故意让你做不到，在考验你能否坦诚地说出来。明明做不到还承诺，说明你很虚伪。作为下属，要切记，不能当面跟领导说"好，好，好"，背后发牢骚，这叫"两面三刀"。

（4）猝问之以观其智。突然问下属一个问题，看他的反应速度、智谋、思想的成熟程度和工作能力。突然发问，下属在没有时间准备的情况下的应答，能够体现出其个人水平。

（5）急与期以观其信。突然约会，看一个人的信誉。突然的约会不要随便答应，如果在约定的时间根本到不了还爽快地答应，说明这个人信誉不好。

（6）醉以酒以观其性。一个人喝醉之后，可以看出他的性格。如果醉酒之后的行为跟清醒时差别很大，那么这个人很可能性格扭曲、心理阴暗，要慎重考虑用不用。

（7）杂以处以观其色。把下属放在复杂的人际关系里，可以看出他与别人打交道的能力如何。

（8）示以利以观其廉。给下属一点好处，看他是不是喜欢占便宜。

### （四）吕不韦《吕氏春秋》：识人"八观"

（1）通则观其所礼。一个人发达了之后，要看他是否依然如从前一样谦虚谨慎、彬彬有礼、遵守规则。通过这些，我们能看出这个人的品质究竟如何。我们身边有些人，一旦发达了，马上趾高气扬、目中无人，这样的人肯定很快就会摔跟头。

（2）贵则观其所进。一个人地位高了，手里有权力了，你要看他提拔什么人、推荐什么人。物以类聚，人以群分。他提拔什么样的人，他自己就大概率是什么样的人。你看，宋徽宗当了皇帝，就提拔了泼皮无赖高俅，哪能有什么前途？

（3）富则观其所养。一个人有钱了，要看他怎么花钱，给谁花，花在什么地方。人穷的时候节俭不乱花钱，那是资源和形势所迫；人富了以后还能保持节俭，才是品行的体现。一个人的消费观里藏着他的价值观和精神世界。

（4）听则观其所行。当一个人听到别人的意见和建议时，我们要看一看他能不能去改进、去落实。假如一点不同的意见都听不进去，那么对这个人的发展，我们似乎也不用抱有太大的希望。

（5）止则观其所好。通过一个人闲暇时的爱好，可以大致看出他的内在品质。如果他的兴趣爱好是乐观的、积极的、阳光的、健康的，那这个人的事业大概率也会向好的方向发展，其内心世界也应该是丰盈充实的。假如一个人的爱好是庸俗的、低级的，那这个人的事业和生活，我们也很难和积极、阳光这样正能量的词汇联系在一起。

（6）习则观其所言。在实际生活中，能做到言行一致的人大多比较可靠。刚认识一个人的时候，他说了什么做了什么，并不能全面地反映出他是个怎样的人。等相处得久了，再听听他跟你说什么，他又做了什么，才能真正了解他。

（7）穷则观其所不受。古人云：人穷志短，马瘦毛长。人太穷了，就没有那么远大的志向了。但实际上，我们在做价值观测试、在做内心世界的探索时，一定要看一看，在物质匮乏的情况下，这个人是不是依然能坚持原则、不贪小便宜，如果能做到这一点，这个人一定前途不可限量，可以深交。

（8）贱则观其所不为。历史上有很多人在地位卑微的时候，为了巴结权贵，获得提升的机会，毫无原则、毫无底线，什么过火的事情都做。这样的人三观跑偏、前途堪忧。而有些人即使做着最默默无闻的工作，也能坚守原则，不会去做那些溜须拍马巴结人的事情。这样的人，价值观端正，人格清白，值得长期交往。

“八观”中至少占六条，才能算本质好，占五条算及格，五条以下就太可怕了，不能考虑。

将“八验”和“八观”合在一起，一共是16条。一般的人事选拔，要占到10条；重大的人事选拔，要占到14条，至少12条；如果某人能占到14条以上，说明这个人能成大事，即使目前其水平不高，也是可以重点培养的。

### （五）诸葛亮：相眼十诀

诸葛亮很会识人，他仅从一个人的眼神就可以大致判断出这个人是个什么样的人，而且大抵没有什么误差，被称为“相眼十诀”。

视远者智——高瞻远瞩。喜欢眺望远方的人，大多是睿智的人。如果我们仔细观察，无论是现实生活中的名人，还是各类电视剧、电影里面的伟人，大多有着相似的眼神，那就是喜欢眺望远方。

视上者毒——喜欢向上看的人，一般目中无人，办事心狠手辣。如果你在电视、电影里看到过明朝的锦衣卫，你就可以了解什么是“视上者毒”了。这种人言少手狠。

视平者德——平易近人。喜欢水平看事看物看人的人，一般比较容易亲近。这种人大多和蔼可亲，不会高高在上，更不会趾高气扬。

视专者狠——喜欢恶狠狠地盯着某人某物的人，一般是将所盯之物视为眼中钉，眼里透着狠毒。

视反者贼——喜欢回头看的人，一般有点做贼心虚。小偷、盗贼大多眼神飘忽不定。

视流者奸——喜欢左顾右盼、环顾四周的人，一般比较奸诈。

视注者愚——目光呆滞的人，通常不怎么聪明。这种人的眼神中没有内容可言，他们表现出来的专注是不自觉地盯着某物，并未进行深入的思考。

视斜者阴——喜欢斜视的人，其性情一般阴险狡猾。这种人喜欢用眼睛的余光扫视周围的人或物。

视睐者妒——喜欢用青睐、羡慕的眼神看人或物的人，心里一定有所嫉妒。

视歉者愧——眼神中饱含歉意的人，一定心中有愧，心里觉得对不起所视之人。

以上诸葛亮的相眼十决也得到了现代心理学研究的证实。

现代心理学家的研究表明，通过观察眼神，可以洞察一个人的性格、内心状态和情绪。

一个人的眼神一般能反映其内心状态，具体如下：

眼神沉静，表明这个人心有成算，智珠在握。这种沉静不同于故作镇静，因为故作镇静的人眼神会有些飘忽。

眼神散乱，表明这个人对问题毫无办法，增加压力只会让他更加六神无主。遇到这样的人，应该平心静气地与他沟通，帮他想办法。

眼神锐利，表明这个人对你有看法，可能是带有攻击性的。最明智的做法是暂避锋芒，搞清楚他的意图后再寻求解决的办法。

眼神阴沉，往往是心机深沉、内心险恶的信号。与这种人打交道要小心再小心。

眼神闪动和流动，表明心有算计，可能是有求于人或有别的意图。这时应该步步为营，不要与之太过亲近。

眼神呆滞，表明内心惶恐，濒临绝望，即使心中还在想办法，也无法力挽狂澜。

眼神似在发火，表明心中有怒火，意气极盛。如果你不打算与这样的人决裂，应该适当妥协和退让。

眼神游离，表明对你的话不感兴趣，这时应该结束对话或者换个话题。

眼神下垂，表明心存深重的忧虑或巨大的压力。

眼睛是心灵的窗户，而眼神则能透过窗户传达内心所想，能反映一个人的性格特征。一个公正无私的人，眼神中流露出来的是公正、公平的力量，能让人变得阳光；一个与人为善的人，眼神中流动着的鼓励和肯定，会像一股股暖流，滋润我们的心灵，激发我们的斗志。

### （六）曾国藩:《冰鉴》

怎样用人，特别是怎样用准人，学问极深。曾国藩所著《冰鉴》阐述了他的用人智慧，是其人生成功术中重要的部分。曾国藩从不盲目选人、糊涂授权，而是睁大自己的明亮之眼，遵循“看透人之后再用”的方法，该避则避、该提则提，显示出优秀的领导才能和管理才能。

曾氏用人四法——做、省、学、禁，即摸透人的精、气、神，任用智、言、劳三种人。

《清史稿·曾国藩传》载：“国藩为人威重，美须髯，目三角有棱。每对客，注视移时不语，见者悚然，退则记其优劣，无或爽者。”

**知识拓展**

**曾国藩相术口诀**

邪正看眼鼻，真假看嘴唇；
功名看气概，富贵看精神；
主意看指爪，风波看脚筋；
若要看条理，全在语言中。

**【案例】**

**汉景帝与周亚夫**

如果说引才，只需要态度友好就够了，识才却是一项很神秘的工作。所谓识才，不只是看谁是人才、谁不是人才这么简单，而是要以小见大、管中窥豹，即从小的方面推断大的方面，从今天的行为推断以后的行为，得出用人策略。周亚夫是汉景帝的重臣，在平定七国之乱时，立下了赫赫战功，官至丞相，为汉景帝建言献策，忠心耿耿。一天，汉景帝宴请周亚夫，给他准备了一大块肉，但是没有切开，也没有准备筷子。周亚夫很不高兴，就向内侍官员要了双筷子。汉景帝笑着说："丞相，我赏你这么大块肉吃，你还不满足吗？还向内侍要筷子，很讲究啊！"周亚夫闻言，急忙跪下谢罪。汉景帝说："既然丞相不习惯不用筷子吃肉，也就算了，宴席到此结束。"于是，周亚夫只能告退，但心里很郁闷。这一切汉景帝都看在眼里，叹息道："周亚夫连我对他的不礼貌都不能忍受，如何能忍受少主年轻气盛呢。"汉景帝通过吃肉这件小事，试探出周亚夫不适合做太子的辅政大臣。汉景帝认为，周亚夫应把赏给他的肉，用手拿着吃下去，这才是一个臣子安守本分的表现，而周亚夫要筷子是非分的做法。汉景帝依此推断，周亚夫如果辅佐太子，肯定会生出非分的要求，便放弃了让他做太子辅政大臣的打算。

## 四、招聘途径（渠道）

### （一）内部招聘

内部招聘的途径主要有两种，即直接申请和内部推荐。

直接申请很常见，这里不作赘述。

内部推荐一般指本企业员工推荐或关系单位主管推荐。内部推荐是公司招募新员工的渠道之一，也是比较有效的一种渠道，主要表现为新员工进入公司后离职率较低，工作满意度较高，工作绩效较好。这类应聘者多数是公司内部员工熟识的亲人或朋友，对公司内部信息和岗位要求有比较准确的认知。此外，公司内部员工对被推荐者的情况较为熟悉，会根据岗位的要求考虑他们是否具备相应的条件。进入公司后，这些被推荐者可以更快地融入公司内部关系网络，得到更多的帮助和指导，从而在短时间内有较好的表现。但是，采用该渠道时应注意一些可能的负面影响：一些公司内部员工也许只是纯粹地为朋友或亲人争取一个机会，而没有考虑被推荐人是否符合岗位要求；有些中高层领导只是为了培养个人在公司的势力，在重要岗位安排自己的亲信，这会影响公司正常的组织架构和日常运营。

内部推荐的优点：由于是熟人推荐，招聘、应聘双方事先对彼此已有初步了解，可节约不少程序和费用。关键岗位的职缺人员、专业技术人员等常用此法进行招聘。

内部推荐的缺点：由于是熟人推荐，有时会碍于情面而影响招聘效果。如果通过这种方式录用的人员太多，容易在公司内部形成裙带关系，给管理带来困难。

最好的情形是，举内不避亲，举外不避仇。

### （二）外部招聘

外部招聘的渠道比较多，如媒体广告招聘，通过教育培训机构、政府职业辅导机构（人才交流中心）、职业介绍所、猎头公司招聘，网络招聘，校园招聘，现场招聘会，等等。企业可以根据自身情况，选择适合自己的招聘方式。

#### 1. 媒体广告招聘

媒体广告招聘是企业常用的一种招聘方式，主要是登报做招聘广告，或在电视、电台做招聘广告。招聘广告的内容一般包括招聘职位、招聘条件、招聘方式及其他说明。招聘广告必须符合有关法律的规定。

媒体广告招聘的优点是信息量大、影响广、可吸引较多的应聘者，又由于在广告中已简略介绍了企业的情况，可使应聘者对企业有初步的了解，减少应聘的盲目性；缺点主要是广告费较高。

#### 2. 通过教育培训机构招聘

教育培训机构大多会进行定点对口培训，即培训机构根据企业所需开设专业对口课程，企业相关专业人员到机构授课，学生也会有一定的时间到企业进行现场实习。海信集团、中国广东核电集团等单位在这方面均具有较为成熟的经验。

3. 通过政府职业辅导机构（人才交流中心）招聘

在中国，几乎每个省会城市都有政府职业辅导机构（人才交流中心）。这些机构常年为企事业单位服务，一般建有人才资料库，用人单位可以很方便地从资料库中查询条件相符人员的资料。通过这种方式选拔人才，有针对性强、费用低等优点，但对计算机、通信等领域热门人才或高级人才的招聘效果不理想。

4. 通过职业介绍所招聘

职业介绍所为企业选拔中高级管理人员、技术人员提供服务，人才交流市场则为企业招聘一般人员提供了方便。职业介绍所作为就业中介组织，扮演着双重角色：既为企业择人，也为求职者择业。借助这些机构，企业与求职者均可获得大量的信息，也可传播各自的信息。通过职业介绍所招聘员工需要交纳一定的中介费，但对于尚未设立人力资源部门或需要立即填补职位空缺的企业来说，可大大缩短招聘时间、节约企业招聘费用。

5. 通过猎头公司招聘

对于高级人才和尖端人才，用传统的渠道和方式往往很难获取，但这类人才对公司的作用是非常大的。猎头公司是一种特殊的就业中介组织，专门为企业选拔中高级管理人员、技术人员提供服务。猎头公司往往对组织及其人力资源需求有较详细的了解，对求职者的信息也了如指掌，在供需匹配上较为慎重，成功率比较高，但收费也相对较高——费用原则上是被猎取人才年薪的 30%。目前，北京、上海、广东、江苏、浙江等地的企业通过猎头公司招聘的较为普遍。

6. 网络招聘

网络招聘信息传播范围广、速度快、成本低、供需双方选择余地大，且不受时间、地域的限制，因而被广泛采用。当然，网络招聘也有一些缺点：一是往往会吸引过多的应聘者，从而需要花费大量的时间进行筛选；二是部分网站存在信息发布滞后、更新缓慢、信息失真等问题；三是相关法律法规尚不健全，招聘陷阱时有出现。

7. 校园招聘

校园招聘（Campus recruitment）是一种特殊的外部招聘途径。狭义的校园招聘，是指招聘组织（企业等）直接从学校招聘各类各层次应届毕业生；广义的校园招聘，是指招聘组织（企业等）通过各种方式招聘各类各层次应届毕业生。

校园招聘的优点：应聘者均为应届毕业生，可塑性极强。

校园招聘的缺点：所招聘的对象都是职场新人，无社会经验，无工作经验，无操作技能；不了解社会，也不了解自己，对所应聘的岗位认识不够；对任何一份工作都抱着试试看的态度，选择的目的性或者说针对性较差；责任心不强，过于在意自己的看法，承受能力较差；极易违约，极易跳槽，会给公司带来极高的重置成本。

8. 现场招聘会

现场招聘会是指借助一定的场所，招聘组织和应聘者面对面地进行双向选择的一种人力资源市场。例如，定期或不定期举办的人才交流会，每周末为下岗员工设立的免费劳动力市场，等等。招聘会又可分为综合性招聘会和专业性招聘会。现场招聘会不同于就业中介，它是由供需双方在招聘会现场进行面对面的商谈，快速、高效、成本低，是一条行之有效的招聘与就业途径。

9. 招聘洽谈会

人才交流中心或其他人才机构每年都要举办多场人才招聘洽谈会。在洽谈会中，用人企业和应聘者可以直接进行接洽和交流，节省了企业和应聘者的时间。随着人才交流市场的日益完善，洽谈会呈现出向专业化发展的趋势。比如，有中高级人才洽谈会、应届生双向选择会、信息技术人才交流会等。通过这种方式招聘人才，应聘者较为集中，企业的选择余地较大，但招聘高级人才还是较为困难的。

通过参加招聘洽谈会，企业招聘人员不仅可以了解当地人力资源的实际情况，还可以了解同行业其他企业的人事政策和人力需求情况。

## 五、面试

有研究显示，从书面表达中可以捕捉到 45% 的信息，从语言表达中可以捕捉到 75% 的信息，而从面试中可以捕捉到 100% 的信息。可见，面试是招聘中最常用也是最好用的一种方法。

### （一）面试官应当规避的错误

在面试过程中，面试官应当注意规避以下错误：

（1）眼缘（以貌取人）产生的错误判断。第一印象往往会让人错判。现实中，“一见钟情”能白头到老的并不多，两个人只有经过长期的接触和磨合，才可能长久地生活在一起。在面试中，面试官应避免以貌取人的现象。

（2）心缘（志趣相投）产生的错误判断。如果求职者在兴趣、爱好、价值观等方面与面试官很相似，就会让面试官产生“心有灵犀一点通”的“知己”错觉。这种错觉一旦产生，就会影响面试官的判断。

（3）判分时“前紧后松”或“前松后紧”。在给求职者打分时，由于经验以及对

“申请池”的整体素质认识不清，经常会出现“前紧后松”或“前松后紧”的情况。因此，面试官必须认真做记录，尽可能用同样的标准去衡量求职者，力求公平、公正。一般可采取面试完3个人以后再评分的做法。

为了克服各种错判所产生的误差，现在比较流行的办法是：去掉一个最高分（眼缘和心缘都好到极致的），去掉一个最低分（眼缘和心缘都差到极致的），再把剩下的分加在一起进行平均。

（4）放风筝。有些管理经验比较欠缺的面试官，在面试的过程中常常抓不住重点，所谈话题与主题关联不大，从而导致面试结束后无法判断求职者到底适不适合招聘岗位。

（5）性别歧视。在面试时，由于固有观念的束缚，常常会出现性别歧视现象。比如，招聘秘书，很多管理者认为应该是女性，其实男性也可以做秘书。

### （二）面试提问的方式

面试提问通常会用到以下方式：

（1）封闭式提问（单选式提问）。封闭式提问只需要用“是”或“不是”回答。比如：“你对应聘的岗位感兴趣吗？”“你对我们公司了解吗？”

（2）开放式提问。开放式提问的问题范围比较广，且被问者必须从某一个方面去回答。比如：“你对本工作岗位有什么看法？”“你对某产品目前的市场行情怎么看？”

（3）引导式提问。比如：“5月份是我们产品的销售淡季，市场不是很活跃，你对这个问题有什么创新的解决办法？”

（4）假设式提问。先假设一个场景，让对方来解决具体问题。比如：“如果你遇到同样的问题，会怎么解决？”

（5）多项式提问（连串式提问）。多项式提问通常同时提出几个问题，这些问题是相互关联的，下一个问题由上一个问题衍生而来。比如：“你上一份工作是在哪一家公司？公司待遇如何？后来你为什么要离开那家公司？”

（6）两难式提问。两难式提问就是提出的问题其实是个陷阱，无论怎么回答都是不对的。比如：做假账是犯法的，如果公司需要，你是做还是不做？如果求职者回答“做”，就会让人觉得，你连犯法的事都可以做，还有什么事不可以做。这说明求职者做事没有原则，没有底线。如果求职者回答“不做”，又会显得对公司不忠诚。

### （三）面试提问的技巧

面试提问常会用到以下技巧：

（1）对以往成绩提问。对以往成绩提问的目的，是基于求职者以往的行动结果预测其未来行为。这种提问本质上是开放式的，着重询问以往行为的具体例子。通常这样问："说说在……时你的情况。""给我一个……的例子。"在面试中询问以往成绩，有助于避免面试官被求职者的临场表现蒙蔽，但也要注意保持客观，不能"先入为主"。

（2）负面协调提问。在面试中，在某个领域做得很好的求职者往往会被主观地认为在所有领域都会做得同样好。但事实并非如此。面试官应结合具体情况尽可能客观地对求职者做出判断，如可以通过负面协调提问的方式进行深入了解。可以这样问："你是否曾有事情做得不太好的时候？""你能举个例子说说你不那么自豪的地方吗？"

（3）反射陈述。结合沉默这种工具运用反射陈述是一种微妙的探究形式。反射陈述是指将一个重要的陈述反射或变换措辞，然后闭上自己的嘴巴，饶有兴趣地望着求职者，等待他的反应。

（4）哄骗性提问。哄骗性提问方式要求求职者在两难的选项中做决定。例如："你认为盗用公款和伪造文件哪一样罪轻点？"对于大多数面试者，这个技巧在探究被面试者的决策方式时十分有用。最容易和最有效的实施方法是想出现实生活中需要小心考虑的不同情况，然后这样问："我想知道如果……你怎么做？""……情况下你怎么做？"

（5）半正确反问。半正确反问的提问方式可用于赶走唯唯诺诺、无可挽救的不合格人选，完全拒绝提供信息的怪人，以及有能力但完全不肯开口讲的人。这种技巧是指面试官只做出部分正确的陈述，要求求职者赞同。例如："我认为顾客服务只能在付清账单后才提供，你认为对不对？"这种半正确反问的例子总是会产生吸引人的回答。

（6）引导问题。面试官经常会自豪地说："我们是家发展迅速的公司，总是有压力，经常要赶最后限期和满足不断增加的顾客需求。"然后问："你觉得应该如何应对压力？"求职者知道要抓住机会，他必须以某种方式回答，然后就这样去做了。引导问题这种技巧最好在求证信息时使用，让求职者延续一个特定问题。例如："我们公司认为顾客永远是对的。你的看法呢？"这种技巧有时并不能获得求职者的真实态度，因而面试官应结合具体情况适当使用。另外，引导提问不应在面试初期运用或混杂在一些复杂的半正确反问中。

（7）分层提问。好问题若表达不佳会失去穿透力，获得不完整信息或误导求职者。分层提问可以探出完整和多层面的答案。让我们再举上面的例子：希望知道求职者能不能在压力下工作。许多面试官只是简单地问："你能在压力下工作吗？"通常只能得到"能"或"不能"中的一个答案。在设计问题时，面试官应注意进行分层处理，引导求职者说出他的真实想法，以进一步判断他是否符合应聘岗位的要求。

面试官可以通过以下两种方式对问题进行分层：

第一，如果你不满意第一个答案，想要更多的资料，或者你为答案所吸引，想听到更多的见解，可以这样说："多讲些细节来听听，这十分有趣。""你能再举一个例子吗？"

第二，听到一个答案后，你可以问："你从那次经历中学到了什么？"这是个极佳的分层技巧，使你有更多时间且能在获得更多信息后进行判断。

### （五）面试中的刁钻问题及参考回答

这里分享几个面试中的刁钻问题及参考回答。

（1）如果我们公司这次没有录取你，但过一段时间，被录取的人中有没能度过试用期的，腾出位置来，再通知你，你还会来吗？

**分析：**这是一个很尖锐的问题，一箭双雕，既看一看你对公司的认可程度，又在考察你的性格。

**错误回答：**

- 为什么我还要再来？我又不是找不到工作。
- 我不想等待，再说那时我可能早就被另一家公司录取了。
- 现在没有录取我，说明公司不看好我，我来了也没有意思。

**回答结果：**只好带着舍不得这家公司的遗憾另谋高就。

**参考回答：**那就说明我是一个"替补队员"了，能给强队当"替补队员"也是件很光荣的事，我肯定会高高兴兴地来。再说，"主力队员"都是从"替补队员"干起来的，只要我今后工作努力，肯定会由"替补队员"成长为"主力队员"的。现在，我既然是"替补队员"，就说明还需要付出更大的努力，才能满足公司的要求。我相信，我肯定能成为公司的"主力队员"，为公司做出贡献。谢谢老师给我机会。

**回答结果：**没准儿公司现在就可以录用你了。

（2）如果公司给你的工资没有达到你简历上的要求，你还会来我们公司吗？

**错误回答：**

- 这是我的工资底线，如果达不到，那我可能就会考虑另外一家公司了。
- 那我大概不会来了，我认为我的要求并不高。
- 如果那样的话，就是我跳槽后的工资还低于原来的工资，我要考虑一下。

**回答结果：**因为相差无几的工资，永远失去一个发展机会。

**参考回答：**工资是我需要考虑的一个问题，但公司更是我要考虑的。我更看重的是公司的企业文化、发展前景，以及我在公司的发展。前途要比“薪情”更重要。再说，每家公司都有自己的工资标准，我相信，只要我的能力达到公司的职位要求，公司也不会给我比别人低的工资，如果我的能力达不到公司的职位要求，我提的工资再高，也是不合适的。

**回答结果：**公司的 HR 投来赞许的目光。

（3）你在公司里工作，如果同办公室的一个人能力没有你强工资却高于你，你会不会有想法，心理不平衡？

**错误回答：**

- 我当然不平衡，那我干着还有什么意思。
- 如果他的能力比我强，我不会有想法；如果他的能力不如我，我肯定会心理不平衡。
- 如果公司对待员工这样不公平，肯定企业文化有问题，那我还是走人吧。

**回答结果：**由于公司不会录取，心中又增加了一个不平衡。

**参考回答：**工资是个很敏感的问题，公司一般会尽量处理好。如果那个同事的能力不如我，工资还高于我，肯定是他在其他方面强于我，或者他能为公司解决一些我们不知道的问题。在公司里，我不想与别人横着比，因为这里面有许多事我并不知情。我喜欢和自己进行纵向比，只要自己一天天比过去成长了，就会有成就感，只要公司给我的报酬与我的能力匹配，心理就不会不平衡，还会有干劲。

**回答结果：**肯定第一轮就把你纳入候选人名单。

（4）你在以前的公司从事什么样的工作？

**分析：**回答的要领有三点，即担任的工作、职务和成绩。这个问题可以让公司知道求职者是否符合所要招聘的职位、以前在公司发挥的作用是否重要等，进而判断求职者的发展性。回答该问题时，要具体说明对相关工作的理解及熟悉度。

（5）你如何评价你过去所在的单位？

**分析：**这是一道非常危险的题，可能意在考察你是不是爱在背后说三道四、论人是非，没有哪个单位会欢迎这种人。这里，应只对以往的单位做事实判断，如企业性质、从业范围、人员构成等，不去涉及其经营状况等商业秘密，尽量避免价值判断，如对于经营思路是否正确、用人是否妥当、关系是否融洽、客户是否挑剔、前景如何、老板是否有过人之处等不应进行过多评价。

（6）你为什么要到我们这里来工作？

**分析：**你必须对公司做过细致的研究，从你的角度结合公司的特点来回答。回答这个问题时，可以说你相信公司能为你提供一个稳定和愉快的工作环境，在这种环境下，员工会更有干劲。

（7）你为什么要离开原来的工作岗位？

**分析：**这是一个常见的棘手问题。你离开每个工作岗位都应该有一个可以让人接受的理由。此时，切记不要对以往的公司做出过多主观性的评价。

（8）你对哪一类工作比较感兴趣？你凭什么认为自己能胜任这类工作？

**分析：**如果你跳过槽，要归咎于自己年轻，随着家庭责任的增加，你已经稳重多了。这样，你可以给面试官留下这样的印象——你跳槽不是因为表现不好，而是每次工作变动都使你在专业上上了一个台阶。

（9）你是否适合这份工作我没有把握。

**分析：**不要对这个问题太担忧。可以把面试官的话理解成，“我想雇你，只是我面临的选择太多，所以你还有机会向我推销一下自己”。这个问题是要考查你三个方面的素质：自信、决断和倾听能力。此时，要保持冷静，可以把球踢还给面试者：“真的吗，您为什么会这么认为呢？”你要争取时间，最重要的是不能显出胆怯。

（10）你希望遇上什么样的领导？

**分析：**在被问到这样的问题时，要向面试官传达这样的信息：领导可遇不可求，不管遇到什么样的领导，我都会认真地对待自己的工作。

（11）请谈谈你最大的缺点和优点。

**分析：**这是面试中的经典问题，同时，也是个十分危险的问题，稍不留神就可能把自己给坑了。记住一个基本原则：谈优点，要往性格、价值观上谈；谈缺点，要往经验、技能上谈。你有什么优点？心地善良，性格温和，三观端正，有原则有底线。拔高一点儿也没关系，拔高显得你灵魂高尚，也会给人留下好印象。切记，谈优点不能往技能上谈，因为技能上一旦拔高，就会显得有点狂妄自大。谈缺点，一定要往技能上、经验上去谈。比如：第一，长期致力于管理思想的研究，对其他方面理论的新进展、新动向可能跟进不足；第二，在学校深耕了20多年，所以，社会实践经验相对少了些，对企业的实际情况可能了解得不够；第三，因为没有得到贵公司的支持，没有加入你们这个优秀的团队，对专业化的运作流程掌握得不是很透彻。

### （六）面试中常见的“高级错误”

在面试中，没有人能保证不犯错误，只是聪明的求职者会不断修正错误。当然，有些错误那些相当聪明的求职者也难免一犯再犯，我们称之为“高级错误”。

#### 1. 不善于打破沉默

面试开始时，求职者不善于打破沉默，等待面试官打开话匣子。实际上，无论是在面试前或面试中，求职者主动交谈都会给面试官留下热情和善于与人交流的良好印象。

2. 与面试官套近乎

具备一定专业素养的面试官是不喜欢求职者套近乎的，因为面试中双方关系过于随便或过于紧张都会影响面试官的评判。聪明的求职者可以列举一两件有根有据的事情来赞扬招聘单位，从而表现出自己对这家公司的兴趣。

3. 慷慨陈词，却举不出例子

求职者大谈个人特长、技能时，聪明的面试官一般会提出：“能举一两个例子说明一下吗？”这时求职者如果无言应对，就会很尴尬。在面试前，求职者应对面试官可能的提问做足思想和沟通准备，并有意识地梳理自己和应聘职位相关的技能及从业经历等。

4. 缺乏积极的态度

面试官常常会提出一些让求职者感到很为难的问题。很多求职者会表现出尴尬或敷衍作答，其实完全没有必要。比如，面试官问：您为什么 5 年中换了 3 次工作？有人可能大谈工作如何困难等，而不是告诉面试官虽然工作很难，自己却因此学到了很多，也成熟了很多。

5. 丧失专业风采

有些求职者面试时各方面表现都很好，可一旦被问及以前任职过的公司，就会愤怒地进行抨击。在具备专业素养的面试官面前，这种行为是非常忌讳的。

6. 不善于提问

有些求职者在不该提问时提问，如面试中打断面试官。也有些求职者面试前对面试官提出的问题没有做足够的准备，被问时表现出茫然无措。事实上，适时而恰到好处的提问胜过简历中的无数笔墨，会让面试官对你刮目相看。

7. 缺乏清晰的个人职业规划

说到个人职业规划，很多人只有目标，没有思路。比如，当被问及“您未来 5 年事业发展计划如何”时，很多人会回答“我希望 5 年之内做到全国销售总监一职”。如果面试官接着问“为什么”，应试者常常会表情茫然。其实，任何一个具体的职业发展目标都离不开你对个人目前技能的评估以及你为实现这个目标所需拟定的粗线条的发展规划。

8. 假扮完美

面试官常常会问：“你性格上有什么弱点？”“你在事业上受到过挫折吗？”有人会毫不犹豫地回答：没有。但事实上，没有人没有弱点，没有人没有经受过挫折。只有充分地认识到自己的弱点，正确地认识自己所受的挫折，才能真正成熟起来。

9. 主动打探薪酬福利

有些求职者会在面试快要结束时主动向面试官打听该职位的薪酬福利等情况，结果是欲速则不达。具备人力资源专业素养的面试官是忌讳这种行为的。其实，如果招聘单位对求职者感兴趣，往往会主动提出或问及求职者的期望薪酬。

10. 不知如何收场

很多求职者在面试结束时，或因成功的兴奋，或因失败的沮丧，会语无伦次、手足无措。其实，在面试结束时，不妨表达一下自己对应聘职位的理解，满怀热情地告诉面试官自己对此职位感兴趣并询问下一步该做什么，或者面带微笑和面试官握手，感谢他的接待及对你的考虑。

# 第七章　培训：育人

## 一、培训概述

### （一）培训的定义

培训，就是组织因开展业务及培育人才的需要，采用各种方式对员工（技术员工、业务骨干、专业干部等）进行有目的、有计划的培养和训练的管理活动。培训的目的是使员工不断积累知识、提升技能，更新观念、转变态度，更好地胜任现职工作或担负更高级别的职务，从而促进组织效率的提高和组织目标的实现。

培训是人力资源开发的一种重要手段。

### （二）培训的意义

无论对企业还是个人来说，培训都具有非常重要的意义。具体来说，培训的意义如下：

（1）为了适应环境的变化。与时俱进是企业更是时代的要求。无论在什么岗位，都需要不断学习，增长知识，提升技能，以应对工作的需要和客观情况的变化。

（2）满足市场竞争的需要。真正有竞争力的个人或组织都是在不断的学习中成长起来的，否则很容易在激烈的市场竞争中被淘汰。

（3）为了胜任工作，满足自身发展需要，提高满足感和安全感。美国培训专家吉格勒说：除了生命本身，没有任何才能不需要后天锻炼。松下幸之助说：制造产品先制造人。一个天才的企业家总是会不失时机地将员工的培养和训练提上重要议事日程。海尔的观点：如果一家企业天天盯着有形产品，只看财务报表的数字，而忽视对人的教育和感化，忽视对人的积极性和创造性的调动，忽视人性方面的东西，那么企业是长远不了的。

（4）提高工作效率，创造更高的经济效益。只有员工的整体素质提高了，整个企业的工作效率才会提高，企业的经济效益才会切实提高。

（5）建立优秀的企业文化，树立良好的企业形象。几乎每个公司的岗前培训都要涉及一项重要内容，即本企业的文化。向员工传播本企业的文化，主要是让新进员工对企业产生归属感，认同企业文化。只有这样，员工才会全身心地投入工作，为企业的发展贡献力量。

## 二、培训的时机

具体情况和需求不同，企业培训的时机会有所不同。总体来说，培训的时机有以下几个：

（1）新员工入职时。

（2）组织效率低下，急需改进组织绩效时。

（3）需要提升整个团队的能力及凝聚力以适应需要时。

（4）员工晋升或转换岗位时。

（5）新制度颁布或新技术、新系统、新流程引进及使用时。

（6）需要拓展业务时。

## 三、培训的主体和对象

### （一）谁来培训（师资）

选择讲师的基本原则是：一定要选择最合适的讲师！讲师的来源（见表 7–1）主要有两种：内部开发和外部聘请。

**表 7–1 讲师的来源**

| 讲师来源 | 优点 | 缺点 |
| --- | --- | --- |
| 内部开发 | 熟悉企业内部情况，且培训中交流顺畅；<br>自身成长即可为新员工树立榜样；<br>易于管理；<br>成本低 | 缺乏权威性；<br>选择范围小；<br>受训者热情不高 |
| 外部聘请 | 选择范围大，可获取高质量的讲师资源；<br>可带来许多全新的理念；<br>对学员有较大吸引力，有助于获得良好的培训效果；<br>可提高培训档次，引起企业各方面的重视 | 对讲师缺乏了解，培训风险大；<br>培训缺乏针对性，适用性低；<br>难以形成体系；<br>成本高 |

资料来源：编者根据相关资料整理。

杰克·韦尔奇认为，培训应由内部经理来做："我通常要求高层经理加入讲师培训中心，给中低层经理进行培训，而不从外部请不了解情况的培训师。要是经理说他太忙没时间上课，我会认为他对公司没有太大价值，让他一直待在这个位子上不提拔。"

### （二）培训谁（培训对象）

确定培训对象有以下三个基本原则：

（1）当其需。在最需要的时候，选择最需要培训的人进行培训。比如，新员工、拟晋升或调岗人员。

（2）当其位。结合具体的岗位或职位及其在组织运营中的重要程度来确定。比如，一般来说，公司会优先培训业务人员。

（3）当其愿。该原则充分体现了员工个人发展愿望与组织需要的结合。比如，公司根据员工职业生涯规划安排的系列培训。

## 四、培训的内容

一般的培训包括三方面内容：知识、能力和态度。

### （一）知识

培训的知识包括与业务相关的各种知识。一个人的知识结构主要包含三个方面：①基础知识。高中一年级及之前所学的知识都属于基础知识。②专业知识。从分文理科开始，到大学选定专业之后所学的知识，都属于专业知识。③相关知识，即参加工作之后必须掌握的与工作相关的知识。

### （二）能力

能力指才能和办事的本领，包括与业务相关的各种技能。培训是一个从生手到熟手的能力转变过程。专业技术人员的工作能力清单及举例见表 7–2。

**表 7–2　专业技术人员的工作能力清单及举例**

| 能力清单 | 举例 |
|---|---|
| 应对困难的能力 | 野外生存训练 |
| 记忆力 | 曾国藩背诵《岳阳楼记》《关雎》《长恨歌》 |
| 变化适应能力 | 昆明的气候、温室的花朵 |

续表

| 能力清单 | 举例 |
| --- | --- |
| 孤独排遣能力 | 慎独、司马迁《史记》、方志敏《可爱的中国》、最强大脑 |
| 平抑不满能力 | 东北二王（1983）、常德张君（2000） |
| 激励、组织能力 | 朱元璋宰牛分给小伙伴 |
| 理论转化能力 | 数学与菜市场买菜 |
| 成就动机（意愿） | 《星光大道》失败案例：崔苗、少年天才宁铂 |
| 信息接受能力 | 现在的老人使用智能手机 |
| 快速思维能力 | 脑筋急转弯、知识抢答赛 |
| 想象力 | 联想思维训练，单口相声《测字》 |
| 决策能力 | 杀伐果断的刘邦和犹豫不决的项羽 |
| 亲和力 | 朝鲜领袖金正恩让小学生给戴红领巾 |
| 创造力 | 爱迪生、爱因斯坦 |
| 敏感性 | 《红楼梦》中的林黛玉 |
| 手工操作能力 | 制陶手艺、银器制作等 |
| 理解能力 | 阅读理解、话语理解 |
| 学习的能力 | 活到老学到老 |
| 全面考虑问题的能力 | 三峡大坝水电站工程是否存在环境问题 |
| 心理控制能力（情绪控制能力） | 打牌胜负往往取决于参与者是否喜形于色 |
| 口头表达能力 | 苏秦、张仪、央视名嘴 |
| 书面表达能力 | 冯友兰编著的《中国哲学史》 |
| 时间管理能力 | 如何克服拖延症 |
| 调查研究能力 | 柴静《看见》 |
| 承受压力的能力 | 南京大学博士跳楼、黄国平博士论文致谢 |
| 同时处理多个问题的能力 | 经典难题：母亲和老婆两个人同时落水，先救哪一个 |
| 社交能力 | 演员黄渤 |
| 忍耐力 | 越王勾践卧薪尝胆 |
| 逻辑思维能力（推理能力） | 《大宋提刑官》中的宋慈 |
| 关注细节的能力 | 财务管理者、会计人员工作中遇到的小数点 |

资料来源：编者根据相关资料整理。

能力可以分为通用能力与专业能力。

通用能力是指与职业或职位密切相关的基本能力。在实践中，企业管理职位的通用能力包括领导能力、决策能力、判断能力等，见表 7–3。

**表 7–3 企业管理职位的通用能力**

| 通用能力 | 内容 |
| --- | --- |
| 领导能力 | 对自己的部门在整个组织中的地位、作用、影响进行准确定位，并具有制定和有效实施远景规划、阶段计划的能力 |
| 决策能力 | 能在几个方案中选择最优方案 |
| 判断能力 | 对某一事物的是非曲直能做出准确判断 |
| 创新能力 | 工作中能提出新想法、新措施和新方法 |
| 洞察能力 | 能透过现象看到本质，预见事物的发展与变化 |
| 沟通能力 | 能与上级、同级、下级顺畅沟通，统一大家的思想和意见 |
| 识人能力 | 善于掌握每类人的性格与特点并加以利用 |
| 解决问题的能力 | 善于发现问题并解决问题 |
| 团队管理能力 | 能够培养下属，将团队凝聚在一起 |
| 激励管理能力 | 善于引导下级积极主动地开展工作，而不单靠命令与指示 |

资料来源：《人力资源管理》编写组 . 人力资源管理［M］. 北京：高等教育出版社，2018：91。

专业能力是指员工完成本职具体工作所需具备的能力。岗位不同，职责不同，对专业能力的要求也不同。比如，从事人力资源管理类工作的员工必须能够知人善任、具备人际关系洞察能力，而从事财务管理类工作的员工则要有风险意识、具备成本控制能力等。

### （三）态度

工作态度是每个新进员工必须培训的一门课程。态度对一个人的发展非常重要。在职场上，领导和同事都不会喜欢牢骚满腹的人。端正的态度，既是做好任何工作的前提，也是成就事业的基础。

## 五、培训模式

依据企业的具体情况及现实需要，可以对培训模式进行不同的分类（见表 7–4）。

表 7-4 培训模式分类

| 分类依据 | 培训分类 | 内容 |
| --- | --- | --- |
| 培训场地 | 课堂培训 | 以教师授课、员工听讲为主要方式 |
| | 现场培训 | 以现场操作示范为主要方式 |
| 工作的不同阶段 | 职前 / 岗前培训 | 企业给新进员工分配工作前进行的培训，又可分为一般性的职前培训和专业性的职前培训 |
| | 在职 / 在岗培训 | 包括转岗培训、晋升培训、岗位资格培训、更新知识掌握新技能的培训、以改善绩效考核为目的的培训 |
| | 外派培训 | 公司派人员出国进修、学习或访问 |
| | 员工发展规划 | 员工参加工作之后，在对自己有恰当认知和定位的基础上，对将来职业生涯的计划或规划 |
| 职能部门的组建 | 学院模式 | 企业组建培训部门，有的甚至办自己的大学，作为培养自己需要的专门人才的机构 |
| | 客户模式 | 专门针对客户需求进行培训 |
| | 矩阵模式 | 培训者既向部门经理又向特定职能部门经理汇报工作 |
| | 企业办学模式 | 企业组建办学部门为本企业各层次人员以及利益相关者提供有针对性的培训项目与课程 |
| | 虚拟培训模式 | 通过互联网进行的课程教学与培训 |
| 培训对象 | 管理人员培训 | 主要目的是让管理者掌握必要的管理技能，以及新的管理理论、先进的管理方法 |
| | 专业技术人员培训 | 旨在帮助专业技术人员提高专业领域的能力，以及新产品研发能力；同时，培训财务、营销、时间管理、信息管理、团队协作、人际交往等方面的能力 |
| | 基层员工培训 | 旨在提升不同岗位所要求的操作技能 |
| 培训对象 | 新员工培训 | 旨在为新员工指引方向，使之对工作环境、工作条件、工作关系、工作职责、工作内容、企业规章制度及组织期望等有所了解，尽快融入企业 |
| 培训时间 | 全脱产培训 | 受训者在一段时期内完全脱离工作岗位，接受专门培训后，再回到原工作单位或岗位继续工作 |
| | 半脱产培训 | 受训者每天或每周抽出一部分时间参加学习 |
| | 业余培训 | 受训者完全利用个人业余时间参加培训，不影响正常生产或工作 |

资料来源：编者根据相关资料整理。

目前，市场上的培训模式可谓五花八门，这里仅对课堂培训和现场培训进行具体介绍。

### （一）课堂培训

#### 1. 培训步骤

（1）准备：设计培训课程，编写培训大纲；制订培训计划；编写 / 选择培训教材；选择和培养培训讲师；准备培训场所和设备；准备必要的资料。

（2）具体实施：①决定培训效果的因素包括讲师的授课水平、培训内容是否符合学员需要、教学方法、学员的学习态度等；②主要方法包括讲授、研讨、模拟练习、视听法、演示、案例法等。

（3）考试考核：一般培训之后会有考核环节，以检验学员的学习效果。

#### 2. 培训方法

企业培训有很多种方法，这里仅介绍较为常用的三种。

**方法 1：讲授**

（1）讲授思路：

以原理为中心：一般性概括—证明—解释、类比、例证、统计、证据—复述和总结。

以问题为中心：事实描述—问题—问题解决的标准—可供选择的方法—方法优劣评价—最优化选择。

（2）保持学员兴趣的措施：让学员积极参与；生动的语言，直观的教具；制造悬念；研讨、角色扮演等多种方法相结合。

**方法 2：研讨**

（1）类型：任务取向、过程取向（相互了解和启迪）、任务—过程取向（如小组讨论后发言）。

（2）形式：集体讨论、分组讨论、对立式讨论。

（3）方法：演讲讨论法、管理原理贯彻法（如研讨“怎样领导下属”“监督人员怎样实地指导”）、内容强调理解讨论法。

**方法 3：案例分析**

（1）步骤：①说明培训目的、要求并进行简要介绍；②学员相互熟悉，分发案例资料；③指导教师接受学员咨询；④分组讨论，找出问题；⑤找出解决问题的策略；⑥休息；⑦各组代表陈述本组观点，并相互质询；⑧全体学员共同得出结论，指导教师总结整理。

（2）案例构成：说明、正文、附件、思考题。

（3）编写报告：确定培训目的、搜集信息（报刊书籍、文件资料、他人叙述、自身经历）、写作、检测、定稿。

## （二）现场培训

现场培训分为两种：适应性现场培训和以改善绩效、培养人才为目的的现场培训。

### 1. 适应性现场培训

具体流程：确定培训项目（查阅工作说明、需求调查）—编写现场培训指导书（培训部门、培训对象、培训时间、培训方法等）—确定指导者—考试 / 考核—颁发上岗证书。

培训岗位：直接关系到产品质量的岗位、易发生安全事故的岗位、责任重大的岗位、出现差错会带来较大经济损失的岗位。

### 2. 以改善绩效、培养人才为目的的现场培训

（1）确定培训需要。要确定的内容包括：员工发展规划和现场培训需要，如两年内在财务部轮岗，由财务经理在业务上进行专门指导；绩效改进计划与现场培训需要，如在上级指导下完成工作目标确定与下达的全过程。

（2）制订个别指导计划书（指导内容、具体措施、时间、指导者）。

（3）具体实施。①说明：针对培训项目说明意义、内容，在充分协商的前提下进行指导。②见习：上司或老员工做示范，让学员边看边学、掌握要领（特别注意，重要部分要在示范完成后就心得体会进行交流）。③实习：在上司或老员工的协助下完成指定工作，根据学员的具体表现随时给予指导（让学员有充分自信，工作开展由易到难，逐渐把握要领，切身感受工作氛围）。④分担：学员与指导者共同承担一项工作（学员应具备独立工作的信心、敢于实践，能够得到相应的指导）。⑤代理：制造机会让学员代理和该项能力关系密切的某项工作（信任与关心，要求学员遇到困难立刻报告）。⑥承办：正式负责，承担相关工作（尊重本人意愿，注意观察，让学员思考原因与对策，及时给予鼓励）。针对不同对象和培训内容，要采取不同方法：对于素质较差的员工，调换工作较为合适；对于工作态度不积极的员工，采取有针对性的激励措施更为重要。

（4）评价。具体内容包括：受训者的工作成绩是否提高，受训者的态度、行为是否发生变化，让受训者讲述培训后的感受，向同事、顾客了解受训者接受培训后的变化。

（5）保障措施。①将现场培训与员工的个人发展规划、绩效考核联系起来，激发员工参与的积极性；②选拔素质高的员工担任领导；③对各级领导进行与培养下属相关的培训；④向各级领导灌输新的管理理念——领导者首先应是训练者；⑤明确规定培养下属是各级领导者的责任；⑥人事部门定期检查下属单位、部门的培训情况。

# 第八章　用　人

诸葛亮在《出师表》中说："亲贤臣，远小人，此先汉所以兴隆也；亲小人，远贤臣，此后汉所以倾颓也。"此语道出了用人之道。

为什么用人是人力资源管理的重中之重？因为用错人的后果相当严重，轻则公司倒闭，重则国家灭亡。因此，古今中外，优秀的领导者对于用人都非常谨慎。

凡是做大事的人，身边一定有智囊。刘邦身边有张良，就了不得了，有方向了；朱元璋遇到了朱升，给他"高筑墙、广积粮、缓称王"九个字，这九个字对朱元璋太重要了。曾国藩讲：成大事者，以多找助手为第一要义。把人用好了，企业才可能持续发展。

## 一、用人的重要性

我们先来看两个案例。

【案例】

### 1. 巴林银行的倒闭

1995 年 2 月 27 日，英国中央银行突然宣布：巴林银行不得继续从事交易活动并将申请资产清理。这个消息让全球震惊，因为这意味着具有 233 年历史、在全球范围内掌管 270 多亿英镑的巴林银行宣告破产。

这座百年金字塔，竟葬身于"期货与期权结算方面的专家"里森之手。当时，担任巴林银行新加坡期货公司执行经理的里森身兼首席交易员和清算主管两职。有一次，他手下一个交易员因操作失误亏损 6 万英镑。里森知道后，因害怕事情暴露影响他的前程，便决定动用错误账户"88888"。之后，他为了私利，一再动用这个错误账户，导致银行账户始终显示的是盈利交易，最后的损失却超过 10 亿美元。这个数字是巴林银行全部资本及储备金的 1.2 倍。拥有 233 年历史的老店最终被荷兰某集团以 1 英镑象征性地收购了。

中央电视台《经济半小时》特别节目《资本市场》采访巴林投资银行首席执行官彼得·诺里斯时，他说："我认为可以从中吸取很多教训，最基本的一条就是不要想当然地认为所有员工都是正直的、诚实的，这是人类本性的可悲之处。多年来，巴林银行一直认为雇佣的员工是值得信赖的，都信奉巴林银行的企业文化，都将公司的利益时刻放在心中。而在里森事件中，我们发现他在巴林银行服务期间一直是不诚实的。所有金融机构的管理层都应该从里森事件中吸取教训，意识到用人的风险所在。巴林银行存在着内部管理机制的诸多不足，一直没有及时发现里森的犯罪行为，而发现时为时已晚。所以，我认为教训是应该随时保持极高的警惕性。"

### 2. 用错一个人导致一个国家的灭亡

后梁最后一个皇帝朱友贞，为人恭俭，不荒淫暴虐，但他误用了小人，最后没有逃脱国破家亡的下场。可见，选用人才是多么重要啊！

有一次，朱友贞去怀州视察，怀州刺史段明远将自己漂亮的妹妹献给了朱友贞。由于这层关系，段明远受到了朱友贞的宠信，不久便被提拔为大将，负责守卫黄河沿岸。许多大臣知道段明远不是将才，智勇皆无，而且腐化堕落，让他守卫北方边境肯定要误大事。可是朱友贞不听劝谏，坚持这一任命。

段明远上任后，不是练兵强将、研究军务，而是到处敛财、巴结权贵、吃喝玩乐。他的对手后唐大将郭崇韬都说他临机不能决策，不是个将才，不用担心。

后唐同光元年冬天，后唐军队击败后梁大将王彦章，败兵逃回大梁，报告朱友贞说王彦章被擒，唐军长驱直进。朱友贞派人让段明远回救，可段明远害怕唐军，竟不敢去解围。朱友贞只好召集群臣问计，群臣沉默无言。

大臣敬翔说："您开始用段明远，我们就不同意。这个人贪污腐化，结党营私，而且不是将才，以至于酿成今天这样的大祸。纵有张良、陈平再世，也无法挽救亡国之患了。"

朱友贞自知理亏，无言以对，只好日夜啼哭，坐以待毙。而那位他亲自提拔的段明远，却率领五万多大军投降了后唐。更为可叹的是，段明远见着后梁过去的同事，不但没有愧色，反而扬扬得意。

不久，后梁就灭亡了。

人才治国，小人误国，古往今来，教训颇多。企业在用人的时候，一定要小心谨慎，认真地进行考察，选用那些真正德才兼备之人，切不可误用无德无才之人。

人力资源管理的目的就是合理使用人力资源，最大限度地提高人力资源的效益。员工使用在人力资源管理中居于核心地位，其重要意义体现在以下五个方面：①员工使用是人力资源管理的中心环节；②员工使用的情况决定了企业人力资源管理活动的成败；③员工使用对实现组织目标具有举足轻重的作用；④合理使用员工，有利于减少企业的“内耗”；⑤合理使用员工，有利于推进人力资源开发工作。

## 二、用人的基础和前提：信任

信任是指相信对方是诚实、可信赖、正直的。信任是交易或交换的基础，涉及心理学、社会学、营销学、经济学和管理学等多个领域。

信任是人与人之间的桥梁，通过这座桥，可以更多、更深地了解对方。当然，信任也是相互的，你信任我，我信任你，一段关系才能长久地维持下去。然而，信任也是最脆弱的东西，一句谎言或一次欺骗就足以摧毁它。

信任可以简化人与人之间的合作关系，在社会科学中，信任被认为是一种依赖关系。

信任属于道德范畴，以诚实、善良、忠厚为基础。不同的人之间，要建立信任，除了自身的性格、学习及阅历等因素，还要有一定的道德标准和行为规范进行约束。

在企业经营与管理中，信任是用人的前提。一个不值得信任的人，往往只会坏事，很难帮助领导在项目的推进过程中取得良好的业绩。

中国历史上第一次农民起义的倡导者陈胜竟然是被他的马夫杀死的。以前的马夫相当于现在的司机。假如你是领导，你会选用什么人来做你的司机？

**知识拓展**

### 企业用人准则[①]

**1. 用人标准：基层看才能、中层看德行、高层看胸怀**

如果把企业比作运动场，那基层就是运动员，中层就是教练员，高层就是裁判员。基层只做事不做人，中层既要做事又要做人，高层不做事只做人！

对于考核基层运动员，金牌就是目标，多做少说，把事情做好，达到目标，这就是标准！其他的别谈，一切用数据说话！把好的事情做到更好，把不好的事情做到尽善尽美！这样，就是优秀的基层！

对于考核中层教练员，既要做事又要做人。好的教练员都是拿过金牌的运动员，既有传承，又有经验的创新。这样的教练员，既能做好工作，也能

---

① 搜狐网（https：//www.sohu.com/a/166027949_800727），有改动。

带好团队。做人做事相结合，做人无私则无畏，做事无私也有畏，这样，才是合格的中层！

对于高层裁判员的考核，就是只管人不管事。高层裁判员只负责用好人，该管则管，不该管千万不要管！给下面的人多留点空间，允许人犯错，才能使下属迅速成长。万万不能做诸葛亮般的人物，最后累死了自己同样亡国。

才能、德行、胸怀，是检验基层、中层、高层的用人标准。

才能和胸怀大家都能理解，需要解释一下的是中间的德行。什么是德？即品格。什么是行？即性格。一流的人：品格刚毅，做人如山，以不变应万变；性格柔韧圆通，做事如水，以万变应不变。

**2. 用人理念：讲文凭更讲水平，讲职称更讲称职，讲阅历更讲能力，讲资历更讲奉献，讲道德更讲风格**

用人理念是小、中、大企业都必须具备的，特别是小企业，可以无理论，但必须有理念。一般来说，企业在用人方面，注重的就是文凭、职称、阅历、资历和道德。

所谓文凭，就是学历。当今社会的本科生，很多连一份工作都找不到，还谈什么知识改变命运？理性想想，水平是不是比文凭更重要？

再说说职称。财会专业的本科生可能稍加复习就能考上注册会计师，真让他去大公司，连个出纳都做不好。而真正称职的财务大总管，让他去考注册会计师，不一定考得上！所以，有职称并不一定能称职！

说到阅历，确实很重要，但与能力相比，阅历是无力的。企业是经营出来的，需要用实际行动去落地，一切辉煌仅代表过去，未来永远是空白。所以，可以用阅历去壮志凌云地想，但必须用能力去脚踏实地地做！

在经济短缺的年代，很多地方论资排辈，但在经济过剩的今天，有资历的人需要讲的是奉献，要把机会、荣誉、掌声多留给年轻人，这才是成熟的表现——稻子成熟了，就该低头了。

最后来说道德。什么是道德？以至诚为道，以至仁为德，方为道德。道德是做人必须具备的，而做企业的人除了道德之外，还要讲风格。

**3. 用人心态：上帝是赏识的部下、尊敬的领导、忠实的顾客**

企业里的任何一个人，面对的人群大体上可以分为三类：一是部下，二是领导，三是客户。

作为企业的管理层，对部下，需从思想到行为都表露这么一种心态：

“我能为您做点什么？我还能为您做点什么？您能让我为您做点什么？”把部下作为第一上帝，用实际行动去赏识他们，他们才会更加努力。必须用实际行动让部下做到“两袋”（口袋和脑袋）丰收，即物质文明和精神文明双丰收。

第二上帝就是尊敬的领导！领导怎么说就怎么办，用脚踏实地去落实领导的壮志凌云。领导发话了，我们就必须把事情做好，麻烦的事情也做得尽善尽美。具体怎么落地？定标准一丝不苟，树品牌十全十美，做项目白壁无瑕，抢进度千方百计，保安全万无一失！

忠实的客户是第三上帝！作为决策层，外树一面醒目旗帜，内敛一支精英团队，做到最后，买方市场变为卖方市场，做到大精强优或专特精美，把第一上帝（赏识的部下）和第二上帝（尊敬的领导）服务好，第三上帝（忠实的客户）自然就有了。需要说明的是，客户虽然排在第三位，但同样是上帝！

**4. 用人风尚：六分人才，八分使用，十分待遇**

为什么有的企业能留住人？就是做到了“六分人才，八分使用，十分待遇”。你只有让六分的人，做八分的事情，给他十分的待遇，让他们不断地在企业里通过犯错（因为能力不相配）去进步，才能真正锻炼出你想要的人才！

**5. 用人方法：用人疑、疑人用，理性疑、感性用，公开疑、透明用**

在用人上，只要有能力，人品没问题，就大胆地用！有能力的人往往也有个性。翻开历史的篇章，大家可以发现，有名的丞相、能干的将领都是有个性的。企业在用人时应该“关爱个性，尊重个性，保护个性”，要容得下能人。“用人疑、疑人用，理性疑、感性用，公开疑、透明用。”这就是企业最好的用人方法！企业只有做到真正的“公平，公正，公开”，才可能基业长青。

**6. 用人技巧：善于发现、倾情呵护、从容包容、慷慨使用**

首先，发现能人的长处；其次，呵护他们的观念，包容他们的个性；最后，大胆放权，让他们拥有自己的舞台。这样的人才不仅能留住，更能把企业当成家，把事情当事业做，这样的人才到最后才能说主人话、办主人事、尽主人职。

**7. 用人胸怀：多赏识，少谴责；用其长，容其短；刀子嘴，豆腐心**

企业管理者要明白“赏识使人成长，谴责使人成熟”的道理。一流的企业是一流的商学院，不断的赏识、表扬，能让人才的脚步跟上心灵。而当到了需要员工成熟的阶段，就要用“刀子嘴、豆腐心”的态度去谴责他们，让他们的心灵等一等脚步。

**8. 用人境界：对基层，以待遇留人；对中层，以情感留人；对高层，以事业留人**

如何留住人？对基层的人员，要用待遇留人，因为基层人员心地纯朴且待遇低，他们需要钱，能多厚待他们，就尽量厚待他们吧。对中层的人员，要用情感留人。单纯的物质激励已经满足不了他们的需要，只有用真感情去交往，把他们当成家人，他们才会以公司为家，并对这个家投入更多的忠诚和心血。对高层的人员，要用事业留人。这个层面的人往往能独当一面，待遇和情感的投入并不能满足他们。他们需要的是来自事业的尊严！给他们平台和施展的空间，给他们财力和物力的支持，甚至让他们成为你的合伙人，又有何不可？

**9. 用人哲学：成长型、成熟型、成功型**

只要一说起哲学，很多人就会讲一大堆正确的废话，其实优秀的都是简单的，但简单并不代表优秀。用人哲学很简单，分三个层面，即成长型、成熟型、成功型。当今社会不能把“失败乃成功之母”一概而论，这是不理性的，也是不负责任的。对于成长型，讲失败乃成功之母；对于成熟型，还要讲成功乃失败之母；对于成功型，则要讲优劣鲜明乃母中之母。

**10. 成功用人：敢于否定，勇于创新，善于善败，乐于取舍，成于归零**

如何用人才算成功？只有简单的五点：敢于否定，勇于创新，善于善败，乐于取舍，成于归零。做到这五点，想不成功都难。

## 三、我国古代用人制度

我国古代用人制度主要有以下七种。

### （一）禅让制（选贤举能）：上古时期（尧舜禹时代）

禅让制既是一种招聘、选拔人才的制度，也是一种任用人才的制度。其优点是：能做到选贤任能，让大众心服口服，让天下长治久安。其缺点是：对人的观察期太长。尧观察了舜 20 多年，舜观察了禹 30 多年，才敢放权。

1. 历史渊源

“禅”意为“在祖宗面前大力推荐”，“让”指“让出帝位”。禅让制是中国上古五帝时代产生国家领导人的制度，是一种“非血统继承制”。尧舜禹“禅让”的历史传说，反映了上古中国的民主制度。禅让制之后的制度被称为“王位世袭制”。

在形式上，禅让是在位君主自愿进行的，是为了让更贤能的人统治国家。通常，禅让是将权力让给异姓，这会导致朝代更替，称为“外禅”；而让给自己的同姓血亲，则被称为“内禅”，让位者称“太上皇”，不导致朝代更替。

远古时代生产力极为落后，人类必须依靠集体的力量共同劳动、平均分配食物才能生存下去，因此，人们需要选举出贤能、公正的人当首领，以带领大家抵御外来侵袭。

在实行禅让制之前，实行的是“父死子继、兄终弟及”的“血统继位制”，国家最高领导人在风姓家族中产生。该制度于公元前 2338 年被废除。

2. 传说中的禅让

相传尧为部落联盟领袖时，四岳推举舜为继承人，尧对舜进行了 3 年考核。尧死后，舜继位，用同样的推举方式，以禹为继承人。禹继位后，又举皋陶为继承人。皋陶早死，又以伯益为继承人。最后，族人拥戴禹之子启为王。这是部落联盟推选领袖的制度，史称“禅让”。但另一种说法是，禅让制只到禹之子启就终止了，他建立了第一个朝代——夏。

3. 历史上的禅让

历史上的禅让，都是朝中权臣胁迫皇帝退位，而由于继承者是当政者的臣子，为避免“不忠”的骂名，便打着禅让的旗号，以显正统性。因此，以禅让而灭亡某一朝代，史书中多表述为“篡”(如“王莽篡汉”)，而若以武力直接推翻某一朝代，则用“灭”(如“元灭宋”)，以表明某种价值判断。禅让制被禹的儿子夏启破坏，代之以“家天下”的世袭制。

4. 历史质疑

尧、舜、禹之间的“禅让”故事，可能是中华文明中最温情脉脉、最令人神往的政治童话。早在战国时期，就有人对“禅让”一说提出了怀疑。

《荀子·正论》记载了荀子的疑问：“夫曰尧舜禅让，是虚言也，是浅者之传，陋者之说也。”

《韩非子·说疑》记载战国末期韩非的言论，道：“舜逼尧，禹逼舜，汤放桀，武王伐纣，此四王者，人臣弑其君者也。”这段话不仅否认了“禅让”之事，还说舜和禹继承帝位是“臣弑君”的结果。另有唐代的刘知几在其所著的《史通》中引《汲冢琐语》说，“舜放尧于平阳”，还说舜是被禹赶到苍梧而死的。

后来还有司马贞引《竹书纪年》在其著作《史记正义》中说：“尧德衰，为舜所囚。舜囚尧，复偃塞丹朱，使父子不得相见也。”

墨家提倡“尚贤”，直接鼓吹“禅让”。儒家“祖述尧舜”，也对“禅让”大加宣扬。对于“舜禹禅让”的说法，近代学者认为是赞成“举贤”的儒家新添的。

### （二）世袭制（世卿世禄）：夏、商、周、春秋战国至清朝

#### 1. 历史渊源

夏、商、周实行王位世袭制，此制度是与宗法制度结合在一起的。宗法制度由原始社会末期的父系家长制演变而来，是以嫡长子继承制为基本特点的权力分配制度。王为天下的大宗，其嫡长子为宗子，是王位继承者，称世子；庶子为小宗，王封其为诸侯，或留在中央为卿大夫。诸侯、卿大夫或士，各为本支的大宗，其嫡长子为职禄继承者；庶子为小宗（此小宗又为本支的大宗），再分封。如此推演无穷。王被视为天之元子，受天之命以君临人间，所以称“天子”。这是“君权神授”观念，王位世袭制度逐步完善。

世袭制的实质就是古代皇帝下台后，将九五之尊之位传给自己的儿子。世袭制就是名号、爵位以及财产等按照血统关系世代传承。这种传承主要有“家长”的传承、诸侯国的传承。“家长”的传承还可分为父系与母系。执政的君主也有承接，君主与君主之间可能有血缘关系，但不一定是直系：有的是兄传弟，有的是叔传侄；有的是受命于王，有的是抢班夺权、谋权篡位，故而不在世袭之例。

大禹三让天下而不能成，“禅让制”终结，以分封建国为基本政治制度的世袭制正式确立。

王位世袭制、帝位世袭制，还有西汉初期分封的同姓诸侯王，以及唐朝割据的藩镇等爵位世袭制都是世袭的表现。世袭制通常有父死子继和兄终弟及两种方式。

世袭是指某专权一代继一代地保持在某个血缘家庭中的一种社会概念。它又可分为政治世袭和经济世袭两类。

世界各地的人类社会早期都出现过世袭制度的统治政权，其中多数为封建世袭制度，是古代爵位、官职的一种传承制度。先秦时代，中国实行世卿世禄的制度，上至天子、封君，下至公卿、大夫、士，他们的爵位、封邑、官职都是父子相承的。这种世袭的次数理论上是无限的，直到改朝换代或占据这个爵位或官职的家族在政治斗争中失败为止。

2. 世袭制的优点与弊端

世袭制的优点：有利于国家的统一，对祖国疆域的初步奠定和中华民族的形成起到了重要作用；有利于经济的发展；建立了地主阶级对广大劳动人民的专制统治。对后世的影响：秦朝建立的中央集权专制统治的政治制度具有很大的开创性，奠定了中国两千多年政治制度的基本格局，为历代帝制王朝所沿用，且不断完善。

世袭制的弊端：中国历史上的传统皇位继承制只是在狭窄的世袭范围内选择接班人，不可能保证皇帝的素质。如果所选皇帝中幼儿、浪子、昏庸之徒较多，那么祸国殃民定属必然。

3. 禅让制与世袭制的区别

世袭制打破了以前模糊的界限，使统治者永远是统治者，被统治者永远是被统治者。这样固定的社会分层可以促进生产力的发展（统治者想着如何统治，被统治者想着如何为主子服务），如商朝就创造了繁荣的青铜文明；而禅让制只是在不大的原始社会推行，这种并不严格的角色分工随着生产力的进步会阻碍社会发展。

**（三）客卿制：春秋战国**

“客卿”一词最早出现于战国时期。在各诸侯国争雄争霸的环境下，得士者昌，失士者亡，各诸侯国纷纷“选天下之豪杰”“号天下之贤士”，因而出现了大量人才为他国效力，客卿制由此形成。客卿制与养士制类似，但又有不同。春秋战国时期，客人是分等级的。上客为最尊贵的客人，常常被诸侯拜为“卿”，称为“客卿”，然后给予升迁。用现在的话来说，客卿属于高级别人才。而养士制所养的不一定是高级人才，有的可能什么都不会，成为专门的食客。

当时，燕、齐、赵、韩、秦等诸侯国都有客卿，其中秦国的客卿最为活跃。秦国之所以不断壮大，跟客卿有极大的关系。秦国的客卿不仅数量多，而且在统一大业的政治舞台上发挥了关键作用，如商鞅、张仪、范雎、蔡泽、吕不韦、李斯等。秦国自商鞅变法之后国力日强，统治者便萌生了兼并六国、席卷天下、包举宇内的雄心，为达此目的，决心推行人才强国战略。因此，秦被游士视为可用武之地。

李斯入秦前向荀卿辞别时说：今秦王欲吞天下，称帝而治，此布衣驰骛之时而游说者之秋也。

范雎，魏人也。秦昭王拜之为客卿，谋兵事。

战国末期，秦国越来越强大，各诸侯国贵族为了抵抗秦国的入侵和挽救本国，竭力网罗人才。他们礼贤下士，广招宾客，以扩大自己的势力，因此养“士”（包括学士、方士、策士或术士，以及食客）之风盛行。当时，以养“士”著称的有魏国的信陵君魏无忌、赵国的平原君赵胜、楚国的春申君黄歇和齐国的孟尝君田文。因这四人都是礼贤下士、结交宾客之人（注：除春申君外，其余三人皆是君王后代），后人称之为“战国四公子”（也称“战国四君”）。战国四公子对人才的重视及其人才观对后世影响深远。

### （四）军功制：秦国

秦国二十级军功爵位制度是在变法中由商鞅设立的，目的在于提高秦军的战斗力。

为奖励军功，商鞅规定，凡行伍中人，不论出身门第，一律按照其所立军功的大小接受赏赐。即便是秦国的宗室，也是如此。宗室未立军功者，不得列入宗族的簿籍，不得拥有爵位。

商鞅认为，在战场上，士兵为国家奋勇杀敌是应当的，乡里打斗，为私而斗于国无利，因而禁止私斗，违反规定者将受到十分严厉的处罚。

秦国二十级军功爵位制度的作用在于使秦军的作战能力大为提高，建立了一支所向无敌、横行天下的虎狼之师。作为荣誉，军功爵位基本具备现代军衔的特点。

#### 1. 授予标准

商鞅规定：秦国的士兵只要斩获敌人“甲士”（敌军的军官）一个首级，就可以获得一级爵位“公士”、田一顷、宅一处和仆人一个。斩杀的首级越多，获得的爵位越高。证据是敌人的人头（首级），也就是说，要在战后把敌人的头砍下来带回军营，作为证据。

如果一个士兵在战场上斩获两个敌人“甲士”首级，他做囚犯的父母就可以立即释放。如果他的妻子是奴隶，也可以转为平民。

杀敌人五个“甲士”，可拥有五户人的仆人。

打一次胜仗，小官升一级，大官升三级。

#### 2. 惩处

惩处方式主要是贬职、夺禄和降职。表现不好的和有失职行为的官吏，国家会降低其爵位。

具体处罚有以下几种：①鞭打，最轻的处罚，数量不一；②肉刑，伤害人的肢体，使人残废；③刖刑，把罪犯的脚砍下来；④黥刑，在罪犯脸上刻字；⑤劓刑，把罪犯的鼻子割下来；⑥宫刑，把罪犯去势，当太监。

死刑的种类有很多，具体如下：①赐死，惩处高级军官时常使用。②生埋，也叫坑之，即把人活埋。秦军对战俘常使用。③车裂，把人四肢绑在几辆车上，撕裂，也叫五马分尸。④弃市，在闹市斩首，还要陈尸数日，不准罪犯家属收尸。⑤腰斩，把罪犯拦腰砍成两半，短时间内人死不了，受刑人痛苦不堪。⑥株连，士兵几人一组，一人犯法，大家一起接受惩处。军人犯罪，家属连同处罚。

负责刑罚的官员是廷尉，监察的官员是御史。军队外出打仗，御史随行进行监视。

3. 待遇

在军中，爵位高低不同，每顿吃的饭菜也不一样。三级爵（簪袅）有精米一斗、酱半升、菜羹一盘；两级爵（上造）只能吃粗米；没有爵位的普通士兵能填饱肚子就不错了。

军功爵是可以继承的。如果父亲战死疆场，他的功劳可以记在儿子头上。一人获得军功，全家都可以受益。

当爵位到五大夫时，可衣食三百户的租税。如果军功杰出，可衣食六百户，养士（自己的家臣与武士）。

俸禄，以实物的形式向各级官吏发放，主要是粟米（计量单位为“石”，秦 1 石 =30.75 公斤），可兑换布匹。有时，国君还会发给官吏钱币、黄金，但数量较少，不属于正常俸禄。

俸禄发放的时间，秦国以年为单位，叫“岁俸”。

秦国军功制爵级与待遇见表 8–1。

**表 8–1 秦国军功制爵级与待遇**

| 等级 | 爵位 | 解释 | 岁俸（石，同“担”） | 受田（顷） | 受宅（处） |
|---|---|---|---|---|---|
| 1 | 公士 | 秦二十等爵制的第一级。商鞅变法规定：秦国的士兵只要斩获敌人“甲士”（披甲勇士，一般为军中精锐前锋）一个首级，就可获得一级爵位（公士）、田一顷、宅一处和仆人一个。斩杀的首级越多，获得的爵位越高，证据是敌人的人头（首级），也就是说，在战后把敌人的人头砍下来带回军营，作为证据 | 50 | 1 | 1 |
| 2 | 上造 | 秦二十等爵制的第二级，高于公士 | 100 | 2 | 2 |
| 3 | 簪袅 | 秦二十等爵制的第三级，高于上造，仍须服役。公元前 186 年，汉代的《田律》和《户律》规定，受田数额为 3 顷（300 亩），受宅数额为 3 宅（宅地的标准：以 30 步见方的土地为一“宅”）。出土秦代竹简表明：在军中，每顿吃的饭菜因爵位不同而不同。簪袅可以有精米一斗、酱半升、菜羹一盘、干草半石 | 150 | 3 | 3 |

续表

| 等级 | 爵位 | 解释 | 岁俸（石，同“担”） | 受田（顷） | 受宅（处） |
|---|---|---|---|---|---|
| 4 | 不更 | 秦二十等爵制的第四级。不更者，即可免充更卒（轮流服役的兵卒）之意，但其他之役仍须照服 | 200 | 4 | 4 |
| 5 | 大夫 | 秦二十等爵制的第五级。在古代诸侯国中，国君之下有卿、大夫、士三级，大夫为一般官员的通称 | 250 | 5 | 5 |
| 6 | 官大夫 | 秦二十等爵制的第六级 | 300 | 7 | 7 |
| 7 | 公大夫 | 秦二十等爵制的第七级，又名七大夫，高于大夫、官大夫。秦时，民爵公大夫以上者，见县令、丞揖而不拜 | 350 | 9 | 9 |
| 8 | 公乘 | 秦二十等爵制的第八级。可乘公家之车，故称“公乘”。秦从第七级的公大夫（七大夫）起，即为高爵 | 400 | 20 | 20 |
| 9 | 五大夫 | 秦二十等爵制的第九级 | 450 | 25 | 25 |
| 10 | 左庶长 | 秦二十等爵制的第十级。商鞅变法之前，秦国有四种庶长：大庶长、右庶长、左庶长、驷车庶长。四种庶长都是职爵一体——既是爵位，又是官职。大庶长赞襄国君，大体相当于早期的丞相；右庶长为王族大臣领政；左庶长为非王族大臣领政；驷车庶长专门执掌王族事务。四种庶长之中，除了左庶长可由非王族大臣担任，其余都是王族专职。商鞅变法之后，秦国官制仿效中原变革，行开府丞相总摄政务，各庶长便虚化为军功爵位，不再有实职权力 | 500 | 74 | 74 |
| 11 | 右庶长 | 秦二十等爵制的第十一级。庶长，言为众之长也 | 550 | 76 | 76 |
| 12 | 左更 | 秦二十等爵制的第十二级。“更”指更卒，即轮流服役的士卒。 | 600 | 78 | 78 |
| 13 | 中更 | 颜师古注：“更，言主领更卒，部其役使也。”秦立爵二十级，汉沿袭之。中更为第十三级 | 650 | 80 | 80 |
| 14 | 右更 | 秦二十等爵制的第十四级。右更与第十二级左更、第十三级中更，均以更卒之将，为爵位名 | 700 | 82 | 82 |
| 15 | 少上造 | 秦二十等爵制的第十五级，又称“少良造” | 750 | 84 | 84 |
| 16 | 大上造 | 秦二十等爵制的第十六级，又称“大良造” | 800 | 86 | 86 |
| 17 | 驷车庶长 | 秦二十等爵制的第十七级。取乘驷马之长而为众长之意，见《汉书·百官公卿表》颜师古注 | 850 | 88 | 88 |
| 18 | 大庶长 | 秦二十等爵制的第十八级，仅次于彻（列）侯、关内侯。据《史记·秦本纪》，宁公（前716—前704年在位）时已有此官。商鞅变法之前是职爵一体，既是爵位又是官职。大庶长赞襄国君，大体相当于早期丞相 | 900 | 90 | 90 |

续表

| 等级 | 爵位 | 解释 | 岁俸（石，同“担”） | 受田（顷） | 受宅（处） |
| --- | --- | --- | --- | --- | --- |
| 19 | 关内侯 | 秦汉时置，为秦二十等爵制的第十九级，位于彻（列）侯之次。有其号，无国邑。一般系对立有军功之将的奖励，封有食邑多少户，有按规定户数征收租税之权，可世袭。南北朝时沿用，仅成为爵位的一种品级 | 950 | 95 | 95 |
| 20 | 彻侯 | 秦二十等爵制赏有功者，其最高级叫彻侯。金印紫绶，有封邑，得食租税 | 1000 | 100 | 105 |

资料来源：阎步克．从爵本位到官本位：秦汉官僚品位结构研究［M］．北京：生活•读书•新知三联书店，2009。

4. 标志

由于年代久远，古籍中无详尽记载，因此我们对秦军的详细情况无从了解，也不知是否还有可以识别的军衔标志。20 世纪 70 年代，秦始皇陵兵马俑的发现成为研究的难得资料。通过仔细观察这支军队，可以发现士兵装束和发式各不相同。

考古学家认为，这并不是生活习惯差异所致，而是爵位级别的标志。

古籍中记载，秦军是“科头”（不带起防护作用的头盔）作战，步兵兵马俑戴的麻布做的尖顶圆帽和军官俑戴的板冠明显起不到防护作用，只能是爵位级别的标志。

兵马俑最前面的三排弩兵，身穿布衣，头发统一梳成一个上翘的椎髻，无铠甲。他们很可能是拥有一级军功爵位“公士”的军人。

身穿铠甲、梳着发辫的步兵是普通士兵，身穿铠甲戴着麻布做的尖顶圆帽的步兵是拥有二级军功爵位“上造”的军人。

秦军一辆战车左右两人分别使弓箭和戈战斗，中间的驾驶员是车长，叫“驭手”，主管一辆战车。

史书记载，驾驶一辆战车的驭手爵位至少在三级以上，从兵马俑的驭手俑板冠来看，应该是最基层的军官。

军官俑戴的也是板冠，但板冠的中间有一条棱，可能是军侯一类的基层军官，负责纵队所属的一个分队。

还有将军俑，双手按剑，板冠样式复杂，身穿两重战袍，外罩铠甲，前胸和后背都有花结（起到划分级别的作用）。

5. 历史意义

二十级军功爵位制度既顺应历史潮流，也是当时奴隶制度向封建制度转变时期社会发展的产物，顺应了社会生产力发展的要求。

二十级军功爵位制度是封建制度下俸禄制取代世卿世禄制的产物，是中国历史上第一次将官员等级评定建立在其客观贡献的基础上，在当时具有不可比拟的先进性和民族性，极大地激发了人民的进取精神。

不过，在秦朝统一天下之后，以军功选拔官员的方法的积极意义远不如统一之前。强化武夫当政的制度，对于要完成统一天下的任务是十分有必要的，但在统一之后，社会基本安定，就需要有善于治理国家、发展经济的人才了。这时还是照搬过去的办法，只重视武力，从军人中选官，按军功定级，使大量能征惯战的军人担任各级官吏，只会激化社会矛盾。

二十级军功爵位制度凝聚了祖先的智慧，在秦汉时期，激励着人们去建功立业。祖先的尚武精神是值得我们继承的一笔精神财富。

### （五）察举制：汉朝

察，就是观察；举，就是推荐。所谓“察举”，就是经过长期观察后推荐。察举制主要考察四个方面：孝廉、秀才、明经、贤良方正。察举制，也称“察举征辟制”。皇帝征召叫“征”，是指由皇帝亲自下诏，邀请社会上有名的贤人、达人或学者到朝廷任职；公府、州郡或其他高级机构自行征聘，叫“辟”，被任命者将被推荐给朝廷，从而获得更高的职位。东方朔就是通过自荐得到汉武帝的征召，到汉武帝身边任职的。

**知识拓展**

**秦孝公求贤令**

《史记》版：

昔我缪公自岐雍之间，修德行武。东平晋乱，以河为界。西霸戎翟，广地千里。天子致伯，诸侯毕贺，为后世开业，甚光美。会往者厉、躁、简公、出子之不宁，国家内忧，未遑外事，三晋攻夺我先君河西地，诸侯卑秦，丑莫大焉。献公即位，镇抚边境，徙治栎阳，且欲东伐，复缪公之故地，修缪公之政令。寡人思念先君之意，常痛于心。宾客群臣有能出奇计强秦者，吾且尊官，与之分土。

《大秦帝国》版：

秦公嬴渠梁告天下之士：秦，自穆公称霸，国势有成，大业有望。然，其后诸君不贤，厉公、躁公、简公、出子四世政昏，内乱频出，外患交迫，河西尽失，函关易手，秦始由大国而僻处一隅。其后，献公即位欲图振兴，连年苦战，饮恨身亡。当此之时，国弱民穷，列国卑秦，不与会盟，且欲分秦灭秦而后快，国耻族恨，莫大于此。本公继位，尝思国耻，悲痛于心。今，嬴渠梁明告天下：但有能出长策、奇计而使秦国恢复穆公霸业者，居高官，领国政，与本公共治秦国，分享秦国。

卫鞅（商鞅）评价：五百年一卷雄文。其一，痛说国耻，历数先祖四代无能，开旷古先河；其二，求霸业而不求吏治，身处穷弱，宽能做鲲鹏远望吞吐八荒；其三，胸襟开阔，敢与权臣分享秦国，公器之心，可昭日月。若说不足，只言恢复穆公霸业，其志向远观尚小；大志应变法强秦，为一统天下奠定根基。

“秦孝公求贤令”堪称中国最早的招聘广告。

**知识拓展**

### 秦孝公测试天下贤士

诸位贤士不避艰险入秦，嬴渠梁与秦国臣民向诸位贤士深表敬谢，在此，对诸位来到秦国深表敬佩。秦国积贫积弱，需要能士贤才，诸位所学未展，也需要施展抱负的地方。自今日开始，秦国就是诸位挥洒才学的山河大场。诸位也将成为再造秦国的不世功臣。天地机遇，需要诸君与渠梁共同珍惜啊。

依列国惯例，士达则任职。可是秦国与山东各国素少往来，山东士子对秦国也是知之甚少，国府对诸位所长也是知之不详，匆促任职，难保张冠李戴、学非所用。

嬴渠梁之意，请各位带国府令牌并一应路金遍访秦国三月，而后各出治秦之策。届时，国府视各位策论所长而后确认职掌。

惜官吝爵，人君大患，而滥官滥爵，也是国之大患。秦国欲求治国之才，不惜共享秦国，何惜区区官爵权禄。可是，谁是大才，谁是中才、小才，谁长于治国，谁胜于军旅，谁堪庙堂，谁可县治，岂能混沌之间以寥寥数语确定？

### 班固〔东汉〕：高帝求贤诏

盖闻王者莫高于周文，伯者莫高于齐桓，皆待贤人而成名。今天下贤者智能，岂特古之人乎？患在人主不交故也，士奚由进？今吾以天之灵，贤士大夫，定有天下，以为一家。欲其长久，世世奉宗庙亡绝也。贤人已与我共平之矣，而不与吾共安利之，可乎？贤士大夫有肯从我游者，吾能尊显之。布告天下，使明知朕意。

御史大夫昌下相国，相国酂侯下诸侯王，御史中执法下郡守，其有意称明德者，必身劝，为之驾，遣诣相国府，署行义年，有而弗言，觉免。年老癃病，勿遣。

荐举选官是指君王及官员个人推荐优秀人才任官，这样的人才可以来自社会各个阶层，一般是靠自身才干、品行被委以各级各类官职，甚至将、相等高官。

春秋时期，各国诸侯有“贡士于天子”之制，是基层长官向最高统治者（周天子）推举有才学之士供朝廷使用的制度。这是朝廷通过基层荐举选拔官员的一条重要渠道。被选拔者没有背景，完全凭个人表现。为适应社会巨变、诸侯争霸对人才的需要，荐举选官在春秋战国时期各诸侯国普遍实行。

**【案例】**

### 《说苑·臣术》中的记载

忌举田居子为西河，而秦、梁弱；忌举田解子为南城，而楚人抱罗绮而朝；忌举黔涿子为冥州，而燕人给牲，赵人给盛；忌举田种首子为即墨，而于齐足究；忌举北郭刁勃子为大士，而九族益亲，民益富。举此数良人者，王枕而卧耳，何患国之贫哉？

《史记》卷四十六《田敬仲完世家》中被威王视为宝的官员如檀子、肦子、黔夫、种首等，都是被举荐为官的。

秦国任用商鞅是秦孝公宠臣景监举荐的结果。

察举制的优点：选才时间短、成本低，互相知根知底，可以降低考察和监督成本。

察举制的缺点：物以类聚，人以群分，难免有近亲繁殖、裙带关系等情况。

### （六）九品中正制：魏晋南北朝时期

魏文帝时开始实施“九品中正制”。以品德测评为主，中正的六条标准是：忠格匪躬、孝敬尽礼、友于兄弟、洁身劳廉、信义可复、学以为己。根据这六条标准，可把人士分成九个等级，即上上、上中、上下、中上、中中、中下、下上、下中、下下，称为“九品”，然后向吏部（相当于现在的组织部）推荐，由吏部依品授官。

七品以上是官，由政府发放俸禄（工资）。八品以下是吏，是自己掏钱雇人干活。

县令是七品。里长、亭长相当于现在的乡长、村委会主任。

魏晋南北朝时期的九品中正制见表 8–2。

**表 8–2　魏晋南北朝时期的九品中正制**

| 品级 | 职事官 | 散官 | 将军号 | 封爵 |
|---|---|---|---|---|
| 一品 | 公 | 诸位从公 | | 开国郡公县公 |
| 二品 | 诸持节都督 | 特进 | 骠骑车骑卫将军<br>诸大将军 | 开国县侯伯子男 |
| 三品 | 侍中　中常侍　尚书令　仆射<br>尚书　中书监令　秘书监　诸卿尹 | 散骑常侍<br>光禄大夫 | 诸征镇安平将军<br>镇军抚军将军<br>前后左右将军<br>征虏辅国龙骧将军 | 县侯 |
| 四品 | 武卫等将军　五营校尉　城门校尉<br>护军监军　州刺史领兵者…… | | 宁朔建威等将军<br>东西南北中郎将 | 乡侯 |
| 五品 | 中书侍郎　谒者仆射　虎贲中郎将<br>冗从仆射　羽林监…… | 给事中<br>散骑侍郎<br>黄门侍郎<br>太子中庶子<br>太子庶子 | 鹰扬折冲等将军 | 亭侯 |
| 六品 | 尚书左右丞　尚书郎　治书侍御史 | 太子中舍人 | | 关内侯<br>名号侯 |
| 七品 | 殿中监　诸卿尹丞　符节御史…… | 太子洗马<br>太中大夫<br>中散大夫<br>谏议大夫<br>议郎 | | 关外侯 |
| 八品 | 门下中书通事主事<br>散骑等省令史…… | 中郎<br>郎中 | | |
| 九品 | 兰台谒者<br>都水黄沙令史 | 舍人 | | |

资料来源：阎步克. 从爵本位到官本位：秦汉官僚品位结构研究［M］. 北京：生活•读书•新知三联书店，2009。

### （七）科举制：隋、唐、宋、元、明、清

科举制是用人单位或主管部门结合工作需要，公布范围及条件，根据统一标准，通过公开考试识别、选拔、任用工作人员的制度。

科举制的优点：透明度高；向所有符合条件的人开放，程序规范，标准清楚统一，有利于激发人的上进心。

科举制的缺点：主要侧重考评应试者显性的知识水平，而对应试者在实际工作中的成绩、管理能力、协调能力、个人品德等隐性品质无从考察。

1. 起源与发展

中国古代科举制度最早起源于隋朝。隋朝统一全国后，为了适应封建经济和政治关系的发展，加强中央集权，把选拔官吏的权力收归中央，用科举制代替九品中正制。隋炀帝大业三年开设进士科，用考试的办法选取进士。“进士”一词初见于《礼记·王制》篇，其本义为可以进授爵禄。当时主要考时务策，就是有关国家政治生活的政治论文，叫“试策”。这种分科取士、以试策取士的办法，在当时虽是草创，并未形成制度，但把读书、应考和做官三者紧密联系起来，揭开了中国选举史上新的一页。唐玄宗时，礼部尚书沈既济对这个历史性的变化有过中肯的评价：“前代选用，皆州郡察举……至于齐隋，不胜其弊……是以置州府之权而归于吏部。自隋罢外选，招天下之人，聚于京师春还秋住，乌聚云合。”

隋朝灭亡后，唐朝的帝王承袭了隋朝传下来的人才选拔制度，并进行了完善。由此，科举制度逐渐完备起来。在唐代，考试的科目分常科和制科两类。每年分期举行的考试称“常科”，由皇帝下诏临时举行的考试称“制科”。

唐代取士，不仅看考试成绩，还要有名人的推荐。因此，考生纷纷奔走于公卿门下，向他们投献自己的代表作，叫“投卷”。向礼部投的叫“公卷”，向达官贵人投的叫“行卷”。投卷确实使有才能的人崭露头角，如诗人白居易向顾况投诗《赋得原上草》，受到老诗人的极力称赞。但是，弄虚作假、欺世盗名的也不乏其人。

武则天载初元年（690 年）二月，女皇亲自“策问贡人于洛成殿”，这是我国科举制度中殿试的开始，但在唐代并没有形成制度。

唐代还产生了武举。武举始于武则天长安二年（702 年）。应武举的考生来源于乡贡，由兵部主考，考试科目有马射、步射、平射、马枪、负重等，“高第者授以官，其次以类升”。

宋代的科举大体同唐代一样，有常科、制科和武举。相比之下，宋代常科的科目比唐代减少了许多，其中进士科仍然最受重视，进士一等多数可官至宰相，所以宋人以进士科为宰相科。宋吕祖谦说：“进士之科，往往皆为将相，皆极通显。”当时有

“焚香礼进士”之语。进士科之外，其他科目总称“诸科”。宋代科举，在形式上和内容上都进行了重大改革，比如扩大了录取的范围、确立了三年一次的三级考试制度，等等。

元朝科举制度实行时间短、规模小、录取人数少，且推行的过程并不顺利，因而有人称元代的科举制度是“被历史遗忘的考试”。

明朝时，科举制进入鼎盛时期。明代统治者对科举高度重视，科举方法之严密也超过了以往。明代以前，学校只是为科举输送考生的途径之一。到了明代，进学校成了科举的必由之路。

明代正式科举考试分为乡试、会试、殿试三级。

乡试是由南、北直隶和各布政使司举行的地方考试。地点在南京府、北京府、布政使司驻地。每三年一次，逢子年、午年、卯年、酉年举行，又叫“乡闱”。考试的试场称为“贡院”。本省科举生员与监生均可应考。主持乡试的有主考二人，同考四人，提调一人，其他官员若干人。考试分三场，分别于八月九日、十二日和十五日进行。乡试考中的称“举人”，俗称“孝廉”，第一名称“解元”。唐伯虎乡试第一，故称“唐解元”。乡试中举叫“乙榜”，又叫“乙科”。放榜之时，正值桂花飘香，故又称“桂榜”。放榜后，由巡抚主持鹿鸣宴，席间唱《鹿鸣》诗，跳魁星舞。

会试是由礼部主持的全国考试，又称“礼闱”，于乡试的第二年，即逢辰年、戌年、未年举行。全国举人在京师会试，考期在春季二月，故称“春闱”。会试也分三场，分别在二月初九、十二、十五日举行。由于会试是较高一级的考试，同考官的人数比乡试多一倍。主考、同考以及提调等官，都由较高级的官员担任。主考官称“总裁”，又称“座主”或“座师”。考中的称“贡士”，俗称“出贡”，别称“明经”，第一名称“会元”。

殿试在会试后当年举行，时间最初是三月初一，明宪宗成化八年（1472 年）起，改为三月十五。应试者为贡士。贡士在殿试中均不落榜，只是由皇帝重新安排名次。殿试由皇帝亲自主持，只考时务策一道。殿试毕，次日读卷，又次日放榜。录取分三甲：一甲三名，赐进士及第，第一名称状元、鼎元，第二名称榜眼，第三名称探花，合称“三鼎甲”；二甲赐进士出身；三甲赐同进士出身。二甲、三甲第一名皆称“传胪”。一甲、二甲、三甲通称“进士”。进士榜称“甲榜”，或称“甲科”。进士榜用黄纸书写，故叫“黄甲”，也称“金榜”，中进士称“金榜题名”。

乡试第一名叫解元，会试第一名叫会元，加上殿试一甲第一名的状元，合称“三元”。连中三元，是科举场中的佳话。明代连中三元者仅洪武年间的黄观和正统年间的商辂二人。

殿试之后，状元授翰林院修撰，榜眼、探花授编修。其余进士经过考试合格者，为翰林院庶吉士。三年后考试合格者，分别授予翰林院编修、检讨等官，其余分发各部任主事等职，或以知县优先委用，称为“散馆”。庶吉士出身的人升迁很快，英宗以后，朝廷形成非进士不入翰林、非翰林不入内阁的局面。

明代乡试、会试头场考八股文，而能否考中，主要取决于八股文的优劣。所以，一般读书人把毕生精力都用在八股文上。八股文的危害极大，严重束缚了人们的思想，是维护封建专制统治的工具，也把科举考试制度引向绝路。明末清初著名学者顾炎武曾愤慨地说：“八股盛而《六经》微，十八房兴而二十一史废。”又说：“愚以为八股之害，甚于焚书（焚书坑儒）。”

清代的科举制度与明代基本相同，但贯彻的是民族歧视政策——满人享有种种特权，做官不必通过科举途径。清代科举在雍正前分满汉两榜取士，旗人在乡试、会试中享有特殊的待遇，只考翻译一篇，称“翻译科”。后来，虽然改为满人、汉人同试，但参加考试的仍以汉人居多。

科举制发展到清代，日趋没落，弊端也越来越多，直至最终消失。

### 2. 考试类别

（1）童生试。童生试也叫“童试”，是地方科举考试，明代由提学官主持，清代由各省学政主持，包括县试、府试和院试三个阶段，应试者不分年龄，都称“童生”，合格（学习成绩优秀的一二等学生）后取得生员（秀才、相公）资格，方能进入府学、州学、县学学习，所以又叫“入学考试”，之后才能参加科举考试。

（2）乡试。乡试是明清两代每三年在各省省城（包括京城）举行的一次考试，因在秋八月举行，故又称“秋闱”（闱，考场），由秀才参加，考取的叫举人，取得参加中央一级会试的资格。第一名叫“解元”，第二名至第十名叫“亚元”。

（3）会试。会试是明清两代每三年在京城举行的一次考试（会试在乡试的第二年举行），各省的举人及国子监监生皆可应考，录取三百名为贡士（又称“中进士”），第一名叫“会元”。

（4）殿试。殿试是科举制度最高级别的考试，又称“御试”“廷试”“亲试”。殿试试题由内阁预拟，然后呈请皇帝选定。有时由读卷官预拟后径送皇帝圈定或由皇帝直接拟题。殿试题一开始是策问，后来改为诗赋，到明清时，主要仍是策问。录取分三甲：一甲三名，赐“进士及第”称号，第一名称“状元（鼎元）”，第二名称“榜眼”，第三名称“探花”，合称“三甲鼎”；二甲若干名，第一名称为“传胪”，赐“进士出身”的称号；三甲若干名，第一名称“传胪”，赐“同进士出身”称号。因为二甲第一名与三甲第一名名称相同，所以判断某人属于二甲还是三甲，就以赐予的称号为准。

### 3. 历史影响

科举制在中国实行了1300多年，对中国乃至世界都产生了深远的影响。隋唐以后，中国的社会结构、政治制度、教育、人文思想无不受科举制的影响。

科举制本来的目的是为政府从民间选拔人才。与世袭制、举荐、九品中正制等选拔制度相比，科举制无疑是公平、公开及公正的。最初，日本、韩国、越南等均效仿中国举行科举制，越南科举制的废除在中国之后。16 世纪至 17 世纪，欧洲传教士在中国看到科举制，在他们的游记中把它介绍到欧洲。在 18 世纪的启蒙运动中，不少英国和法国思想家推崇中国这种公平和公正的制度。英国在 19 世纪中期至末期建立的公务员叙用方法，规定政府文官通过定期的公开考试招取，渐渐形成欧美各国仿效的文官制度。英国文官制度的考试原则和方式与中国的科举制十分相似，很大程度上是吸纳了科举制的优点。故此，有人称科举制是“中国的第五大发明”。今天的考试制度在一定程度上也是科举制度的延续。

科举制为中国历朝发掘、培养了大量人才。1300 多年中，科举产生的进士接近十万人，举人、秀才也有百万。当然，其中并非全是有识之士，但能过五关斩六将，通过科考成进士者，多数非等闲之辈。宋、明两朝以及清朝汉人的名臣能相、国家栋梁中，进士出身的占了绝大多数。

科举制对于知识的普及和民间读书风气的形成也起到了相当大的推动作用。虽然这种推动作用是由于一般人对功名的追求，而不是对知识的渴望，但客观上由于科举入仕成了风尚，中国的文风得到了提高。明、清两朝时，中国的读书人以秀才计，大部分时间不下五十万人，把童生算在内则以百万计。其中，除少数人能在仕途上更进一步外，多数人成了在各地生活的基层知识分子，这些人对知识的普及起到了一定的作用。由于这些读书人学习的是相同的“圣贤书”，故此间接维持了中国各地文化及思想的统一。

科举制造成的恶劣影响主要在于其考核的内容与考试形式。从明代开始，科举的考试内容陷入僵化——只要求考生造出合乎形式的文章，不注重考生的实际学识。大部分读书人为应付科考，思想渐被狭隘的四书五经、迂腐的八股文所束缚，眼界、创造能力、独立思考能力都被大大限制。大部分人以通过科考为读书的唯一目的，读书只是为了做官光宗耀祖。另外，科举制也局限了人才的出路。唐宋八大家都是进士出身；但到了明清两朝，在文学创作或各种技术方面有杰出成就的名家多数失意于科场。可以推想，科举制在为政府发掘人才的同时，也在无形中埋没了民间各方面的杰出人物。

时至今日，科举的一些习惯仍然可以在中国的高考中看见。例如，将考卷上写有考生身份信息的卷头装订起来，从而杜绝判卷人员和考生串通作弊。

在古代，科举制为下层社会的人们铺设了一条向上层社会攀爬的通道。

## 四、我国现代用人制度

我国现代用人制度主要有以下四种。

### （一）考任制：高考制

高考制度是指我国1952年以来一直执行的高等学校招生考试制度。1952年，全国开始实行统一高考，当年共有5.9万人参加考试。从初行到暂停再到恢复，中国高考制度的发展历经波折。

1977年，邓小平出任国务院副总理，分管文教，主持恢复高考。恢复高考改变了千百万人的命运，挽救了中国教育，也挽救了整个中国。

1977年10月21日，《人民日报》头版头条发布题为《高等学校招生进行重大改革》的文章，宣布中断了十余年的高考将恢复考试，这一消息迅速传遍全国各地。

1977年冬天，我国举行了恢复高考后的第一次考试，考试分为文史与理工两科。文史类科目包括思想政治、语文、数学、史地（历史和地理），理工类科目包括思想政治、语文、数学、理化（物理和化学），报考外语专业的要加试外语。

1981年，英语列入考试科目，以30%成绩计入总分或者参考，另外在理科中增加了生物学科，“文6理7”模式形成，直到1994年。

1983年，教育部正式提出“定向招生，定向分配”的方法，规定在中央部门或国防科工委系统所属的某些普通高等院校，按一定比例面向农村或农场、牧场、矿区、油田等艰苦行业定向招生。

1983年，外语（英语、俄语、日语、德语、法语、西班牙语，高考报名时可以自由选择，一般选择英语）正式列入高考科目，以原始分计入总分。

1985年，教育部规定：可以从参加统一高考的考生中招收少数国家计划外的自费生。一向由国家“统包”的招生制度，变成了不收费的国家计划招生和收费的国家调节招生并存的“双轨制”。同年，我国从美国引进标准化考试，并于当年首先在广东省进行了英语、数学两科的试点。

1985年，上海在全国最先获得自主命题权。同年，国家教委决定在北京大学等43所普通高等学校进行招收保送生的试点。

1989年8月，国家教委决定将标准化考试逐步在全国推行。

1994年，普通高考进行制度改革，推出“3+2”考试制度，生物和地理科目被取消，除语文、数学、外语，文科加考思想政治和历史，理科加考物理和化学，理科考试不再考思想政治。此次改革的初衷是为学生减负，但导致学生地理和生物知识贫乏。

1996年，中国高等教育试行并轨招生，高校学费开始增加。

1997年，普通高校招生并轨改革。

1999年，教育部出台了《面向21世纪教育振兴行动计划》。该文件提出跨世纪社会主义现代化建设的宏伟目标与任务，对落实科教兴国战略做出了全面部署。同年，广东率先试行“3+X”改革方案，生物、地理重新成为高考科目。从这年起，高校大规模扩招。

2000年，一直由国家“全包”的师范专业开始收费，招生并轨改革完成。

2000年之前，中国高考一直使用统一命题的全国统考卷；2000—2004年，全国开始实施“统一高考，分省命题”的组织方式，越来越多的省份加入自主命题的行列。

2001年，教育部对报名参加普通高等学校招生全国统一考试的考生条件进一步放宽；取消了普通高考报名年龄不超过25周岁、未婚的限制；中等职业学校毕业生不再限报高等职业院校，也可报考普通高校。报名并参加普通高考不受年龄及婚姻状况的限制，是终身教育体系的重要举措，此后全国各地每年都有25周岁以上的大龄考生步入高考考场。

2003年，经国务院同意，教育部决定从2003年起将高考时间提前一个月，固定安排在每年6月7日至9日。

2003年，教育部批准首批22所高校开展自主招生试点。之后，高校自主招生形式逐渐增多，如“自主组织测试”“校长实名推荐制”“自主招生联考”等。

2008年，中国启动《国家中长期教育改革与发展规划纲要》研究制定工作。

2010年，普通高等教育入学率达到适龄青年的15%，“大众化教育”逐渐取代“精英教育”，但同时高校毕业生出现职业技能水平低、就业困难等问题，引起人们对扩招的高度重视。

2010年2月，教育部公布公开征求意见稿，7月发布经中央政治局审议通过的全文。该文件明确提出，要逐步形成分类考试、多元录取、综合评价的考试招生制度，为高考改革指明了方向。

2014年9月，《国务院关于深化考试招生制度改革的实施意见》颁布，提出“创造条件逐步取消高校招生录取批次”“2015年起在有条件的省份开展录取批次改革试点”。

2014年12月16日、17日，教育部出台《关于加强和改进普通高中学生综合素质评价的意见》《关于普通高中学业水平考试的实施意见》《关于进一步完善和规范高校自主招生试点工作的意见》《关于进一步减少和规范高考加分项目和分值的意见》四大高考改革配套方案。

2014年，全国有16个省份的高考实行分省命题，实行全国统一命题的有15个；2015年，新增江西、辽宁、山东3省实行全国统一命题，高考使用全国统一命题试卷的省份增至18个。

2016年，全国有26个省份的高考选择统一命题，也就是采用“普通高考全国卷试题”，北京、上海、天津、江苏、浙江5省份仍实行分省命题。

2017年10月19日，党的十九大代表、教育部部长陈宝生表示，到2020年，中国将全面建立起新的高考制度。

2018年3月21日，教育部发布《关于做好2018年普通高校招生工作的通知》，对2018年的高校招生做出部署。该通知指出：要进一步提高中西部地区及人口大省高考录取率，中央部门所属高校要向重点高校录取比例相对较低的省份倾斜；全面取消体育特长生、中学生学科奥林匹克竞赛、科技类竞赛、省级优秀学生、思想政治品德有突出事迹等全国性高考加分项目。

2018年8月，北京市教委正式发布《北京市深化高等学校考试招生制度综合改革实施方案》，提出从2021年起，英语增加口语考试，口语加听力考试共计50分，总成绩分值不变。

2019年5月6日，2019年全国普通高校招生考试安全工作电视电话会议召开。教育部党组书记、部长陈宝生在会上透露，2019年高考报名人数达到上千万人。2019年普通高等学校招生全国统一考试将于6月7日至9日举行。

2020年3月31日，经党中央、国务院同意，2020年普通高等学校招生全国统一考试延期一个月举行，考试时间为7月7日至8日。

2021年2月19日，教育部发出《关于做好2021年普通高校招生工作的通知》，明确提出2021年高考全国统考于6月7日举行。科目考试时间安排如下：6月7日9：00至11：30语文，15：00至17：00数学；6月8日9：00至11：30文科综合/理科综合，15：00至17：00外语，有外语听力测试内容的安排在外语笔试考试开始前进行。

2022年1月，教育部发布《2022年普通高等学校招生工作规定》，明确了2022年高考全国统考时间。科目考试时间安排如下：6月7日9：00至11：30语文，15：00至17：00数学；6月8日9：00至11：30文科综合/理科综合，15：00至17：00外语，有外语听力测试内容的应安排在外语笔试考试开始前进行。

2022年5月，广东省招生委员会下发《关于做好广东省2022年普通高校招生工作的通知》，明确2022年高考将在6月7日至9日举行，为期3天，各地各校要严格落实防疫措施，每个考点配备防疫副主考，设置必要的隔离考场、隔离设施。

2022年5月7日，上海市召开第176场新冠疫情防控新闻发布会，经慎重研究并报教育部同意，决定做如下调整：上海市秋季高考统考延期至7月7日至9日举行。

2023年，浙江省高考语文、数学和外语科目使用全国统一命题试卷——全国新高考I卷。

此外，需要注意的是，普通、职业本专科包括普通本科、职业本科、高职（专科）。

2021 年，高职（专科）招生人数统计口径发生变化，包含五年制高职转入专科招生人数。

1977 年以来全国高考报名人数和实际录取率见表 8–3。

**表 8–3　1977 年以来全国高考报名人数和实际录取率**

| 年份 | 高考报名人数（万人） | 全国普通本专科招生录取人数（万人） | 录取率（%） |
|---|---|---|---|
| 1977 | 570 | 27 | 5 |
| 1978 | 610 | 40.2 | 7 |
| 1979 | 468 | 28 | 6 |
| 1980 | 333 | 28 | 8 |
| 1981 | 259 | 28 | 11 |
| 1982 | 187 | 32 | 17 |
| 1983 | 167 | 39 | 23 |
| 1984 | 164 | 48 | 29 |
| 1985 | 176 | 62 | 35 |
| 1986 | 191 | 57 | 30 |
| 1987 | 228 | 62 | 27 |
| 1988 | 272 | 67 | 25 |
| 1989 | 266 | 60 | 23 |
| 1990 | 283 | 61 | 22 |
| 1991 | 296 | 62 | 21 |
| 1992 | 303 | 75 | 25 |
| 1993 | 286 | 98 | 34 |
| 1994 | 251 | 90 | 36 |
| 1995 | 253 | 93 | 37 |
| 1996 | 241 | 97 | 40 |
| 1997 | 278 | 100 | 36 |
| 1998 | 320 | 108 | 34 |
| 1999 | 288 | 160 | 56 |
| 2000 | 375 | 221 | 59 |
| 2001 | 454 | 268 | 59 |

续表

| 年份 | 高考报名人数（万人） | 全国普通本专科招生录取人数（万人） | 录取率（%） |
|---|---|---|---|
| 2002 | 510 | 320 | 63 |
| 2003 | 613 | 382 | 62 |
| 2004 | 729 | 447 | 61 |
| 2005 | 877 | 504 | 57 |
| 2006 | 950 | 546 | 57 |
| 2007 | 1010 | 566 | 56 |
| 2008 | 1050 | 599 | 57 |
| 2009 | 1020 | 629 | 62 |
| 2010 | 946 | 657 | 69 |
| 2011 | 933 | 675 | 72 |
| 2012 | 915 | 685 | 75 |
| 2013 | 912 | 694 | 76 |
| 2014 | 939 | 698 | 74.30 |
| 2015 | 942 | 700 | 74.30 |
| 2016 | 940 | 705 | 75 |
| 2017 | 940 | 700 | 74.46 |
| 2018 | 975 | 790.99 | 81.13 |
| 2019 | 1031 | 914.90 | 88.74 |
| 2020 | 1071 | 967.5 | 90.34 |
| 2021 | 1078 | 1001.3 | 92.88 |
| 2022 | 1193 | 1014.54 | 85.04 |
| 2023 | 1291 | / | / |
| 2024 | 1342 | / | / |

资料来源：百度百科，普通高等学校招生全国统一考试。

### （二）委任制

委任制即上司以直接任命、直接委派的方式进行任用。委任制对上级负责，不管下级赞不赞同。

委任制的优点：程序简单、权力集中、指挥统一、效率高、成本低、时间省。

委任制的缺点：任人唯亲、任人唯密、近亲繁殖、拉帮结派、结党营私、对下属颐指气使。

### （三）选任制

选任制是指通过选举的方式确定任用对象。选任制对选民负责，对下层人士负责。

选任制的优点：客观、公正、民主、符合大多数人的意愿。

选任制的缺点：费时、费力、费钱。

### （四）聘任制

聘任制也称合同制，是指用人单位通过合同（契约）形式聘用工作人员的一种任用制度。

聘任制的优点：有利于促进人才流动、人才竞争；有利于充分发挥干部才能，做到人尽其才、才尽其用。

聘任制的缺点：如果没有严格有效的考核制度做保障，容易出现拉关系、走后门等不正之风。

## 五、员工使用

员工使用是人力资源管理的核心，人力资源管理的各项工作都必须围绕员工使用来进行。具体来说，员工使用包括以下内容：

（1）新员工的安置。企业将新招聘的员工安置到预先设定的岗位上，使新员工开始为企业工作。

（2）干部选拔、任用。从员工队伍中发现能力卓著、绩效突出的员工担任企业的各项领导职务，组织员工完成系统任务，实现组织目标。

（3）劳动组合。将员工组合成班组等小团体，使员工形成协作关系。好的劳动组合将减少企业内耗，提高整体效率。

（4）员工调配。根据实际需要，改变员工的工作岗位、部门或隶属关系等，以保证将员工安排在企业最需要的地方。合理的员工调配能减轻由于专业化程度过高而产生的工作枯燥感，从而防止员工工作效率降低。

（5）职务升降。通过绩效评价，对工作绩效优异者进行提拔，以更好地发挥其潜能；对能力不足、无法胜任工作者进行降职使用，以免妨碍组织任务的完成。

（6）员工的退休、辞退管理。员工的退休、辞退是员工使用的终止、员工退出企业的过程。

## 六、用人策略

现代企业或组织一般采取以下用人策略。

1. 以事用人

“事”在这里指领导目标和组织任务。所谓“要以事用人，侧重任务激励”，实质就是“以事业为导向，任人唯事，因事择人，以功励人”。

2. 以才用人

古人说：士为知己者死，女为悦己者容。意思就是，只要得到充分的尊重和信任，一个人就会不惜为对方奉献一切以回报其知遇之恩。

3. 以“眼”用人

以“眼”用人就是靠识人的慧眼用人。这是一种准确、透彻地辨别人才的方法论。一套科学、有效、具体的识人方法，能够形成一种机制化、标杆性的激励——伯乐式激励。

4. 以“心”用人

以“心”用人，就是要以善德为核心来对人和用人。对待人才，要努力做到以下七点：第一，要有爱才之心；第二，要有求才之渴；第三，要有用人之胆；第四，要有护才之能；第五，要有容才之量；第六，要有荐才之德；第七，要有育才之方。

5. 以“杠”用人

以“杠”用人，就是依据一些硬性规定与条件来规范用人、严格用人，俗称“杠杠”。

用人的杠杠一般有以下八种：

（1）资格杠杠。比如，高校教学科研人员必须是硕士以上学历。

（2）时限杠杠。比如，有些高校引进高级人才，规定必须是45岁以前取得博士学位的；又如，领导班子换届选举，规定1965年1月1日前出生的不能参选。

（3）性别杠杠。比如，有些工作岗位只招收男性员工。

（4）职业杠杠。比如，要求有相关工作经验。

（5）民族杠杠。比如，《中华人民共和国宪法》第一百一十四条规定，自治区主席、自治州州长、自治县县长由实行区域自治的民族的公民担任。

（6）政治杠杠。很多用人单位在招聘管理人员时，严格规定没有犯过政治错误。

（7）素质杠杠。比如，对人员素质做出一定的限制。

（8）绩效杠杠。比如，对工作绩效做出明确的要求。

6. 以“利”用人

常言道：“重赏之下，必有勇夫。”司马迁说：“人之熙熙，皆为利来。人之攘攘，皆为利往。”

实施物质激励尽管非常有效、非常重要，但不能过于依赖物质上的刺激，否则将使员工很难在工作中产生责任感和归属感。

**知识拓展**

**诸葛亮谈将军用人**

在强调如何用好人才方面，诸葛亮曾说：“古之善将者，养人如养己子，有难，则以身先之；有功，则以身后之；伤者，泣而抚之；死者，哀而葬之；饥者，舍食而食之；寒者，解衣而衣之；智者，礼而禄之；勇者，赏而劝之。将能如此，所向必捷矣。”

## 七、名人名企用人之道

### （一）马云（阿里巴巴集团创始人）：把钱存在员工身上

马云带领“十八罗汉”创业的传奇故事激励着中国无数的创业者。

阿里巴巴集团把员工、客户看作公司最不能忘的两件事。马云提出“把钱存在员工身上”的理念。他说：“我们认为与其把钱存在银行，不如把钱投在员工身上，我们坚信员工不成长，企业是不会成长的。”

解决员工的原动力问题。无论是薪酬还是培训、晋升，核心的目的都是不断激发员工的原动力。员工的原动力主要来自梦想、收入、成长、机会、认同、文化。企业应努力做到永远不被“人”束缚，不因为“人”而僵化，也不让“人”滞后于战略。

团队的领导者应该像闲庭信步的守门员，仿佛所有危机和问题都能被前锋和后卫解决掉，但当重大危机出现，对方突破重围杀到球门前时，就要考验守门员的应变能力了。作为领导，如果手下的人都不如你，你将永远无法实现大的突破。

马云曾以《西游记》中的师徒四人作比：“唐僧是个好领导，对自己的目标非常执着；孙悟空虽然很自以为是，但是很勤奋、能力强；猪八戒虽然懒一点，但是拥有积极乐观的态度；沙僧，从来不谈理想，脚踏实地地上班。这四个人合在一起，组成了中国最完美的团队。”

### （二）柳传志（联想控股、联想集团创始人）：办公司就是办人

柳传志认为，办公司就是办人。那么，怎么办人呢？具体如下：①寄予希望，让其能够忍受，考验其忠诚；②赛马不相马，有本事就拿出来遛遛；③给予压力，让其乐于折腾，锻炼其能力；④共享利益，上同一条船，捆绑命运；⑤搭建平台，为其提供做大事的机会，让其施展才华。

### （三）任正非（华为技术有限公司总裁）：选拔人才要注重人的大节，敢于奋斗、不怕吃苦，不要小富则安

选拔人才时，应努力做到：第一，看到人才的长远性，即要把目光放长远，发现人才的优势和潜力，不要总看小处、看缺点，要给人才试错、改错的机会。第二，要严格控制自己的欲望，不要只看到眼前的小名小利，长远的目标和利益更为重要。为一瓶酒一包烟，把你换掉，不值得；但不换掉你，后面还会有人仿效，也不合适。

## 推荐阅读

### 华为用人的六条标准[①]

21世纪，人才最贵。但什么是人才，什么样的人是人才，确实困扰着很多企业。用人标准就是企业对人才的理解，也是企业基因的密码。

很多企业根本没有用人标准，每个面试官都按照自己的思路招人。但其实一个企业就像企业家的孩子，最重要的是要传承基因。企业只有有了基因密码，才能不断地去复制。

只有掌握一套用人的标准，持续地按照这个标准来选人，企业才能构建自己的人才梯队。光靠从外部招聘、直接挖人是不行的，没有一家企业可以靠直接挖人、不建立自己的人才队伍而成功，所以用人标准真的很重要。

华为用人有六条标准。

#### 一、全力以赴的奋斗激情

要想打造一支狼性团队，就一定不能找绵羊；找了一群绵羊，想要把它们培养成狼，这是绝对不可能的。所以，要打造一支狼性团队，首先要招狼崽。从人才入口出发，就是要找全力以赴、有奋斗激情的人。

---

① 冉涛．华为灰度管理法［M］．北京：中信出版社，2019.

深圳是华为的全球总部，在总部工作的人常常需要与全球的分部开电话会议。比如，美国的早晨是欧洲的下午、中国的夜晚，所以开会的黄金时间是晚上的7点到9点。

这在中国是下班时间，而且这种会议不是一次两次，是经常甚至每天都有，这对华为全球总部的员工来说是一个挑战。如果员工队伍没有奋斗的激情，就一定会跟公司抗议说这侵犯了他们的休息时间。但是，在华为从未发生过这种情况，因为华为选中的员工都是富有奋斗激情、全力以赴的人。

## 二、客户为先的服务意识

一家企业要打造以客户为中心的文化，前提是要有以客户为先的服务意识。首先，我们要明确什么是以客户为先的服务意识。

2009年，华为董事、战略研究院院长徐文伟先生在校园招聘核心工作组会议上讲过一句话：以客户为先的服务意识就是端茶倒水的能力。

华为招了很多985、211院校重点专业毕业的硕士，他们都是天之骄子，但选拔中一个很重要的标准就是要有服务精神。只有具备“端茶倒水”的精神，才能服务好客户。

以客户为先的服务意识不是抽象的，那种成就他人、服务他人的意愿，可以在各种具体的小事中得到体现。

## 三、至诚守信的优秀品格

在华为，大家在会上承诺要做的事，到规定时间一定会很自觉地交出成绩单，这就是诚信。华为把诚信设为高压线，一旦触碰，立即会被开除。

许多年前，我负责华为人才录用的审批工作，有一次财经部门的人力资源来找我，说有一个员工的英语四级证书造假，但是这个人的背景好，孟总（孟晚舟）也说这个人可用。

我对那个人力资源说，请你在这份申请录用的材料上面写清楚此人英语四级证书造假，但是鉴于这个人的专业能力，可以录用，请孟总签字。只要孟总签字，我们就通过。结果这个人力资源再也没有就此事找过我。

为什么诚信如此重要？因为一个企业内部沟通的成本是很高的，只有诚信度、透明度高，企业内部的运营成本才能降低，管理的难度也会小一些。

如果大家钩心斗角，你防我、我防你，你挖坑、我埋线，这样的团队肯定无法成长壮大，这样的企业可能到百十来人的规模时就会遇到问题，到千把来人时就会问题重重，如果真的有了上万名员工，那企业内部肯定是山头林立。

## 四、积极进取的开放心态

我在华为曾负责全球人才引进。华为虽然在这个领域已经具备了优势，但仍时刻关注着这个世界每个角落的创新。

当领英这家美国公司规模还不大的时候，华为就跟领英全球销售副总裁有过交流，并派人参加了它在拉斯维加斯举办的全球年会。

了解到领英基于商业交流所构建的人脉社交模式之后，我们就推动采购立项，一次性采购了它的7个全球账号，甚至影响领英将它位于澳大利亚的区域总部搬到了中国香港，就近提供服务。

正是因为对新事物永远保持积极开放的态度，华为才能在早期就发现像领英这样的优质伙伴，并获得更优质的服务。许多大企业的员工总是摆出一副高高在上的姿态，这是很不可取的。

一定要始终保持开放的心态，主动而为，积极进取，才能接纳更多好的东西，并使其为己所用。

## 五、携手共进的合作精神

携手共进的合作精神是华为用人标准中很重要的一条。华为内部有一句话：胜则举杯相庆，败则拼死相救。

同事胜的时候能够为其举杯，是一种大度；同事败的时候不落井下石，而是拼死相救，是一种大义。以这种大度、大义为核心的合作精神才是一家公司的灵魂。

在很多企业，我们看到更多的是墨守成规，是漠然，是墙倒众人推。在近20年的职业生涯中，我常反复思考，其实很多企业不是不提倡合作精神，而是在用人标准中没有明确这一点，从而没有把那些善于与他人合作的人纳入组织。

组织当中不愿意跟他人合作的人越多，想要打造合作文化就越困难。在企业内部培育团队合作精神，并不是搞一次团建活动就能做到的，而是要认真踏实地去挑选那些有合作精神的人加入团队。

## 六、扎实的专业知识与技能

在华为的六条用人标准中，真正针对专业技术的只有一条，而且放在最后。为什么？因为人的能力是可变的，知识技能也是可变的，但人的素质是早已形成的，不是说变就能变的。

看重人的素质，为华为更好地识别和使用人才奠定了基础。华为从30多年前成立到今天，按任正非总裁的话说，是从扎着羊毛巾的泥腿子，到洗脚上岸穿西装。

从国内市场到全球市场，再到在全球市场成为行业领军企业，这个过程中几千名各层级的核心干部都是华为自己培养的。

这一点在中国企业管理的历史上，甚至在整个企业管理的历史上都是非常难得的。想拥有一支强大的团队，首先要有明确且正确的用人标准，只有这样，才能行走天下，才能成为成功的组织。

华为识别出了一批正确的人，而这些正确的人经过30多年的锤炼，逐渐成为公司的顶梁柱，这表明华为30多年来坚持的用人标准是正确的，而这套标准就是华为最宝贵的财富。

### （四）张瑞敏（海尔集团创始人）：用人要疑，疑人也要用

张瑞敏说：什么是人才？做得了事，吃得了亏，负得了责！

用人就要疑，疑人也要用。用人要疑，主要是指要有约束和监督机制，用了的人不等于不需要监督，疑问在先，就能把可能产生的风险降到最低。疑人要用，就是在其人格、能力不确定的情况下，观察、选拔和使用他，免得埋没人才或者浪费人才。敢用疑人，会用疑人，才能保证企业的人才用之不竭。

### （五）李彦宏（百度公司董事长兼首席执行官）：用人从不看毕业院校

李彦宏表示，百度并不看重员工的年龄、性别、学历、毕业院校以及工作背景，甚至有些重要岗位上的人，百度并不知道他们的毕业院校。李彦宏列出了百度选用人才时遵循的两条标准：

（1）有没有能力和潜力胜任工作。一般情况下，新人不一定能顺利完成工作任务。在百度，新人可以犯错，但是经过“点拨”之后，不能再犯同样的错误。“一点就通”能显示出新人的能力和潜力。

（2）认同不认同公司文化。百度秉承保持创业激情、愿意学习、富有创新的公司文化。但是，有些人求稳，不愿意冒险，不愿意在高速成长的环境中工作，希望有一份稳定的工作和生活，那么这类人就不太适合百度。

每个“百度人”都可以自由选择自己的发展道路。百度内部的晋升基本分为两种，分别为技术职称和管理角度。技术人员可以按照技术职称一步一步提升，最高可以到相当于副总裁的级别。如果更喜欢纯技术，可以从技术角度发展；如果更擅长管理，可以从管理角度发展。李彦宏举了个例子：7月1日，对大部分大学生来说可能仍然没有毕业，但是在百度，一名实习生已经被提升为产品经理，管理拥有60多名员工的团队。因为这名大学生在实习期间，表现出了良好的潜力和能力。

### （六）雷军（小米手机创始人）：花80%的时间找人，找最聪明的人

雷军组建创业团队时，前半年花了至少80%的时间找人，最后建立了小米的7人

核心团队。公司成立之后，他每天都要花费一半以上的时间招募人才，公司的前 100 名员工入职，他是亲自见面并沟通的。在他看来，最聪明的人才，成本是最低的。“所以，我们雇了一群最聪明的人。”

雷军用人时从不设置任何 KPI（关键绩效指标），他认为，优秀的人才拥有主动创造与劳动的原动力。来到小米的人，都是真正干活的人。他们想把事情做成，所以特别有热情。

### （七）周鸿祎（奇虎 360 董事长）：五类员工不能用

创业不易，辨人更难。反思过往，周鸿祎认为，有五类员工不能用，分别是张嘴说谎的、自我膨胀的、心胸狭窄的、吃里爬外的、拉帮结派的。

张嘴说谎的员工，常常会为了个人利益而歪曲事实，导致团队内部出现信任危机，影响整体合作和项目进展。

自我膨胀的员工，通常自视甚高，认为自己无所不能，但往往缺乏团队合作意识。他们可能会忽视他人的贡献，甚至在团队中制造矛盾，影响团队和谐与工作效率。

心胸狭窄的员工，通常很难接受他人的成功，容易嫉妒和抱怨。他们缺乏包容心，容易与同事发生冲突，破坏和谐氛围，影响团队士气。

吃里爬外的员工，可能会为了个人利益而出卖公司，损害公司利益。他们可能会利用职权牟取私利，甚至泄露公司机密，以致给公司造成严重损失。

拉帮结派的员工，往往会影响团队的整体性和协作效率。他们可能会在团队中制造分裂，阻碍项目的顺利进行。

如果遇到以上类型的员工，可以采取以下几种措施：

（1）加强团队文化建设。通过培训和教育，提升员工的团队合作意识和诚信观念。

（2）建立有效的沟通机制。应在团队内部鼓励开放、透明的沟通，及时解决矛盾和问题，避免小矛盾、小问题不及时解决而逐渐发展成为影响团队协作的大阻碍。

（3）明确奖惩机制。企业应建立一套科学而明确的奖惩机制，对较有诚信和在团队合作中表现优秀的员工给予奖励，对损害团队利益的行为进行惩罚。

（4）定期评估和调整。团队应定期评估员工的绩效和团队合作情况，及时调整团队结构，确保团队的稳定和高效运行。

### （八）史玉柱（巨人网络创始人）：要说到做到，建立信任，不做周扒皮

史玉柱认为，领导者用人，首要条件就是说到做到，建立信任。

除了平时的言行，一旦老板获得利益了，一定要让员工分享，不能太抠，不要做周扒皮，否则没人愿意跟随你。

领导者平时要敢于放手，不要什么权都自己抓着，甚至出张支票都要自己签字报销。史玉柱曾说：“我们公司只有十几个人的时候，我就有这个习惯，什么事喜欢放给别人去做，放给别人做以后比自己做好。刘伟我就研究过，有很多事，我放给刘伟做，然后我自己做，我发现她做得比我好，因为她做她有压力，她做得不好上面有人会说三道四，我自己做就没有这个压力了。”

### （九）刘强东（京东商城创始人）：内部提拔，不愿放权

过去几年，京东的主要高管大多由外部引入，而现在，刘强东更愿意培养京东出身的高管。他说，未来京东 70% 的高管会从内部提拔。

刘强东说，京东选拔管培生，是要选择那些“真正能够一辈子吃苦的人”。京东会对管培生候选人做家庭背景调查，父母是普通工人或农民的，才能顺利通过。这些管培生由刘强东亲自管理，相较于其他人，他们会获得更多的机会和更快的提升。但这当然也会让公司的其他员工产生不平衡的心理。

在互联网界，刘强东曾以严格管理著称，每周工作 6 天，还有许多苛刻的管理细则。但在 2013 年的年会上，刘强东直言未来 10 年对自己的考核目标只有一个，那就是对“京东人”的关注，致力于员工家庭“生活质量”的改善和员工“工作满意度”的提升。京东要求高级管理人员将更多时间放在公司文化建设方面，确保团队价值观统一，而非像过去那样，把 90% 的精力放在业务层面。

一直以来，刘强东用人最大的问题就是不愿意放权。但是，理性告诉刘强东，必须放权。后来，他引入了诸多职业经理人，设立首席财务官（CFO）、首席战略官（CSO）、首席人力资源官（CHO）、市场营销总监（CMO）、首席运营官（COO），每条业务线交给一位首席高管负责。但公司内部人士认为，再多放权也抵不过早会制度对权力的稀释。

### （十）俞敏洪（新东方教育集团创始人）：小企业不要用太强势的人

俞敏洪认为，小企业和大企业是有区别的。小企业最好不要用太强势的能人，尤其是倚重一个能人，否则很容易使企业发展不稳；大企业就可以用强势能人，因为同时用很多能人，这些能人之间就会互相制约。企业的用人之道在于发挥每个人的才能，保持人才心态平和，这样企业才会稳定，才能做大。

# 第九章　绩　效

一个社会、一个国家、一个组织如果让大多数辛苦奋斗的人都过得不如那些游手好闲、好逸恶劳的人，那么这个社会、这个国家、这个组织一定出了问题，因为它违背了一个简单的真理：多劳多得、少劳少得、不劳不得。这也是企业进行绩效管理的原因。绩效管理就是在一定的组织内，让勤劳的人、遵纪守法的人、甘于奉献的人通过自己的努力和奋斗过上比那些游手好闲的人、好逸恶劳的人更好的生活。这也是社会、国家、组织维护公平正义的一种方法。

## 一、绩效概述

### （一）绩效的定义

绩，从字面上理解，“纟”本义与丝织品有关，后来引申为千丝万缕、错综复杂的关系，再引申为多方面的、多重的、多元的、多维的，右边的“责”意思是“责任”，二者合起来，意思就是：多方面的责任。绩效，就是各方面责任履行的效果。

### （二）绩效的重要性

我们为什么要进行绩效考核？为了体现劳动的价值。凭什么他该多得、他该少得？凭工作绩效。

绩效，是评价和考核的依据，是能力和人品的综合证明。

俗话说，没有功劳也有苦劳。那我们的发展要靠什么？功劳还是苦劳？

绩效考评的作用主要有六个：第一，人员任用的依据；第二，人员调配和职务升降的依据；第三，人员培训的依据；第四，确定薪酬与福利的依据；第五，对员工进行激励的手段；第六，平等竞争的前提。

### （三）绩效的特点

绩效具有以下三个特点：第一，多因性。不管是高绩效还是低绩效，其原因都是多方面的，要综合起来考量，否则就会以偏概全。第二，多维性。单一的指标是无法检验和考核一个人的业绩的，即便是多项指标，也不能完全准确地衡量一个人的业绩。因此，在设计绩效考核指标的时候，应该从尽可能多的方面去考察。第三，动态性。要用发展的眼光去看待一个人的业绩。只要态度认真，即使现在绩效不佳，也会慢慢好起来；如果态度不端正，即便现在业绩骄人，也很难保证业绩一直良好。

### （四）绩效考评的原则

绩效考评应遵循以下原则：第一，公开的原则；第二，反馈的原则；第三，定期化与制度化原则；第四，可行性和实用性原则；第五，多层次、多渠道、全方位考核的原则。

## 二、影响绩效的主要因素

研究表明，影响绩效的主要因素有三个，即个人因素、组织因素和工作因素，如图 9–1 所示。

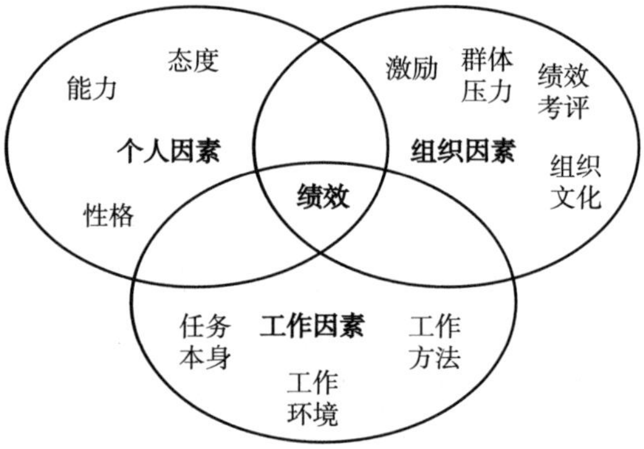


**图 9–1　影响绩效的主要因素**

它可以用如下公式表示：

$$P=f(I,\ O,\ T)$$

这个公式表明：员工绩效是个人因素（$I$）、组织因素（$O$）和工作因素（$T$）的函数。正是这三方面因素的相互影响、相互作用，最终产生了员工的现实绩效。

### （一）个人因素

影响员工绩效的个人因素主要包括员工自身的能力、性格、态度等。

1. 能力

能力是个体顺利完成某种活动、某项任务、某项工作的主观条件。

能力通常分为一般能力和特殊能力。一般能力是指个体为完成一切活动必须具备的基本能力，主要包括思维能力、观察能力、想象能力、记忆能力、语言能力、操作能力等；特殊能力是指个体从事某种专业活动所需要的某种能力或某几种能力，如表演能力、社交能力、管理能力、感悟能力等。

一般来说，在其他因素既定的情况下，员工能力越强，工作绩效就会越显著，即员工能力与绩效成正比。

2. 性格

性格是一种复杂的心理现象，具体是指个体在对人、对事物的态度和行为方式上表现出来的心理特点，如开朗、刚强、懦弱、粗暴等。

性格本无好坏之分，但那些包含积极的、主动的、奋发向上的思想和行动的性格无疑有助于员工绩效的提高。比如，自信、努力、勤奋等性格特征可以促使员工能力提高，帮助员工实现更好的工作绩效，而自卑、懒惰的性格特征会降低员工的工作绩效。

3. 态度

态度有两层含义：一是指人的举止神情；二是指对事情的看法和采取的行动。态度是个人对外界对象（人、事、物）较为稳固的，由认知、情感、行为倾向三种成分构成的内在心理倾向。

态度决定了人们选择什么对象、如何加工有关对象的信息，以及对该信息和对象做出何种适当的反应或行为。

态度会直接或间接地影响员工工作绩效，具体如下：

第一，态度影响学习效率。人们对学习抱有主动、积极的态度，则容易激发强烈的求知欲、浓厚的学习兴趣和高涨的学习热情，使感知敏锐、观察细致、思想活跃、思辨灵活，从而大大提高学习和记忆的效果；相反的态度则会产生相反的效果——一个不愿意学习的人，学习效率是不可能很高的。

第二，态度影响工作效率。一般情况下，一个人如果喜欢自己的工作，其积极性和主动性极易被调动，工作热情也极易被激发，生产效率、工作效率、工作绩效自然就会高；相反，一个不喜欢自己工作的人，无论怎么调动其积极性都无济于事。

第三，态度影响认知与判断。以正确的价值观为基础的科学态度，会对人的认知、判断和行为产生积极的影响；相反，则会产生不良影响。

第四，态度影响忍耐力。一个人的忍耐力与其对事物的态度密不可分。一个热爱自己工作的人，对工作中的失误、失败或挫折会有很高的忍耐力；相反，一个不喜欢自己工作的人，稍一受挫就会放弃。

第五，态度影响团队的凝聚力。团队成员有热情、真诚、友好、谦虚、宽容，团队的相容度就会很高，成员之间就能和睦相处，团队就有较高的凝聚力；相反，团体的相容度则会降低，人际关系紧张，凝聚力下降。

第六，态度具有激励作用。个人的自我态度改善，如自尊、自重、自爱、自强、自信、自律等，不仅可以起到自我保护的效果，还可以起到调动积极性、自觉性和创造性的作用。

### （二）组织因素

影响绩效的组织因素主要包括群体压力、激励、绩效考评、组织文化等。

#### 1. 群体压力

员工的实际工作会受到组织内群体压力的影响。这在前文“群体动力原理”中讲过，不再赘述。

#### 2. 激励

绩效与激励密不可分。没有激励，就没有绩效。

愚公移山到底值不值得？如果不是为了开山辟路方便人们出行，而是纯粹为了挖山而挖山，就没有多大意义。企业应针对不同类型的员工，设计与之匹配的激励机制，以调动其积极性。

#### 3. 绩效考评

绩效考评是为了客观认定员工的能力、工作状况和适应性，对员工的个性、资质、习惯和态度，以及对组织的相对价值进行有组织的、实事求是的考评，是考评程序、规范、方法的总和。

绩效考评本身会影响员工的绩效。只有在绩效考评计划中明确了行为、成果的绩效标准，员工才能明白要做什么和达到什么结果，而不公正的考评结果，不仅会使员工产生消极甚至抵触的情绪，还会使员工迷失方向。

#### 4. 组织文化

组织文化是指一个组织的所有成员共同具有的价值观、信念、看法和行为准则的集合。

组织文化为员工工作绩效的实现提供了组织环境。鼓励创新的组织文化会激励员工充分发挥自己的创造力，允许员工承担具有挑战性的工作，并且允许员工失败，从而保证了员工提高工作绩效的外部条件；而压制创新的组织文化要求员工一切按部就班，从而会导致员工畏首畏尾，绩效水平很难提高。

### （三）工作因素

工作因素包括任务本身、工作方法、工作环境等。

1. 任务本身

工作任务是指为了完成某项工作所从事的活动，它可以客观地、合乎逻辑地被认定为不连续的活动单位或阶段。任务是执行某一职责时的必经步骤，有明显的开始标志和终结标志。

任务本身目标是否明确、完成任务的事前准备工作是否充分、任务是否被很急切地要求完成、任务是否从前做过等，都会影响员工的即时工作绩效。

2. 工作方法

工作方法是指员工完成工作任务所采取的方式和办法，具体包括工具的使用、流程的设计、工作的协调等。

工作方法影响工作绩效。工欲善其事，必先利其器。工具是员工手脚的延伸，工具的使用直接影响员工完成任务的速度和质量；流程决定工作的步骤，其设计是否流畅决定了员工工作的逻辑性和条理性；工作的协调是指正确处理各工序之间的关系，工作协调是否得当影响工作的有序性。

工作方法与员工绩效的最终实现有着极为密切的关系。

3. 工作环境

工作环境是指员工进行工作的范围空间，通常包括工作场所的物质条件、设备配备、原材料供应等。

工作环境虽然只是影响员工绩效的外部因素，但它起着不可忽视的作用。工作场所有较好的物质条件，员工才能安心、专心工作；优良的设备条件能保证员工工作成果的质量；原材料供应是否充足直接决定着员工能否顺利地、快速地完成工作。巧妇难为无米之炊，工作环境是员工绩效实现的物质前提和基础。

## 三、绩效考评的内容

鉴于绩效的多因性，对绩效进行考评颇为复杂。我国很多企业以“德、能、勤、绩”作为绩效考评的基本内容。

### （一）德

1. 德的含义

德是指员工的品德素质。德决定一个人的行为取向，能反映员工的工作价值观和工作态度。做事先做人，做人就强调人的品德。

耶鲁大学法学院院长哈罗德·H. 柯曾寄语该校学生：别让你的技巧胜过品德。这在一定程度上表明品德比技巧更重要。

2. 国外经典品德的测评方法

19 世纪，英国的巴恩斯（F. M. Barnes）采用问卷法研究儿童惩罚观念的发展，开创了道德认知科学研究的先河。随后，有几位重要人物对道德认知做了改进与发展，为我们进一步探讨品德的测评方法提供了借鉴。

（1）皮亚杰的“对偶故事法”。

对偶故事法是皮亚杰基于精神分析学派的投射原理提出的一种间接测评儿童品德发展水平的方法，它在一定程度上避免了直接研究中真实性下降的弊端。皮亚杰让儿童对编制的对偶故事做出判断，并向儿童询问做出这种判断的理由。他把儿童的道德认知水平划分为他律和自律，并在总结大量研究成果的基础上，提出了儿童道德认知发展理论。

虽然皮亚杰使用对偶故事法取得了许多研究成果，并在一定程度上得到有关研究的证实，但这种方法及其结论有一些缺陷：①把儿童道德认知发展分为他律和自律两级水平，似有简单之嫌，因为有时很难把儿童的某种道德判断归为这两级中的任何一级；②未能讲清故事中讲述意图与行为结果的顺序对儿童道德认知发展的影响，因为儿童先听到结果后听到意图比儿童先听到意图后听到结果，更有可能认为行为者的意图是理所当然的；③口头讲述对偶故事有一定的弊端，即这种方式客观上使后果比意图更为显著，而如果使用录像方式播放故事情节，年幼儿童（6 岁）已经能注意到意图。

（2）柯尔伯格的“两难故事法”。

柯尔伯格把皮亚杰的对偶故事改成了包含道德两难冲突情景的一个故事，儿童对两难故事的反应也不是在对偶故事中采用的二选一的判断，而是对根据故事内容提出的一系列问题做出判断并陈述理由，最后由研究者根据评分体系对儿童的道德推理进行评分，根据评分结果采用阶段归档或计算道德分数的方法确定儿童道德认知发展水平。

柯尔伯格采用两难故事法虽然在一定程度上弥补了皮亚杰对偶故事法的不足，但其弊端也是比较明显的，特别是其采用的评分体系有 800 页之多，因过于复杂而被称为“心理学文献中最复杂的评分体系”。后来所采用的评分体系经过了多次重大修改，但在修改过程中，柯尔伯格越来越多地根据道德推理的水平和结构来评分，而较少注意儿童回答的特殊内容，这就使得出结论的正确性和可参考性大打折扣。

（3）莱斯特的“限定问题测验”（Difining Issues Test，DIT）。

DIT 测验是在克服柯尔伯格两难故事法弊端的基础上发展起来的，由六个道德两难故事组成，每个故事配有 12 个问题，分别代表 2~6 阶段的水平。根据 DIT 测验，可以得到某一被试的三种分数：D 分、P 分和 M 分。D 分是在每一阶段类型进行加权的基础上计算出来的总分，P 分的高低代表被试在做出道德两难决定时道德思维的重要程度，M 分用于检验被试的问卷是否有效。

DIT 测验有以下优点：①设计严密，可以对多个被试的信息进行比较。②由于改谈话法为纸笔法，将由语言表达上的个体差异引起的阶段计分变异降到最低。③计分客观，将由计分者的主观偏见引起的误差降到最低。④改柯尔伯格的开放式回答为有限的 12 个题目，既使被试者有较大的选择余地，又避免了被试者漫无边际的回答，使计分变得容易和省时。⑤信度和效度较高。莱斯特及其同事对 DIT 测验的信度和效度的系统研究表明，他们在制定一种标准化、计分客观的道德判断测量工具方面前进了一大步。

（4）林德的“道德行为与发展的双面理论”及其“道德判断测验”。

20 世纪 70 年代末期，德国著名道德心理学家、康士坦茨大学教授乔治·林德，基于皮亚杰、柯尔伯格及其弟子莱斯特的道德认知发展理论，经过多年的研究和实践，提出了道德行为与发展的双面理论。他强调：对个体道德的描述必须包含情感和认知两个方面，并主张把道德判断能力更多地看作联结道德意图和道德行为的纽带；可以一种逻辑上独立的方式使用同一种测评工具，同时对道德情感和认知两个方面分别进行描述和测量；个体的道德情感和认知需要采用不同的方法来改变和提高，特别是在向儿童呈现一些半真实的两难故事时，教会他们一些处理问题的方法，能更好地促进其道德能力的提高；道德两个方面的发展在时间上是平行的，即某种道德观点的获得总是伴随着道德判断能力的发展，道德观点为道德判断能力的发展提供了目标。

## （二）能

### 1. 能的含义

所谓“能”，是指个体从事工作的能力（competency），具体包括体能、学识、智能和专业技术等。

体能取决于年龄、性别和健康状况等因素。无论是过去还是现在，都要求劳动者有充沛的体能。

学识包括文化水平、专业知识水平、工作经验等。

智能包括记忆、分析、综合、判断、创新能力，即人们认识客观事物、获取知识并运用知识解决实际问题的能力。

专业技术包括操作、表达、组织等方面的能力。

体能、学识、智能和专业技术等因素既相互联系，又有区别。

### 2. 能力素质冰山模型

素质是指区分在特定的工作岗位和组织环境中工作绩效的各种个人特征的集合，

包括技能、知识、社会角色与自我想象等。[①]

在能力素质冰山模型（如图 9–2 所示）中，一个人的素质是分层级的。最表层浮于水面之上的技能和知识，只是冰山之一角。最底层的内驱力、社会动机等是最难以用一般方法测得的。越靠近冰山的底部，对潜在业绩产出的影响越大，也越难以后天习得。我们可以将能力素质按照层级高低划分如下：

技能，指一个人将事情做好所需掌握的本领，包括诀窍、方法等。

知识，指一个人对特定事物、特定领域的了解。

社会角色，指一个人给大家的印象。

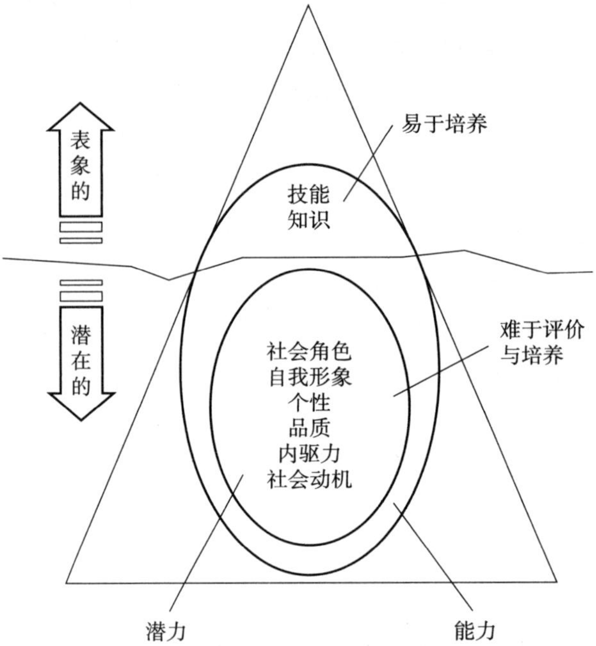


**图 9–2　能力素质冰山模型**

自我形象，指一个人对自己的看法与评价，即内在自己认同的本我。如果对自己的看法和评价较高，就会表现出自信甚至自负；相反，如果对自己的评价较低，就会表现出自卑、自惭。

个性，也称“人格”，指个人的精神面貌或心理面貌。在心理学中，个性有广义和狭义之分。广义的个性，是指个人的一些意识倾向和各种稳定而独特的心理特征的总和。狭义的个性，通常指个人心理面貌中与共性相对的个别性，即个人独具的心理特征。

品质，指一个人持续而稳定的行为特征。

① 付亚和，许玉林．绩效管理［M］．上海：复旦大学出版社，2022：284–285.

内驱力，是在需要的基础上产生的一种内部唤醒状态或紧张状态，表现为推动有机体活动以满足需要的内部动力。内驱力与需要基本上是同义词，经常可以替换使用。但严格地说，需要是主体的感受，而内驱力是作用于行为的一种动力，两者不是同一状态，但又密切相连，因为需要是产生内驱力的基础，而内驱力是需要得到满足的条件。

社会动机，指一个人在特定领域自然而持续的想法和偏好（如成就导向、亲和力、影响力等）。社会动机会驱动、引导、决定一个人的外在行为。

#### 3. 能力的考评

对能力的考评一般可从以下几个方面进行：

（1）是否正直：是否拥有积极向上的人生观、价值观、健康的心态，能对现象进行公开、公正、公平的评价。

（2）是否尊重个体：是否不分级别、不分文化等，对他人保持尊重与真诚。

（3）是否遵守行为规范：是否遵守公司制度，不超越制度规定权限，不因个人情绪或其他想法而影响组织利益，做到诚实守信，言行一致。

（4）是否遵守社会公德：是否遵守法律法规和社会公德，注意个人形象。

#### 4. 能力与影响力

能力与影响力是完全不同的两回事。有能力，不一定有影响力，而有影响力的人，未必各方面能力都出众。现实中，有能力的人去给有影响力的人打工的例子比比皆是。影响力的作用是什么？吸引资源。能力的作用是什么？把自己当成资源贡献出去。这是完全不同的两种发展逻辑。追求不一样，结果自然不一样。

### （三）勤

所谓“勤”，是指员工工作的积极性和敬业精神，具体包括员工的工作积极性、创造性、主动性、纪律性和出勤率。不能把“勤”简单地理解为出勤率，因为出勤率高只是勤的一种表现，也可能存在“出工不出力，动手不动脑”的情况。真正的勤，不仅仅是出勤率高，更重要的是以强烈的责任感和事业心在工作中投入大量的体力、精力和智力。

勤是联系德、能、绩的纽带。

出勤率高、勤快其实也是良好工作态度的具体表现。很多人喜欢抱怨比自己学历低的人都成了领导。这种抱怨，除了发泄心中的不满，没有任何意义。既然学历低还能当领导，肯定在某个或某些方面有过人之处。

### （四）绩

所谓“绩”，即成绩、绩效，指员工的工作效率及效果。绩效主要包括员工完成工作的数量、质量、成本费用以及为组织做出的贡献，包括岗位上取得的绩效和岗位之外取得的绩效。每家企业都会结合自身实际和发展目标，制定适合自己的绩效考评方案。

部分企业采用的工作绩效评价表见表 9–1。

**表 9–1　工作绩效评价样表**

| 评价项目 | | | 对评价期间工作成绩的评价要点 | | |
|---|---|---|---|---|---|
| 工作态度（50分） | 责任心（30） | 主动工作和承担责任的态度 | 1. 工作非常主动，尽职尽责，公而忘私，勇于承担责任 | 30 分 | □ |
| | | | 2. 工作比较主动，责任心较强，能够承担责任 | 24 分 | □ |
| | | | 3. 工作主动性一般，有一定责任感，基本上能承担责任 | 21 分 | □ |
| | | | 4. 工作不够主动，有一定本位主义，偶有推卸责任 | 18 分 | □ |
| | | | 5. 工作很不主动，经常斤斤计较，喜欢推卸责任 | 12 分 | □ |
| | 勤勉性（10） | 遵守规章制度情况和时间观念 | 1. 严格遵守规章制度，时间观念非常强 | 10 分 | □ |
| | | | 2. 能较好遵守规章制度，时间观念比较强 | 8 分 | □ |
| | | | 3. 基本上能遵守规章制度，有时间观念 | 6 分 | □ |
| | | | 4. 偶尔有违反规章制度现象，时间观念一般 | 4 分 | □ |
| | | | 5. 严重违反规章制度或时间观念很差 | 2 分 | □ |
| | 爱岗敬业（10） | 主要突出在服务意识方面 | 1. 爱岗敬业，诚实守信，服务水平高，有奉献精神 | 10 分 | □ |
| | | | 2. 有良好的岗位操守，服务水平较高 | 8 分 | □ |
| | | | 3. 能遵守岗位操守，没有违反职业道德的行为 | 6 分 | □ |
| | | | 4. 基本能遵守岗位操守 | 4 分 | □ |
| | | | 5. 服务水平低，严重影响企业形象 | 2 分 | □ |
| 工作能力（50分） | 专业知识（20） | 工作知识、实践经验和技术能力在工作中的运用 | 1. 对本职工作，包括工作细节，以及其他相关工作非常熟悉，在任何情况下工作，都能应对自如，常有创新 | 20 分 | □ |
| | | | 2. 在正常或非正常情况下独立工作，很少要人指导，能提出工作改进、创新方法 | 16 分 | □ |
| | | | 3. 在正常情况下，能够独立完成工作，遇非例行情况，才需要上司或他人指导 | 14 分 | □ |
| | | | 4. 知识技能、经验有限，常要他人密切指导 | 12 分 | □ |
| | | | 5. 知识及技能无法满足工作的基本要求 | 10 分 | □ |
| | 判断能力（10） | 判断工作问题轻重缓急或决策能力 | 1. 在任何情况下，都能做出准确的判断，具有较强的组织安排能力，并能及时总结，提出创新建议 | 10 分 | □ |
| | | | 2. 在非正常情况下，仍能准确判断，采取行动 | 8 分 | □ |
| | | | 3. 一般情况下，能独立判断，并选择恰当的方式处理 | 7 分 | □ |
| | | | 4. 常需要上级指导，才能辨别问题所在、轻重缓急 | 6 分 | □ |
| | | | 5. 完全不能判别轻重，对工作造成较大影响 | 5 分 | □ |
| | 学习能力（20） | 对专业知识学习的主动性和效果 | 1. 主动学习岗位所需的专业知识，积极参加培训，并取得优异成绩 | 20 分 | □ |
| | | | 2. 努力学习岗位所需的专业知识，参加培训，成绩良好 | 16 分 | □ |
| | | | 3. 努力学习岗位所需的专业知识，参加培训，成绩合格 | 14 分 | □ |
| | | | 4. 学习的努力程度一般，参加培训，成绩合格 | 12 分 | □ |
| | | | 5. 不主动学习，参加培训，成绩不合格 | 10 分 | □ |

## 四、绩效考评的模式

### （一）目标管理

1. 目标管理概述

“目标管理”是美国著名管理学家彼得·德鲁克于1954年在其著作《管理的实践》中首次提出的。德鲁克认为，组织的任务只有转化为目标，并逐级分解成更小单位的目标，才能实现。

2. 目标管理的思路

目标管理是以目标为中心的设计（Plan，P）、实施（Do，D）、完成（Done，D）、评价（See，S）循环的管理过程，是以实现组织的整体目标为目的的全面绩效管理，是创造进而巩固信息交流网络的管理制度。目标管理的思路是，由员工同他们的上级一起确定具体的绩效目标，定期检查这些目标的实现情况，并以此作为报酬分配的依据。

3. 目标管理的基本程序

目标管理是企业管理最常用的工具，其基本程序如下：

（1）管理者和员工联合制定评价期内应实现的工作目标，并为实现特定的目标制定员工所需达到的绩效水平。

（2）在评价期间，管理者和员工根据业务或环境的变化不断修改或调整目标。

（3）管理者和员工共同决定目标是否实现。如果实现了，需总结经验；如果未实现，则要讨论失败的原因。

（4）管理者和员工共同制定下一评价期的工作目标和绩效目标。

目标管理的优势在于，通过目标的设置激发员工的热情、指导员工的行为，并以目标带来的自我控制替代来自他人的管理控制，从而最大限度地调动员工的积极性。

然而，由于过于系统，而且管理者在实际操作中往往过于注重“自上而下”的目标制定与分解而忽视协商与反馈的过程，目标管理在企业中的应用效果并不理想。

### （二）平衡计分卡

1. 平衡计分卡概述

平衡计分卡以企业战略为基础，将各种衡量方法整合为一个有机的整体，它既包含财务指标，又引入了客户、内部流程、学习与成长层面的指标，使组织能够一方面追踪财务结果，另一方面密切关注能使企业提高竞争力并获得增长潜力的无形资产等方面的进展。这四方面指标的结合，达到了内部与外部、结果与驱动因素、长期与短期、定性与定量等的平衡。这样就使企业既具有反映“硬件”的财务指标，又具备在竞争中取胜的“软件”指标。

实际上，平衡计分卡方法打破了传统的只注重财务指标的业绩管理方法。在平衡计分卡下，传统的财务会计模式只能衡量过去发生的事情（落后的结果因素），无法评估组织前瞻性的投资（领先的驱动因素）。在工业时代，注重财务指标的管理方法是有效的。但在信息时代，传统的业绩管理方法并不全面，组织必须通过在客户、供应商、员工、组织流程、技术和革新等方面的投资，获得持续发展的动力。正是基于这样的认识，在平衡计分卡下，组织应从财务、客户、内部流程、学习与成长四个层面审视自身业绩。

2. 平衡计分卡的基本内容

平衡计分卡的设计包括财务、客户、内部流程、学习与成长四个层面。这四个层面中的后三个层面分别代表企业三个主要的利益相关者，即顾客、股东、员工。每个层面的重要性取决于其自身和指标的选择是否与公司战略一致。

第一，财务层面。财务业绩指标可以显示企业的战略及其实施能否为改善企业盈利做出贡献。财务目标通常与获利能力有关，其衡量指标包括营业收入、资本报酬率、投资回报率、经济增加值、销售额或现金流量等。

第二，客户层面。管理者确立了其业务单位将要竞争的客户和市场，以及业务单位在这些目标客户和市场中的衡量指标。客户层面指标通常包括客户满意度、客户保持率、客户获得率、客户盈利率，以及在目标市场中所占的份额。

第三，内部流程层面。管理者要确认组织擅长的关键的内部流程，这些流程能为业务单位提供价值主张，以吸引和留住目标细分市场的客户，并满足股东对卓越财务回报的期望。

第四，学习与成长层面。学习与成长层面的设计确定了企业要长期成长和改善就必须建立的基础框架，以及目前和未来成功的关键因素。平衡计分卡的前三个层面一般会揭示企业的实际能力与实现突破性业绩所必需的能力之间的差距，为了弥补这个差距，企业必须投资于员工技术的再造、组织程序和日常工作的理顺，这些都是学习与成长层面追求的目标。学习与成长层面指标包括员工满意度、员工保持率、员工培训和技能等。

平衡计分卡不应仅仅是重要指标或重要成功因素的集合。一份结构严谨的平衡计分卡应当包含一系列相互联系的目标和指标，这些目标和指标不仅前后一致，而且相互强化。例如，投资回报率是平衡计分卡的财务指标，这一指标的驱动因素可能是客户的重复采购或销售量的增加，而这两者是客户满意度带来的结果。因此，客户满意度被纳入客户层面。对客户偏好的分析显示，客户比较重视按时交货率这个指标，因此，按时交货率的提高会带来更高的客户满意度，进而促进财务业绩的提高。于是，客户满意度和按时交货率都被纳入平衡计分卡的客户层面。较高的按时交货率要通过缩短经营周期、优化内部流程来实现，因此这两个因素就成为平衡计分卡的内部流程指标。企业要优化内部流程并缩短经营周期就需要培训员工并提高他们的技术水平，由此员工技术成为学习与成长层面的目标。这是一个完整的因果关系链，贯穿平衡计分卡的四个层面。

平衡计分卡通过因果关系提供了一个把战略转化为可操作内容的框架。根据因果关系对企业的战略目标进行划分，可将其分解为实现企业战略目标的几个子目标，这些子目标是各个部门的中级目标，而各中级目标又可以根据因果关系继续细分直至最终形成可以指导个人行动的绩效指标。

3. 平衡计分卡“平衡什么”

平衡计分卡反映了财务与非财务衡量方法之间的平衡、长期目标与短期目标之间的平衡、外部和内部的平衡、结果和过程的平衡、管理业绩和经营业绩的平衡等。因此，它能反映企业的综合经营状况，使业绩评价趋于完善，有利于企业的长期发展。

4. 实施平衡计分卡应注意的问题

实施平衡计分卡应注意以下四个问题：①切勿照抄照搬其他企业的经验和模式；②提高组织管理信息的质量；③正确对待平衡计分卡实施时投入成本与获得效益之间的关系；④平衡计分卡的执行要与奖励制度结合。

### （三）360 度反馈

1. 360 度反馈的含义

360 度反馈也被称为“全视角评价”，是指由被考评者的上级、下级、客户以及被评价者本人，从多个角度对被评价者进行全方位的评价，再通过反馈环节，达到改善绩效的目的。

2. 360 度反馈的优缺点

（1）360 度反馈的优点。作为一种颇受推崇的绩效管理模式，360 度反馈的优点体现在以下四个方面：①多角度、全方位。在 360 度反馈绩效考核模式中，上级主管和被评估者之间有着上下级的分工和纵向合作关系，每个接受考核的员工的绩效都需要将来自上级、下级、客户和本人四个方面的意见综合起来，这种从组织内外不同层次获取被评价者信息的方式，使评价结果更全面、更客观。②误差小。由于360度反馈的评价结果为不同层次的不同评价者的平均值，从统计学角度来看，可以减少个人偏见和评分误差，其结果更准确。③匿名评价。360度反馈采取匿名方式进行评价，可以减少评价者的顾虑，使他们客观地表达自己的观点，从而保证评价结果的可靠性。④有助于提高团队合作能力。首先，360度反馈不仅能使员工更好地发现自己的优点和缺点，而且能让他们更容易接受反馈意见；其次，360度反馈有利于管理者倾听下属的意见，改善上下级之间的关系，便于管理工作的开展；最后，对整个组织而言，360度反馈营造了一种相互帮助、共同发展的工作氛围，使员工能够更清楚自己在团队中的表现，有助于建立更为和谐的工作关系，提高组织的整体绩效。

360度反馈提供了员工绩效考核的新思路，能够较全面地对员工的工作做出动态的、内外结合的评估。

（2）360度反馈的缺点。虽然360度反馈有着传统绩效管理模式无法比拟的优点，但它也存在以下三个明显的缺陷：①考核工作量很大，评估成本较高；②技术含量较高，操作难度较大；③对评价人员的要求较高。

## 五、绩效考评的标准

从不同的角度，绩效考评标准有不同的分类。

### （一）按评价的手段分类

按评价的手段，可将评价标准分为定量标准和定性标准。

（1）定量标准，就是以数量作为标度的标准，如工作能力和工作成果一般用分数作为标度。

（2）定性标准，就是以评语或字符作为标度的标准，如对员工性格的描述。

### （二）按评价的尺度分类

按评价的尺度，可将评价标准分为类别标准、等级标准、等距标准、比值标准和隶属度标准。

（1）类别标准，是以类别尺度作为标度的标准，它实质上与定性标准中以字符为标度的标准相同。

（2）等级标准，是以等级尺度作为标度的标准。

（3）等距标准，是以等距尺度作为标度的标准。需要注意的是，用等距标准测得的分数可以相加，而用等级标准测得的分数不能相加。

（4）比值标准，是以比值作为标度的标准。这类标准所指的对象通常是工作的数量、质量、出勤率等。

（5）隶属度标准，是以模糊数学中隶属系数作为标度的标准。这类标准基本上适用于所有评价内容，能回答经典标度无法解决的问题，因而被广泛使用。

### （三）按标准的形态分类

按标准的形态，可将评价标准分为静态标准和动态标准。

1. 静态标准

静态标准主要包括分段式标准、评语式标准、量表式标准、对比式标准和隶属度标准五种形式。

（1）分段式标准，是将每个要素（评价因子）分为若干个等级，然后对指派给各个要素的分数赋予权重，分为相应的等级，再将每个等级的分值分成若干个小档（幅度）。

（2）评语式标准，是指用文字描述每个要素的不同等级，这是运用最广泛的一种标准。

（3）量表式标准，是指利用刻度量表的形式直观地划分等级，在评价了每个要素之后，就可以在量表上形成一条曲线。

（4）对比式标准，就是将各个要素最好的一端与最差的一端作为两极，中间分为若干个等级。

（5）隶属度标准，就是以隶属函数为标度的标准。它一般通过相当于某一等级的“多大程度”来评定。

2. 动态标准

动态标准主要包括行为特征标准、目标管理标准、情景评价标准和工作模拟标准。

（1）行为特征标准，就是通过观察分析，选择一种关键行为作为评价的标准。

（2）目标管理标准，就是以目标管理为基础的评价标准。目标管理是一种以绩效为目标、以开发能力为重点的评价方法，目标管理标准就是把目标具体化和规范化。

（3）情景评价标准，是对领导人员进行评价的标准。该标准从领导者与被领导者和环境的相互关系出发设计问卷调查表，由下级对上级进行评价，然后按一定的标准转化为分数。

（4）工作模拟标准，是通过操作表演、文字处理和角色扮演等工作模拟，将测试行为同标准行为进行比较，从而做出评定。

### （四）按标准的属性分类

按标准的属性，可将评价标准分为绝对标准、相对标准和客观标准。

（1）绝对标准，就是建立员工工作的行为标准，而不在员工之间做比较。绝对标准的评估重点，在于以固定标准衡量员工。

（2）相对标准，就是对员工的绩效表现进行比较，也就是以相互比较来评定个人工作的好坏，将被评估者按某种向度进行排序，或将被评估者归入先前决定的等级，再进行排序。

（3）客观标准，就是评估者在判断员工所具有的特质及其工作绩效时，对每项特质或绩效表现，在评定量表上每一点的相对基准上予以定位，以对员工做出评价。

## 六、绩效考评的方法

绩效考评的方法有很多，大致包括以下几种。

1. 排序法

排序法是指根据被评估员工的工作绩效进行比较，从而确定每位员工的相对等级或名次。等级或名次可从优到劣或从劣到优排列。比较标准可根据员工绩效的某一方面（如出勤率、事故率、优质品率）确定，一般情况下是根据员工的总体工作绩效进行综合比较。根据什么指标来排序，要结合具体情况进行综合考虑。比如，销售部门可以制定一个销售利润指标，根据每个销售人员的完成情况进行排序，谁创造的利润最多，谁就排在最前面，是第一名，其次是第二名、第三名……谁创造的利润最少，谁就排在最后。排行最后的销售人员很可能被末位淘汰。

采用排序法的关键是，要选取一个合适的衡量指标。选取的衡量指标不同，结果会有一定的偏差。该方法操作简单，仅适用于处于起步阶段的企业。

2. 配对比较法

配对比较法也称“相对比较法”，即将每位员工所有的评价要素与其他员工逐一进行配对比较，然后把比较中被评为优的次数相加，用总数来确定等级。这种方法应用简便，准确度也较高，但只考核总体情况，结果也只是相对的等级顺序，较为粗糙。

3. 尺度考核法

尺度考核法按照员工的考核内容，选择不同的绩效构成因素，继而给每个因素确定不同的层级和相应的评分标准，然后考核员工。

4. 强制分布法

强制分布法主要适用于整体考核，是指按照“两头小、中间大”的正态分布规律，提前确定一种比例，以将各个被评价者分布到每个工作绩效等级中去。强制分布法可以有效降低误差。一般在评价中很容易产生这种情况：那些在工作中做出显著成绩的员工与那些工作做得不错但是并没有什么突出之处的员工等级差不多，或是一个部门中大部分员工的绩效等级差不多，结果使企业的绩效考核体系无法起到应有的作用。实施强制分布法可以在员工之间形成更大的绩效评价等级差异，更容易发掘工作业绩优秀的员工。

5. 关键事件法

关键事件法是搜集工作分析信息的方法之一，也是客观评价体系中最简单的一种形式，由美国学者弗拉赖根和贝勒斯在 1954 年提出，通用汽车公司在 1955 年运用该方法获得成功。该方法通过对工作中最好或最差的事件进行分析，对相关工作行为进行认定，从而做出工作绩效评估。这种方法的优点是针对性比较强，对评估优秀和劣等表现十分有效；缺点是对关键事件的把握和分析可能存在某些偏差。

6. 行为锚定法

行为锚定法的最大特点是明确定义每一评价项目，同时使用关键事件法对不同水平的工作要求进行描述。行为锚定法为评价者提供了明确而客观的评价标准。其主要缺点是，设计和实施成本比较高，经常需要聘请人力资源管理专家帮忙设计，而且在实施以前要进行多次测试和修改。

采用行为锚定法的步骤如下：第一，主管人员确定工作包含的活动或者绩效指标；第二，主管人员为各种绩效指标撰写一组关键事件；第三，由一组处于中间立场的管理人员为每个评价指标选择关键事件，并确定每个绩效等级与关键事件的对应关系；第四，将每个评价指标中包含的关键事件从好到坏进行排序，建立行为锚定法考核体系。

7. 等级鉴定法

等级鉴定法是历史最悠久也是应用最广泛的员工业绩考核方法。在应用这种评价方法时，评价者首先要确定绩效考核的标准，其次要对每个评价项目列出几种行为程度供评价者选择。

这种方法的成本较低，容易采用。假定优秀为 5 分，良好为 4 分，满意为 3 分，尚可为 2 分，不满意为 1 分，在为各个评价标准设定了权重之后，员工之间就可以进行横向比较。

等级鉴定法在评价内容的深度方面不如关键事件法，它的主要优点是适应性强、容易操作、成本较低。

# 第十章 薪 酬

## 一、薪酬概述

### （一）薪酬的定义

1. 薪酬

谈到“薪酬”，人们会很自然地想到“钱”。钱＝錢＝金＋戈＋戈，意思是，金子成为货币之后，就成了人们争相抢夺的东西，甚至不惜操戈相向。

薪酬，即薪水，报酬。

2. 薪水

据《南史陶潜传》记载，陶潜送给他儿子一个仆人，并写信说：“你每日生活开支，自己难以供给自己，现在派一个仆人来帮助你打柴汲水。他也是人家的儿子，要好好待他。”后来，人们便把工资叫作“薪水”。

在我国古代，当官的工资叫“俸禄”，又称“月给”“月薪”“月钱”“月俸”“月费”“柴薪银”。东汉以前，一般俸禄都发放实物，如粮食、布帛；从唐朝到清朝，俸禄主要以货币形式发放。

3. 报酬

报酬是指作为个人劳动回报的各种类型的酬劳。

与工作的两种类型相对应，报酬分为外在报酬和内在报酬。

（1）外在报酬。外在报酬是以物质形态存在的各种类型的报酬，是管理者可直接控制的一种激励手段，如奖金、福利、晋升、表扬等，有限度，会增加企业成本。

（2）内在报酬。内在报酬是指工作者由于工作本身所获得的满足感。内在报酬的运用远不如外在报酬普遍，但它是与人类活动分不开的一种报酬。例如，对工作的胜任感，通过工作获得的成就感等。内在报酬的缺点体现在以下三个方面：一是无法直接控制；二是看不出它与员工工作绩效之间直接的关系；三是剥夺一个人的内在报酬是轻而易举的事。管理的重要任务是创造一种可以容许和激励员工都争取内在报酬的环境。

### （二）不同人群对薪酬的理解

1. 员工的观点

（1）薪酬是劳动收入。员工付出体力、知识、技能、时间、经验、创造力，应该给予相应的回报，而且越多越好。

（2）薪酬是自身价值、身份和社会地位，是一种层次的象征。

（3）薪酬是保健因素，能满足基本生活的需要。如果连基本的生活费用都不能满足，那么这份工作也就没有意义了，员工也就不必为之付出劳动。

（4）薪酬是差距，既是与企业内不同职位、不同员工之间的差距，也是与企业外同行业、同能力者之间的差距，这些差距会让员工感到不平等或者受到激励。

（5）薪酬是动力。薪酬好比汽车的汽油，有了它，工作才有意义。多劳多得可以激励员工更加努力地工作。

（6）薪酬是保障。养家糊口全靠薪酬。

2. 投资者和经营者的观点

（1）薪酬是人才市场上劳动力均衡时的价格，无论这个人才为企业创造的价值比希望的高还是低，都只能按市场价格支付薪酬。

（2）薪酬是成本，会降低利润，所以只要有可能，就要降低成本，尤其在企业经营状况不好的时候，应该降低工资。工资确实是可削减的成本，而且越低越好。

（3）薪酬是固定支出，就算在企业不挣钱的时候，也得付给员工。

（4）薪酬是资本。资本是能带来剩余价值的价值，它能产生更多的利润，所以要多招揽人才，即便是大材小用，也要工资照付，为的是存储未来需要的人才或者抢夺对手需要的人才，为以后获得更高的利润做准备。

（5）薪酬是股东，与其他股东一样，年底需要分配企业的红利，如果不分出红利，投资者将得不到那么高的利润。

（6）薪酬是“利市”。上级心情好的时候，可以向下属许诺，或者直接向下属大量派发金钱；心情不好时，无论员工做得怎么样，他们都只有基本收入。

（7）薪酬是烦恼。给再多的薪酬也摆不平下属，总有人不满意，可能还会影响工作；员工要的薪酬是无底洞，给再多也嫌不够。

（8）薪酬是推动工作成果达标的激励工具，是变革企业文化的催化剂。

3. 管理者的观点

（1）薪酬是企业战略目标和价值转化为具体行动的系统方案，是体现管理哲学和管理思想的实施路线。

（2）薪酬是引导和约束员工行为的管理流程。

（3）薪酬是使激励机制富有生机的创新工具。

4. 社会（政府）的立场

（1）薪酬是雇主和员工之间的一种公平交易，有助于保障社会正义、促进社会发展。

（2）薪酬是一种维和工具。

## 二、薪酬的功能

对于薪酬的功能，我们可以从以下三个方面进行探讨。

### （一）对员工的功能

1. 维持和保障功能

首先，薪酬能够满足购买必要的生活资料的需要，以维持生存与生活；其次，薪酬能够满足员工的技术进步以及生产发展的需要——员工需要在学习、培训、进修等方面投资自己，以提高自己的技能，使自己不被组织淘汰；最后，薪酬能够满足员工在娱乐、社交等方面的需求。

2. 激励功能

公平合理的薪酬可以留住员工、激励员工，提高他们的士气，为组织创造更大的价值。通过薪酬激励，可以将短期、中期、长期经济利益相结合，促进企业的利益和员工的利益、企业的发展目标和员工的发展目标相一致。①

3. 满足精神和社会地位需求

从心理学的角度来看，薪酬在满足员工物质需求的基础上，可以满足员工的心理需求，即使员工在个人尊严、价值观等方面获得满足感，社会地位得以提升。这样可以最大限度地调动员工创造财富和价值的积极性。

① 刘卿，王丽，王新翠．人力资源管理［M］．济南：山东大学出版社，2019：279.

### （二）对企业（组织）的功能

1. 保值、增值功能

虽然薪酬本身不能直接带来利益，但有效的薪酬策略有助于劳动力与生产资料的结合，为企业创造财富和经济效益。这样，薪酬就离不开企业的经济效益，从而具有保值、增值功能。

2. 有效控制经营成本

企业支付的薪酬会直接影响企业在劳动力市场上的竞争力。因此，保持相对较高的薪酬水平对于企业吸引和留住员工无疑是有利的。但是，较高的薪酬水平又会给企业成本造成压力，从而对企业在产品市场上的竞争力产生不利影响。因此，企业一方面为了获得和留住经营过程中不可或缺的人力资源不得不付出高薪的代价；另一方面出于产品或服务市场上竞争压力方面的考虑，必须注意控制薪酬成本。

3. 有效配置资源

较高的薪酬可以保证企业在劳动力市场上获得竞争优势，从而吸引优秀的、符合企业需要的人才。不同区域、不同行业、不同岗位的薪酬不同，人力资源的供给和需求的矛盾在劳动力价格形成的过程中起着非常重要的优化、配置作用。

4. 改善经营绩效

薪酬对于员工的工作行为、工作态度及工作绩效有直接影响。薪酬不仅决定了企业可以招募到的员工数量和质量，也决定了企业中人力资源的存量，还决定了现有员工受到刺激的状况，从而会影响他们的工作效率、出勤率、组织归属感及组织承诺度，进而影响企业的生产能力和生产效率。

实际上，薪酬是企业向员工传递的一种特别强烈的信号。通过这种信号，企业可以让员工了解到什么样的行为、态度和业绩是受到企业鼓励的、对企业有贡献的，从而引导员工的工作行为、工作态度及最终绩效朝着企业期望的方向发展。

5. 支持组织变革

薪酬可以通过作用于员工个人、工作团队和组织整体来调整或改进企业内部氛围和外部氛围，从而有效推动企业的组织变革。首先，企业的薪酬制度与重大组织变革之间存在内在联系；其次，薪酬制度是一种强有力的激励工具，如果能有效运用，能起到强化新的价值观与行为、对结果负责的精神作用，促进绩效目标的实现。从这个意义上讲，薪酬更多的是对目前与未来的一种投资，而不仅仅是一种成本。

### （三）对社会的功能

1. 社会性配置人力资源

上文已述，薪酬对社会具有人力资源的再配置功能，这里不再赘述。

2. 调节人才流向

薪酬作为劳动力价格信号，调节着人力资源的供求和流向，人们对职业和工种的评价，以及人们择业和就业的愿望。

3. 调和劳资关系，维护社会公平，推动社会和谐发展

作为员工为企业所提供劳动的交易价格，薪酬的合理支付，是员工与企业在价值分配上的公平交易，它的实现有利于劳资关系的和谐。薪酬的公平支付能够避免工资歧视的发生，有助于维护和推动社会的平稳、和谐、健康发展。①

## 三、薪酬的构成

从广义上讲，薪酬是一个系统，它至少由五个要素构成：

（1）货币回报，即工资、奖金、津贴、股票。

（2）福利，即企业专门提供的各项好处。

（3）认可，即荣誉、奖励。

（4）机会，即晋升、培训、发展空间。

（5）环境，即与工作条件相当的报酬以及工作氛围。

从狭义上讲，薪酬是对劳动者劳动的货币性报酬。

薪酬系统如图 10–1 所示。

以下对工资、奖金和福利进行具体介绍。

1. 工资

工资是根据劳动者所提供的劳动数量和质量，按照事先约定的标准付给劳动者的报酬，也就是劳动的价格。工资分为以下几种：

（1）基本工资，是指供维持基本生存的费用。

（2）激励工资，是指调动员工积极性的那部分工资，包括计件工资、计时工资。

（3）成就工资，是指因为已经实现了某个目标而增加的那部分工资，如职务工资。

---

① 彭剑锋 . 人力资源管理概论 [M]. 2 版 . 上海：复旦大学出版社，2011：424.

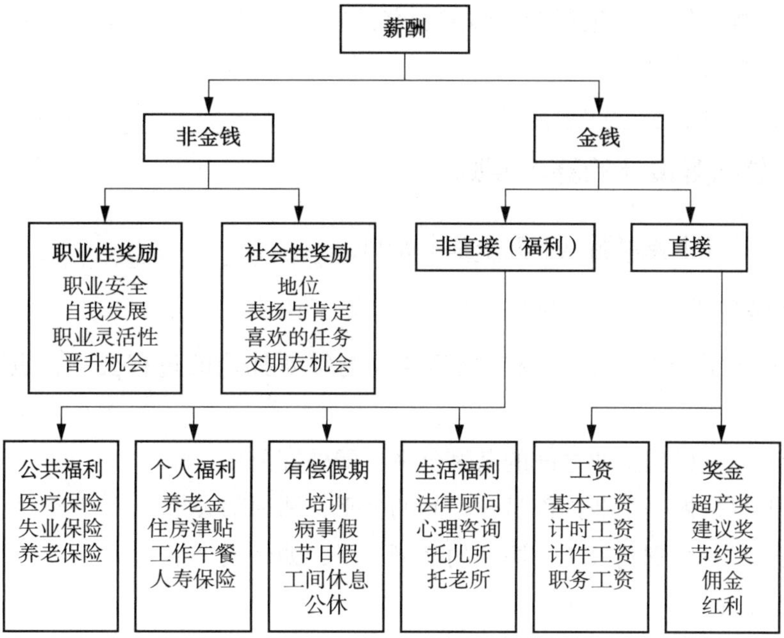


图 10-1 薪酬系统

2. 奖金

奖金一般是指对超额劳动或劳动效益的报酬。奖金分为以下几种：

（1）全勤奖，是指对考核期间没有旷工、请假、迟到、早退等现象，满勤的员工的奖励。

（2）不休假奖金（加班奖），是指对在考核期间不仅没有请过假还经常加班的人员进行的奖励。

（3）年终奖（Annual bonus），是指每年度末企业给予员工不封顶的奖励，是对员工一年来工作成果的肯定。

（4）效益奖金，是指能给企业带来效益的奖励，包括超产奖、建议奖、节约奖等。

（5）佣金，也称“牙佣”“中佣”“行佣”，简称“佣”，是牙商、经纪人等中间人因介绍生意所取得的酬金。在当代社会，企业在销售业务发生时支付给中间人的报酬也被称为“佣金”，这里的中间人包括自然人和单位，但不能是本企业的员工或相应职位的人。

（6）红利，是指上市公司在进行利润分配时，分配给股东的利润。

3. 福利

除工资、奖金以外的所有待遇，都称为“福利”。福利既包括有形的物质回报，如大米、油、盐等实物，也包括带薪假期、晋升空间、出差机会、培训机会、表扬、鼓励等无形的精神回报。

## 四、薪酬制度设计的基本原则

薪酬制度设计主要遵循以下五个基本原则：

1. 公平原则

公平原则是指既要保证具有丰富意义、与绩效挂钩的过程公平，也要保证结果公平。

第一，要尽量做到企业之间的薪酬公平，即外部公平。

第二，要尽量做到企业内部员工之间的公平，即内部公平。

第三，要尽量做到同种工作岗位的薪酬公平，即个人公平。

2. 竞争原则

高薪对优秀人才具有无可替代的吸引力，不仅是人才高水平的象征，也是企业高竞争力的象征。因此，企业在市场上提出较高的薪酬水平，无疑会增加对人才的吸引力。

3. 激励原则

薪酬是调动员工创造性、积极性和主动性的一个有力杠杆，是企业激励人才的有效措施。

内部公平和激励原则是相呼应的。企业一定要结合员工的能力和贡献，以及企业内部各类、各级职务的不同，将薪酬拉开适当的距离，防止绝对平均。这样才能充分调动员工的工作热情，推动企业更好更快发展。

4. 经济原则

高水平的薪酬在提高竞争性、吸引力和激励性的同时，会相应提高企业的成本。因此，企业在设计薪酬制度时，既要考虑薪酬的对外竞争性和对内激励性，也要考虑自身的财力状况，要找到它们之间的最佳平衡点。

5. 战略原则

在薪酬设计过程中，应主要考虑两个方面：一是企业的战略需求。通过薪酬设计反映企业的战略意图，即企业提倡什么、鼓励什么、肯定什么、支持什么、禁止什么、反对什么；二是要把企业战略转化为对员工的期望和要求，并进一步转化为对员工的薪酬激励。

## 五、基本的工资制度

在企业薪酬管理实践中，根据薪酬支付依据的不同，薪酬构成元素包括岗位工资、职务工资、技能工资、绩效工资、工龄工资和薪级工资等。通常企业会选择其中的一个或两个为主要形式，其他为辅助形式。选择并确定工资制度形式是很关键的，体现着公司的价值导向。

以下是几种主要的工资制度。

### （一）基于工作的工资制度

基于工作的工资制度一般依据岗位、职务、等级等支付薪酬，具体包括岗位工资制和职务工资制。

1. 岗位工资制

岗位工资制是依据任职者在组织中的岗位确定工资等级和工资标准的一种工资制度。

岗位工资制基于这样的假设：岗位任职要求刚好与任职者的能力素质相匹配，如果员工能力超过岗位要求，就意味着人才的浪费，如果员工能力不能完全满足岗位要求，则意味着任职者不能胜任，无法及时、保质保量地完成岗位工作。

岗位工资制的理念如下：不同的岗位将创造不同的价值，因此对于不同的岗位，企业将给予不同的工资报酬；企业应将合适的人放在合适的岗位上，使人的能力素质与岗位要求相匹配，对于超过岗位任职要求的能力，不给予额外报酬；鼓励员工通过岗位晋升来获得更多的报酬。

2. 职务工资制

职务和岗位的区别如下：岗位不仅表明层级，还表明工作性质，如人力资源主管、财务部部长等就是岗位；而职务仅仅表达出层级，如主管、经理、科长、处长等。职务工资制在国有企业、事业单位以及政府部门得到广泛应用。

职务工资制只区分等级，事实上和岗位工资制具有本质的不同：岗位工资制体现不同岗位的差别，岗位价值综合反映岗位层级、岗位工作性质等多方面因素，是市场导向的工资制度；而职务工资制仅仅体现层级，是典型的等级制工资制度。

职务工资制的特点和岗位工资制近似，但相对于岗位工资制，职务工资制有个最大的特点，就是根据职务级别定酬，某些人可能没有承担具体岗位的工作，但只要到了那个级别，就可以享受相应的工资待遇，这是对内部公平的最大挑战。

## （二）基于能力的工资制度

基于能力的工资制度主要依据技能或能力支付薪酬，具体包括技能工资制和能力工资制。技能工资制和能力工资制与岗位工资制和职务工资制不同。技能工资制和能力工资制基于员工的能力，即根据员工具备的与工作有关的技能和能力的高低来确定报酬水平，而不是根据岗位价值的大小来确定员工的报酬。

1. 技能工资制

技能工资制根据员工所具备的技能向员工支付工资，技能等级不同，薪酬支付标准不同。技能通常包括三类，即深度技能、广度技能和垂直技能。深度技能表现在能力的纵向结构上，强调员工在某项能力上不断提高，鼓励员工成为专家；广度技能也指与相关岗位工作有关的知识和技能，但表现在能力的横向结构上，提倡员工掌握更多的技能，鼓励员工成为通才；垂直技能是指员工进行自我管理，掌握与工作有关的计划、领导、团队合作等技能，鼓励员工成为更高层次的管理者。

2. 能力工资制

能力工资制根据员工具备的能力向其支付工资，员工能力不同，薪酬支付标准不同。在人力资源开发与管理中，能力多指胜任力，是员工具备的能够实现某种特定绩效或者表现出某种有利于绩效达成的行为能力。

根据能力冰山模型，个人绩效行为能力由知识、技能、自我认知、品质和动机五大要素构成。知识是指个人在某一特定领域拥有的事实型与经验型信息；技能是指结构化地运用知识完成某项具体工作的能力，即对某一特定领域所需技术与知识的掌握情况；自我认知是指个人对自己的身份、人格以及价值的自我感知；品质是指个人对环境和各种信息所表现出来的持续而稳定的行为特征；动机是指在一个特定领域自然而持续的想法和偏好（如成就、亲和力、影响力），它们将驱动、引导和决定一个人的外在行动。其中，知识和技能是“水面以上部分”，是外在表现，容易了解与测量，相对而言，也比较容易通过培训获得；而自我认知、品质和动机是“水面以下部分”，是内在的、难以测量的部分，不太容易因为外界的影响而改变，但对个人的行为与表现起着关键性的作用。

技能工资制和能力工资制的实质是：“你有多大能力，就有多大的舞台。”技能工资制和能力工资制真正体现了“以人为本”的理念，能够为员工提供足够的发展空间。如果员工技能或能力大大超过目前岗位的工作要求，企业将给员工提供更高层次的岗位工作机会；如果没有更高层次的岗位空缺，企业也会对超出岗位要求的技能和能力给予额外报酬。

### （三）基于绩效的工资制度

基于绩效的工资制度依据绩效支付薪酬，具体包括计件工资制、提成工资制、承包工资制等。

1. 计件工资制

计件工资制是间接用劳动时间来计算工资的制度，是计时工资制的转化形式，按已确定的定额和计件单价支付员工工资。它的一般表现形式有超额累进计件、直接无限计件、限额计件、超定额计件等。

在实际生产经营中，要实行计件工资制，企业生产需要具备相应的条件：①能准确计量产品数量；②有明确的质量标准，并能准确检验；③产品的数量和质量主要取决于工人的主观努力；④具有先进合理的劳动定额和较健全的原始记录；⑤生产任务饱满，原材料、燃料、动力供应和产品销路正常，并需要鼓励员工增加产量。

2. 提成工资制

提成工资制又称“拆账工资制”或“分成工资制”，是一种按照企业的销售收入或纯利润的一定比例提取，然后根据职工的技术水平和实际工作量计发工资的形式。

具体来说，提成工资制是指企业实际销售收入减去成本和应缴纳的各种税费以后，剩余部分在企业和职工之间按比例进行分成。它有创值提成、除本分成、“保本开支、见利分成”等形式，饮食服务业多采用提成工资制。

实行提成工资制的三要素如下：①确定适当的提成指标。②确定恰当的提成方式。③确定合理的提成比例。提成比例有固定提成比例和分档累进或累退的提成率两种。

提成工资的具体形式，通常有两种：

（1）超额提成。超额提成是指扣除一部分或保留基本工资作为固定工资部分，并规定需要完成的销售额或利润，超额完成的部分按一定的比例提取提成工资。其计算公式为

员工收入＝基本工资＋超额收入 × 提成比例

（2）全额提成。全额提成是指取消固定的基本工资，员工的收入完全随利润或销售额上下浮动。其计算公式为

员工收入＝利润或销售额 × 提成比例

提成工资能够把员工的工资收入直接同企业的销售情况或盈利情况联系起来，有利于调动员工的积极性，促使员工关心企业的经营状况。

3. 承包工资制

承包工资制是指通过承包合同把某项生产、经营（或作业）任务的完成时间、产

品质量要求、经济技术指标以及完成合同后规定支付的工资数额一起承包给员工个人或班组集体，然后依据合同履行情况支付工资而不管其用工多少的一种工资制度。实行这种工资制度，劳动成果同报酬之间联系的直观性较强，能更好地激励员工提高劳动效率。承包工资制适用于建筑、煤炭、地质勘探等行业，也适用于生产经营中那些限时要拿到成果或有所突破的薄弱环节或攻关任务。

承包工资制的特点是经营责任明确，责权利紧密结合，有利于调动员工个人或班组集体的工作积极性。

常见的承包工资制的形式有以下两种：

（1）定任务，定工资，超额给奖，完不成扣减。

具体做法：先由公司根据各单位人数、工资总额，以及五项经济指标（进货、销售、利润、费用和资金周转率）具体核算到单位，签订经营承包合同；再由商店把任务层层分解，落实到柜组，柜组按个人的基本工资计算每人每月销售任务、利润任务，作为承包指标。完成承包指标，可得到预先核定的工资；完不成指标，按规定扣减工资。

（2）独立经营，自负盈亏，定额上交，余下归承包人。该形式又分为两种：①集体承包，即企业税后利润除向上级主管部门上交公积金、社会保险基金外，余下部分全归企业分配。②个人承包，即除上交税金和上交定额外，承包人的收入全部归自己所有。

**【案例】**

### 承包工资制的经典案例

2003 年，甘肃陇南电力局售电量达 12.3 亿千瓦时，直管 22 座变电站，这些变电站都处在偏远乡镇，生活条件艰苦，安全责任大。枯燥、半封闭的工作一直伴随着变电运行人员，班站、基层单位没有工资考核分配权限，工资的激励作用很难发挥，分配中存在干或不干工资奖金照拿的“大锅饭”现象。多少年来，面对这种工作，年轻人没有积极性，许多职工要求调动，影响了职工稳定和安全生产。该局立足实际，从 2003 年 6 月起在全局变电站实行承包工资制。具体办法如下：

（1）参与承包的人员及工资范围：变电站在岗并转正定级上岗的职工，对岗位工资、奖金和夜班费进行承包，核定的工资和奖金总额不随运行人员的增加或减少发生变化，不受核定岗位的限制，一次性发放到承包单位。承包部分的工资不在职工工资表中反映，而是以承包班站为单位另行发放。

（2）承包工资兑现：以班站考核为主，如发生重大安全生产事故、班站人员普遍出勤不够或严重违反劳动纪律等情况，承包单位可对承包班站进行考核。正常情况下，承包工资应全额发放到班站。

（3）承包工资发放到班站后，班站长结合承包人员的出勤、工作任务完成情况和本班站当月的安全生产、班组建设等情况对承包人员进行综合考核，兑现发放承包工资，充分体现按劳分配、多劳多得的分配原则。运行人员技术强、业务精、月度上班时间长、工作期间认真负责、工作任务完成得好，工资奖金就拿得多；那些无故不上班、安全责任不强、设备巡视不到位、理论技能考试不及格的职工，收入自然低。承包工资考核兑现可不受核定岗位的岗位工资差额限制，但在正常情况下，浮动额度应控制在差额的30%以内。承包工资按考核情况当月必须发完，不得预留、扣留，考核、发放情况由同级工会小组监督并接受上级的监督检查。

4. 绩效工资制

绩效工资制是以个人业绩为付酬依据的薪酬制度，其核心在于建立公平合理的绩效评估系统。绩效工资制适用范围很广，在销售、生产等领域更是得到广泛认可。

绩效工资制的优点如下：

（1）有利于个人和组织绩效提升。采用绩效工资制，需要对绩效进行评价，给予员工一定的压力和动力，同时需要上级主管对下属不断进行绩效辅导和资源支持，因此会促进个人绩效和组织绩效的提升。

（2）有助于实现薪酬的内部公平和提高效率。根据绩效付酬，有助于打破“大锅饭”、平均主义思想，鼓励多劳多得，从而有助于提升员工工作的积极性和主动性。

（3）人工成本低。虽然对业绩优异者给予较高报酬会给公司带来一定程度的人工成本的增加，但事实上，这是以给公司带来价值为前提的，即在员工获得高报酬的同时，公司获得了更多的利益。另外，公司给予业绩低下者较低薪酬或淘汰业绩低下者，会大大降低工资成本。

绩效工资制的缺点如下：

（1）易产生短视行为。绩效工资与员工本期绩效相关，容易使员工只关注当期绩效，即为了短期利益的提高而忽略组织长远的利益。

（2）容易影响员工忠诚度。如果绩效工资所占比例过大，固定工资太低或者没有，容易使员工产生不满情绪。另外，采用这种工资制度不可避免地会有员工被淘汰，从而使员工流动率提高。以上两方面会影响员工的忠诚度，从而降低组织的凝聚力。

### （四）基于人的工资制度

基于人的工资制度是指根据员工潜在的劳动或员工本身具有的能力决定其工资标准，即工资跟人走。这种工资制度主要包括年功序列工资制、等级工资制和计时工资制。

1. 年功序列工资制

所谓“年功序列工资制”，即根据员工的学历和工龄确定其工资水平，工龄越长，工资越高，晋升的可能性越大。如果学历、能力和贡献不相上下，工龄就是决定职务晋升的重要根据。这里所说的“工龄”，是指在同一企业连续工作的年数，在不同企业工作的工龄一般不能连续计算。年功序列工资制增强了企业对员工的吸引力，能够有效地防止熟练工人和技术骨干被别的企业挖走。

2. 等级工资制

等级工资制是根据劳动的复杂程度、繁重程度、精确程度和工作的责任大小等因素划分等级，按等级规定工资标准支付劳动报酬的制度。等级工资制包括企业工人的技术等级工资制和员工的职务等级工资制。

在企业的具体操作中，要实行等级工资制，首要前提是企业必须建立了适应其发展和分工协作的组织结构，而且已做好充分的定岗定员工作。在上述前提具备的情况下，企业应开展工作分析，明确各岗位职责内容、范围及分工，然后进行岗位评价，形成岗位价值等级序列，最后根据岗位的价值等级排序确定各岗位的工资标准。

等级工资制适用于技术复杂程度较高、劳动差别较大的产业和工种。这些产业和工种实行等级工资制，有利于鼓励员工学习技术、提高业务水平，也容易与国家规定的统一参考工资标准衔接。等级工资制偏重于反映潜在形态的劳动和流动形态的劳动，而非全面评价劳动差别，而且在执行过程中，没有形成正常的运行机制，因此，在采用时应与其他能较好反映员工提供实际劳动量的工资形式有机结合，以使工资分配能够更好地反映员工实际劳动贡献的差别。

3. 计时工资制

计时工资制是根据劳动者的实际劳动时间、工资等级和工资标准支付劳动报酬的工资制度。

计时工资制具有以下三个特点：

（1）直接以劳动时间计量报酬。

（2）考核和计量较容易执行，具有及时性。

（3）具有明显的不足，即不能直接反映劳动强度和劳动效果。

计时工资制由以下三个要素构成：

（1）计量劳动与支付报酬的时间单位。

（2）计量劳动量与相应报酬的技术标准。

（3）劳动者所付出的有效劳动时间。

计时工资制的具体形式有以下四种：

（1）小时工资制。

（2）日工资制。

（3）月工资制。

（4）年薪制。年薪制是指对在企业中受聘担任厂长、经理的企业经营者实行的一种特定形式的计时工资制。

计时工资制有以下四个优点：

（1）主要取决于劳动者本人的业务水准或本人所在岗位（职务）的工资标准，而不直接取决于工作物或劳动对象的技术业务水准。

（2）强调员工本人技术业务水准的高低，因而能够促使员工努力学习业务知识，不断提高自己的业务水平、劳动熟练程度，进而提高工作质量。

（3）内容和形式简单明确，有较强的稳定性，因而便于计算和管理。

（4）不会使员工情绪过度紧张，且工资收入水平取决于既定的工资标准，能较好地保障员工收入、生活水平和身心健康。

计时工资制有以下两个缺点：

（1）计时工资只能反映员工在技术熟练程度、劳动繁重程度和劳动时间长短等方面的差别，不能全面反映同等级员工在同一工作时间内付出劳动量和取得劳动成果的差别，会在一定程度上导致平均主义。

（2）企业在实行计时工资制时，还要实行奖励制度，以弥补其不足。

计时工资制的实施要点有以下四个：

（1）制定明确合理的技术、业务标准和工资标准。

（2）建立严格的技术、业务考核制度和晋升制度。

（3）要有科学合理的劳动定额和岗位（职务）责任，规定员工在一定时间应完成工作的数量和质量。

（4）应与奖金制度配套实施，以奖金作为补充的分配形式。

### （五）组合工资制

组合工资制是指在企业薪酬管理实践中，除了以岗位工资、技能工资、绩效工资中的一个为主要因素外，很多情况下以两个因素为主，以充分发挥各种工资制的优势。常见的组合工资制有岗位技能工资制和岗位绩效工资制。

#### 1. 岗位技能工资制

岗位技能工资制是以按劳分配为原则，以劳动技能、劳动责任、劳动强度和劳动条件等基本劳动要素为基础，以技能工资和岗位工资为主要内容的企业基本工资制度。

技能工资主要与劳动技能要素相对应，确定依据是岗位、职务对劳动技能的要求和员工个人所具备的劳动技能水平。技术工人、管理人员和专业技术人员的技能工资可分为初、中、高三大类，每类又可分为不同的档次和等级。岗位工资与劳动责任、劳动强度、劳动条件三项劳动要素相对应，其确定步骤如下：依据三项劳动要素评价的总分数，划分岗位工资标准，并设置相应档次，一般采取一岗多薪的方式，即劳动要素不同，同一岗位的工资有差别。我国大多数企业在进行岗位技能工资制改革时，除设置技能工资和岗位工资外，还会加入工龄工资、效益工资、各种津贴等。

2. 岗位绩效工资制

在当前的市场竞争中，很多企业为了激励员工，将员工业绩与收入联系起来，岗位绩效工资制因此得到广泛应用。很多事业单位也采取岗位绩效工资制。事业单位的岗位绩效工资由岗位工资、薪级工资、绩效工资和津贴补贴四部分构成。事业单位员工可分为专业技术人员、管理人员、技术工人、普通工人四个序列。专业技术人员按其被聘用的专业技术岗位（通俗地讲，就是获得了职称并且被聘用）执行相应的岗位工资标准；管理人员按其被聘用的岗位（任命的职务）执行相应的岗位工资标准；技术工人按其被聘用的岗位（技术等级或职务）执行相应的岗位工资标准；普通工人执行普通工人岗位工资标准。薪级工资根据任职者工龄、岗位年限以及岗位等级确定，其实质是对岗位工资进行修正，对经验丰富者给予更多报酬，取消工龄工资，反映在薪级工资中。至于绩效工资，一般由上级主管部门核定绩效工资总量，各单位自主制定绩效工资分配方案，可以采取灵活多样的分配形式。

## 六、员工福利

### （一）组织提供福利的原因

组织为员工提供福利，主要有以下五个原因：

1. 政府法律的强制性规定

大多数国家的法律法规对劳动者再就业过程中以及退出劳动力市场之后应当享受的福利有强制性规定。相关法律规定，组织必须提供的福利项目包括养老保险、工伤保险、带薪休假、法定节假日等。

2. 劳动力市场竞争压力的推动

从某种意义上说，组织是被强制要求设立某些福利项目的。在竞争性劳动力市场上，随着越来越多的组织提供某种形式的福利，其他组织也被迫提供这些福利。

3. 吸引和留住员工的需要

福利是吸引员工、留住员工的一种很好的工具。有吸引力的福利既能帮助组织招聘到高素质员工，又能保证已经雇用的高素质员工继续留在组织内工作。此外，福利有助于营造和谐的组织文化，强化员工的忠诚感。

4. 享受税收优惠政策，提高成本支出的有效性

在许多国家，人们通过福利计划享受的税收待遇比通过货币薪酬享受的税收待遇优厚。这意味着，组织将一定的收入以福利的形式而不是以现金的形式提供给员工能够获得成本方面的优势——给员工提供同等价值的福利比向他们支付同等价值的货币的成本有效性高。

5. 集体谈判的影响

许多国家存在工会与雇主之间的集体谈判机制。工会可以代表员工就薪酬、工作时间、雇佣条件、福利待遇等一系列问题与雇主或组织联盟进行谈判。在集体谈判过程中，福利常常是一个关键的目标。工会往往能够成功地实现自己的会员在福利方面希望达成的目标，尤其是在将收入从现金形态向福利形态转移能够享受税收优惠的情况下。

### （二）福利对员工的价值

福利对员工的价值，主要体现在以下四个方面：

1. 满足员工对稳定的偏好

在收入方面，员工大多倾向于规避风险，追求稳定性。与基本薪酬和浮动薪酬相比，福利的稳定性更强。那些追求稳定和安全感的员工会对福利更感兴趣。即使是对同一个人来讲，在其职业生涯的不同阶段，对福利的偏好也是不同的。对有孩子的中年人以及接近退休的老年人来说，福利的吸引力比对年轻人要大很多。

2. 满足员工的公平和归属感需要

员工在一个组织中工作，不仅有经济方面的需要，还有心理方面的需要，如受到尊重和公平对待、归属感的需要等。直接薪酬更注重考量员工的能力和业绩，而福利则可以满足员工在平等和归属等方面的需要。实际上，福利水平的高低会直接影响组织内部雇佣关系的性质，在那些力图培养组织和员工之间长期雇佣关系的组织中，福利的项目往往比较多。

3. 享受税收优惠的需要

福利不仅能使组织享受税收优惠，对员工来说也是如此。以福利形式获得的收入无须缴纳个人所得税，即便需要缴纳，也不是在当期。因此，在薪酬成本一定的情况

下，员工直接从组织获得福利要比用自己拿到手里的薪酬收入去购买福利的成本低得多。

4. 集体购买产生的规模效应

福利中的许多项目是员工工作或生活所必需的，即使组织不为员工提供这些福利，员工自己也要花钱买。在许多商品和服务的购买方面，集体购买比个人单独购买更具有价格方面的优势。

### （三）福利的种类

福利包括很多不同种类的项目，如法定福利、补充保险和员工服务等。

1. 法定福利

法定福利一般包括法定社会保险、法定假期和住房公积金三大类。

在我国，法定社会保险主要指基本养老保险、基本医疗保险、工伤保险、失业保险和生育保险五大险种。

法定假期主要包括公休假日、法定休假日、带薪年休假和其他假期。

2. 补充保险

补充保险包括企业年金与职业年金、团体搭售保险、商业健康保险。

人寿保险是一些组织提供的一种常见的福利。很多组织会为其员工提供团体人寿保险，因为适用于团体的寿险方案对组织和员工都有利。

商业健康保险的目的是减少员工生病或发生事故时本人或家属所遭受的损失，投保主体可以是组织，也可以是个人。

3. 员工服务

员工服务，主要包括员工帮助计划、咨询服务、教育援助计划、老人护理服务、饮食服务、健康服务等。其中，健康服务包括为员工提供健身的场所和器械、举办健康讲座及体检等。

# 第十一章　激励：留人

## 第一节　激励概述

激励既是用人的手段，也是留人的手段。

### 一、激励的含义

所谓“激励”，是组织诱发个体产生满足某种需要的动机而促使个体行为与组织目标趋同的管理过程。[①]

奖励是激励的一种形式。奖励是奖励的执行者创造性地运用激励科学的一般原理、原则和方法，为最优化地实现激励目标而提供的各种技巧和能力。同样是奖励，为什么有的人执行效果较好，有的人执行效果却不太理想，甚至产生了消极作用？除了奖励的对象、环境等因素不同外，一个很重要的原因，就是奖励的执行者掌握的奖励艺术的水平不同。奖励既是一般艺术形态在激励这一具体学科中的运用、发展和具体化，也是人们千百年来激励实践的高度提炼和总结，还是以一定的科学知识为基础，从方法与技巧的角度对激励进行的一种挖掘和揭示，是激励执行者进行创造性激励活动不可缺少的工具。

### 二、激励的作用

激励作为一门应用科学，有其规律性。从具体内容分析，表扬是激励的一种最常用的方法。通过宣传先进事迹、褒扬先进人物，能够给一般员工树立榜样、明确方向。但是，表扬必须实事求是、真实准确、恰如其分，不该表扬的硬去表扬，会使受表扬者感到尴尬，不但起不到激励的作用，可能还会适得其反。在表扬时，要注意因

① 陈传明．管理学 [M]. 北京：高等教育出版社，2019：219.

人而异：对于虚荣心强的人，不宜过多表扬；对于自卑感强的人，要捕捉积极因素给予及时表扬；对于干部或年纪大的人，可以多给予个别鼓励；对于年轻人，则宜多一点公开表扬。此外，表扬忌领导以自己的好恶、感情为标准，也忌“揠苗助长”塑造“完人”。

奖励艺术是对人们奖励实践经验的总结，是以一定的科学知识为基础的。人们掌握和提高奖励艺术的过程也就是人们充分发挥自己的智慧和才华，进行创造性活动的过程，这是提高奖励效率的重要环节。

激励的主要作用是激发员工的积极性和主动性。

【案例】

**留才经典——刘备苦心留徐庶**

古今中外，引才难，留才更难。三国时期，刘备被曹操追赶得四处漂泊无处落脚，好不容易在新野安居下来。在新野时，刘备任用徐庶为军师。可是，没几日，曹操便派人送来徐母的信，信中要徐庶速归。徐庶心里明白这是曹操在使诈，但他是出了名的孝子，执意要走。刘备闻信号啕大哭，对徐庶说：百善孝为先，更何况是至亲分离，你放心去吧，等你救出你母亲后，有机会我再向先生请教。徐庶非常感激，想立即上路，刘备劝说徐庶再小住一日，第二天为他饯行。次日，刘备为徐庶摆酒设宴践行，等到徐庶上马时，刘备又要为他牵马，将徐庶送了一程又一程，感动得徐庶热泪盈眶。为了报答刘备的知遇之恩，徐庶不仅为他推荐了贤士良才诸葛亮，还发誓终生不为曹操献一计一策。徐庶虽然人离开了刘备，但心却在刘备这边，正所谓“身在曹营心在汉”。后来的徐庶果然没有为曹操出一计，且在长坂坡救了刘备的大将赵云之命。古往今来，凡是留才的案例，几乎没有超出刘备的。

留才留心，只要能留得住人才之心，即使他在天涯海角，也能为你效命为你所用。刘备的留才策略是值得借鉴的。

（资料来源：刘卿，王丽，王新翠．人力资源管理[M]. 济南：山东大学出版社，2019：19。）

## 三、激励机理

激励机理建立在对人的行为规律和人性假设的正确认知基础之上，旨在揭示激发个体行为积极性的一般原理。科学的激励机理必须符合人的行为规律和人性；反之，任何违背人的行为规律和人性的激励措施都将无法达到调动个体积极性的目的。

依据人的行为规律，人的行为过程包含三类基本变量：刺激变量、机体变量和反应变量。刺激变量是指对个体反应产生影响的外界刺激，也叫诱因，如自然环境、社会环境等。机体变量是对个体反应产生影响的内部决定因素，是个体本身的特征，如个体的需要、动机等。反应变量是刺激变量和机体变量在个体反应上引起的变化。激励过程本质上就是通过刺激变量引起机体变量产生持续不断的个体兴奋，从而引起个体积极行为反应的过程（如图 11–1 所示）。①

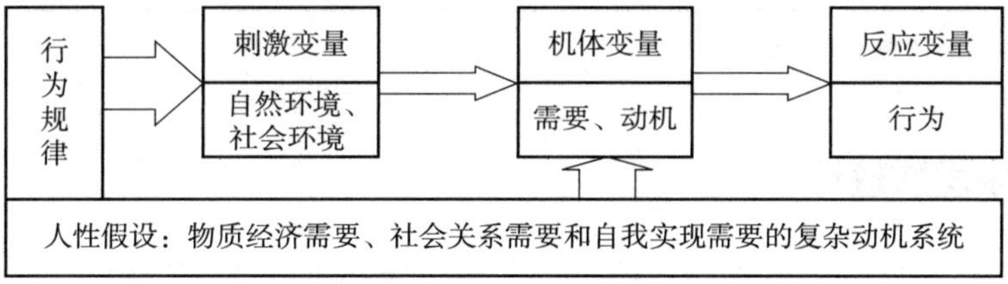


**图 11–1　激励机理**

根据人性假设，人的需要是一个包含物质经济需要、社会关系需要和自我实现需要的复杂动机系统。不同人的需要存在差异，即便同一个人，在不同时期、不同境遇下的需要也不一样。人的行为选择并非完全偏向一种需要，而是受制于多种需要的协调与相互妥协。因此，激励能否取得成效的关键在于能否结合不同的人在不同时期、不同境遇下的需要进行刺激。

## 第二节　激励理论

激励理论可以分为三大类型，见表 11–1。

**表 11–1　激励理论**

| 理论类型 | 具体理论 | 创始者 |
| --- | --- | --- |
| 内容型激励理论（行为基础理论） | 需求层次理论 | 亚伯拉罕·马斯洛（Abraham Harold Maslow） |
| | 双因素理论 | 弗雷德里克·赫茨伯格（Frederick Herzberg） |
| | ERG 理论 | 克雷顿·奥尔德弗（Clayton Alderfer） |
| | 成就动机理论 | 约翰·威廉·阿特金森（John William Atkinson）、戴维·麦克利兰（David-C. McClelland） |

① 陈传明 . 管理学 [M]. 北京：高等教育出版社，2019：224.

续表

| 理论类型 | 具体理论 | 创始者 |
|---|---|---|
| 过程型激励理论 | 期望理论 | 维克托·弗鲁姆（Victor H. Vroom） |
| | 公平理论 | 约翰·斯塔希·亚当斯（John Stacey Adams） |
| 行为改造型激励理论（行为强化理论） | 目标设置理论 | 洛克（Edwin Locke） |
| | 强化理论 | 巴甫洛夫（Иван Петрович Павлов）、斯金纳（B. F. Skinner） |

资料来源：编者根据相关资料整理。

## 一、需求层次理论

需求层次理论是行为科学的理论之一，由美国心理学家亚伯拉罕·马斯洛于 1943 年在其论文《人类激励理论》中提出。

亚伯拉罕·马斯洛（1908—1970）出生于纽约市布鲁克林区，是人本主义心理学的主要发起者。1926 年，亚伯拉罕·马斯洛考入康奈尔大学，3 年后转至威斯康星大学攻读心理学，在著名心理学家哈洛的指导下，1934 年获得博士学位，之后留校任教。1935 年，亚伯拉罕·马斯洛在哥伦比亚大学任桑代克学习心理研究工作的助理，1937 年任纽约布鲁克林学院副教授，1951 年被聘为布兰迪斯大学心理学教授兼系主任，1969 年离任。亚伯拉罕·马斯洛在布兰迪斯大学任心理学教授兼系主任期间，对健康人格及自我实现者的心理特征进行了相关研究。亚伯拉罕·马斯洛曾任美国人格与社会心理学会主席和美国心理学会主席（1967），是《人本主义心理学》和《超个人心理学》两本杂志的首任编辑。

### （一）需求层次理论的基本内容

在马斯洛看来，人都有五种不同层次的需求，它们像阶梯一样从低到高、按层次逐级产生，但次序不是完全固定的，而且在不同时期表现出的各种需求的迫切程度不同。人最迫切的需求才是激励其行为的主要动力。

1. 生理需求

生理需求是人类维持自身生存的最基本要求，包括对食物、水、空气和住房等的需求，这类需求的级别最低。一个人在饥饿时不会对其他任何事物感兴趣，他的主要需求就是食物，如果这个需求得不到满足，生存就成了问题。从这个意义上说，生理需求是推动人们行动最强大的动力。因此，管理者应该明白，如果员工还在为生理需求而忙碌，他们真正关心的问题就与他们所做的工作无关。这时应当努力用满足这类需求来激励下属，即可以通过增加工资、改善劳动条件、提高福利等方式来激励员工。

2. 安全需求

安全需求包括对人身安全、生活稳定、摆脱失业和丧失财产威胁、避免职业病的侵袭以及免遭痛苦等方面的需求。对许多员工而言，安全需求表现为有医疗保险、失业保险和退休福利等。如果管理人员认为对员工来说安全需求最重要，就应该在管理中着重强调规章制度、职业保障、福利待遇，并保护员工使其不致失业。

3. 社交需求

当生理需求和安全需求得到满足后，社交需求就会突显，进而产生激励作用。社交需求包括对友谊、爱情的需求（人人都需要伙伴、同事，希望与他们关系融洽，希望得到爱情，爱别人也渴望接受别人的爱），还包括归属的需要（人都有一种归属于一个群体的感情，希望成为群体中的一员，并与群体成员相互关心和照顾）。感情上的需求比生理上的需求来得细致，它和一个人的生理特性、受教育程度、宗教信仰等有关。马斯洛认为，这一层次的需求与前两个层次截然不同。这些需求如果得不到满足，就会影响员工的工作状态，进而导致高缺勤率、低生产率。管理者必须认识到，当社会需求成为主要的激励源时，工作就会被人们视为建立和谐人际关系的机会。这时，管理者应该采取支持和赞许的态度，为员工提供同事间社交往来的机会，并且遵从集体行为规范。

4. 尊重需求

尊重需求是指一个人希望被别人尊重、认可和赏识的需求。尊重需求既包括对成就或自我价值的个人感觉，也包括他人对自己的认可与尊重。有尊重需求的人关心的是成就、名声、地位和晋升机会。当他们得到这些时，他们内心会感到满足并充满自信地投入工作。如果不能满足他们的这类需求，就会使他们感到沮丧。如果别人给予的荣誉不是他们凭借真才实学获得的，而是徒有虚名，也会影响他们的工作状态。组织在激励员工时，应特别注意有尊重需求的人，对他们可采用公开奖励和表扬的方式。给这样的员工布置工作，也要特别强调工作的艰巨性、成功所需要的技巧等。对这类员工，还可以采取颁发荣誉奖章、公布优秀员工光荣榜等方式进行激励。马斯洛认为，尊重需求得到满足，能使人对自己充满信心，对社会满怀热情，认为自己活着有价值。

5. 自我实现需求

自我实现需求是最高层次的需求，是指实现个人理想、抱负，发挥个人能力到最大限度，完成与自己能力相称的一切事情的需要。也就是说，人必须干称职的工作，才会感到最大的快乐。达到自我实现境界的人，解决问题能力增强，自觉性提高，善于独立处事。有自我实现需求的人，在受到激励后，会在工作中运用富有创造性和建设性的技巧。重视这种需求的管理者应该认识到，无论哪种工作，都可以进行创新，创造性并非管理人员独有，而是每个人都有的。马斯洛认为，为满足自我实现需求所采取的手段是因人而异的。

### （二）需求层次理论的基本观点

一般来说，某一层次的需求得到满足了，追求高一层次的需求就成为驱使行为的动力。相应地，获得基本满足的需求就不再是激励力量。

这五种需求可以分为低级需求和高级需求。生理需求、安全需求和社交需求属于低级需求，可以通过外部条件满足；尊重需求和自我实现需求是高级需求，可以通过内部因素来满足，而且这两种需求是无止境的。同一时期，一个人可能有几种需求，但每一时期总有一种需求占支配地位，对行为起决定作用。任何一种需求都不会因为更高层次需求的发展而消失。各层次的需求相互依赖，高层次的需求发展后，低层次的需求仍然存在，只是对行为的影响程度大大降低。

一个国家多数人的需求层次结构，是同这个国家的经济发展水平、科技发展水平、文化水平和人民受教育的程度直接相关的。在不发达国家，生理需求和安全需求占主导的人较多，而高级需求占主导的人较少；在发达国家，则刚好相反。

### （三）对需求层次理论的评价

马斯洛的需求层次理论在一定程度上反映了人类行为和心理活动的共同规律。马斯洛从人的需求出发，研究人的行为，抓住了问题的关键。马斯洛指出，人的需求是由低级向高级不断发展的，这一趋势基本上符合需求发展规律。需求层次理论能为企业管理者有效调动人的积极性提供重要启发。

其实，人们的需求和追求无论怎样不同，无外乎是追求一种东西：幸福。什么是幸福？幸福没有客观的标准，它由三部分构成：一是我们内心的感觉；二是我们个人对幸福的价值认同；三是我们的身体与心灵是否舒适和谐。这三个部分都与当事人有关，与他所处的地位、社会肯定、他人赞同的关系并不是非常大。一个人在年轻的时候，拿不多的工资，干许多的活，受人指使和压制，被亲朋好友轻视，等等。如果他认为这是成功之前必须付出的代价，他就会保持进取心，因为他知道他正在朝自己的目标前进；如果他认为一辈子都会忙忙碌碌、遭人看不起，那么每一天都会过得举步维艰。因此，幸福是一种感觉，这种感觉是内心选择的结果。

## 推荐阅读

### 谁偷走了我们的幸福①

荷兰伊拉斯谟大学曾对中国国民的幸福感进行了3次调查，结果如下：1990年国民幸福指数6.64，1995年上升到7.08，2001年下降到6.60。2009年12月，美国密歇根大学社会研究所公布的幸福调查显示，中国人的幸福指数仍在下降。

英国莱斯特大学的社会心理学家认为，现代中国人幸福指数下降的原因有以下7个：

1. 爱比较。现代人把主要精力投入竞争，比职位、比房子、比财富……比来比去，人们的心里只剩下欲望，没有了幸福感。一旦你追求的不是如何幸福，而是怎样比别人更幸福，幸福也就离你远去了。

2. 缺乏信念。在经过20多年冲刺般的财富赛跑后，一些人除了赚钱，不知道人生的目标与追求到底是什么，甚至不知道自己究竟想要什么。这种缺乏信念与理想的状态，难以产生长久的幸福感。

3. 不善于发现阳光面。生活中有许多积极的、好的方面，但许多人忽略了，只看到自己的不幸，忽略了自己的幸福。

4. 不知道奉献。美国哈佛大学一项研究显示，在生活中，多去帮助他人，能让自己感到更快乐。但在现代社会，乐于奉献的人越来越少，斤斤计较的人越来越多，如果你总算计着“我能从中得到什么”“做这件事值不值得”，就会生活得很累。

5. 不知足。俗话说，“知足常乐”，但能知足的人越来越少了。有了房子想换更大的，有了工作想换更好的，有了钱想赚得更多……这些欲望，指使着人们无休止地奔波劳碌，硬撑着去争取登上那“辉煌”的顶峰。

6. 相互不信任。虽然现在通信高度发达，但人们的心灵渐渐疏远了。人们越来越倾向于“右脑”思维模式，而右脑掌管个体、权力、地位等，对幸福的感受度是0。幸福感来自左脑的感受，很多时候不是生活中的幸福少了，而是人们感受幸福的能力弱了。

7. 过于焦虑。购房、子女养育、家庭养老等问题，以及来自职场的压力，朋友、同事之间人际关系的处理等，都是中国人的“压力源”。在大城市，无论老人、年轻人还是孩子，多处于一种烦躁不安的焦虑状态，这让人们无法从心底感受到幸福。

---

① 唐珍．谁偷走了我们的幸福［J］．读者，2011（2）：39.

## 二、双因素理论

激励–保健因素理论是美国行为科学家弗雷德里克·赫兹伯格提出来的，又称“双因素理论”。赫兹伯格曾获得纽约市立学院的学士学位和匹兹堡大学的博士学位，在美国和其他30多个国家从事管理教育和管理咨询工作，是犹他大学的特级管理教授。他的主要著作有《工作的激励因素》（与伯纳德·莫斯纳、巴巴拉·斯奈德曼合著，1959）、《工作与人性》（1966）、《管理的选择：是更有效还是更有人性》（1976）。双因素理论是他最主要的成就。在工作丰富化方面，他也进行了开创性的研究。

### （一）双因素理论的基本内容

20世纪50年代末期，赫兹伯格和他的助手在美国匹兹堡地区对200名工程师、会计师进行了调查访问。访问主要围绕两个问题进行：在工作中，哪些事项是让他们感到满意的，并估计这种积极情绪能持续多长时间；有哪些事项是让他们感到不满意的，并估计这种消极情绪能持续多长时间。赫兹伯格以对这些问题的回答为材料，着手去研究哪些事情使人们在工作中感到快乐和满足，哪些事情会造成不愉快和不满足。结果他发现：使员工感到满足的都是工作本身或工作内容方面的；使员工感到不满的，都是工作环境或工作关系方面的。他把前者叫作“激励因素”，把后者叫作“保健因素”。

激励因素主要包括成就、赏识、挑战性的工作、增加的工作责任，以及成长和发展的机会等。激励因素能满足个人的自我实现需求，能带来员工的积极态度，使其感到满意，从而起到激励作用。赫兹伯格认为，管理当局应该认识到保健因素是必须的，不过它一旦使不满意中和，就无法产生更积极的效果。只有激励因素，才能使人们有更好的工作成绩。

保健因素主要包括企业政策、工资水平、工作环境和条件、人际关系、劳动保护等。保健因素的效果类似于卫生保健对身体健康所起的作用，它不能直接提高健康水平，但有预防疾病的效果，它不是治疗性的，而是预防性的。这类因素处理不好，会引发不满情绪，处理好则可起到预防或消除不满的作用。保健因素不能起到激励作用，只能起到保持人的积极性、维持工作现状的作用。

**推荐阅读**

**我们比20年前快乐吗？**①

20年前我很穷，当然，那时候大部分中国国人都不富。那时候，我的月工资才70

① 萧然.平常道Ⅱ［M］.北京：九州出版社，2010.

元，因此只有逢年过节才敢咬牙买9毛钱一包的"大重九"，平常只能抽4毛钱左右的烟。至于买第一辆自行车，70%的钱是借的。当初的情景至今我还记得。那时候自行车凭票供应，有一种新牌子的自行车不用票，但199元一辆。同事买了一辆，很让我羡慕。我也想买，可一摸口袋，加上钢镚儿不过50元。我的性格是想到了就一定要干，否则寝食难安。于是，我跑去和同事借了150元，买了这辆要用两个多月工资才能买得起的自行车。

彩电、冰箱那更是奢侈得不得了，起码要攒个十年八年才能买得起。至于汽车，更是做梦也不敢想。

20年前我很轻松并且快乐。

轻松是因为没有压力。毕业时，辅导员拿着大名单宣布：张三到铁道部，李四到文化部……就是再不济，也能分到个像样的国营单位，因此那时候只要上了大学，就算进了保险箱。

轻松还因为不怕得病。再大的病，治好治不好那是后话，但少有人为看不起病发愁，后面有单位、国家撑腰呢。

快乐是因为虽然生活清贫，但大家都差不多。我挣70元，领导也没多到哪里去，而且他还拉家带口，未必就比我轻松。一眼望去，谁也不比谁强多少，于是心理特平衡。老祖宗早告诉咱们了：不患寡而患不均。因为"均"，所以大家再穷也不抱怨，那才是穷并快乐着。

快乐还因为人际关系简单。刚毕业，旧被子扔在办公室，办公室的大姐看不过去，在我出差的时候抱回家，拆洗了不说，还把棉絮找人重新弹了，我回来后感动得差点落泪。生病了，单位最大的领导在自己家煮了一碗卧了两个鸡蛋的面条，亲自端到单身宿舍，"趁热吃，发发汗就好了"。那感觉，领导就像父母……

20年后，我富了。

今天的收入，我几乎可以想吃啥就吃啥，想买啥就买啥，只要要求别太离谱。过去两个多月的收入才能买得起的自行车，现在一两天的收入就能买；过去要攒十年八年才能买得起的冰箱、彩电，如今一个月的收入可以买好几台；过去做梦也不敢想的汽车，如今也开上了……一句话，如今咱真的有钱了。

但是，我发现，有了钱的我和20年前比，并没有更快乐，甚至还相反。

首先，钱虽然多了，但是钱带来的快乐少了。过去逢年过节才买的大重九抽起来津津有味，而如今，天天抽红塔山甚至红中华却没了滋味；过去借钱买的自行车那个喜欢，恨不得一天擦两遍，如今十几万买的汽车，天天堵在路上，不仅体会不到当初自行车带来的快乐，反而为堵车心烦得天天骂娘；过去单位逢年过节发一筐鸡蛋就幸福得不得了，如今过节，单位发了丰厚的红包，往包里一塞，已经找不到幸福的感觉……

更要命的是，除掉了“寡”，可“均”也跟着跑没影儿了。你有钱，一个月收入1万元，可人家唱首歌就是10万元；你住了一百来平方米的房子，可同班同学却买了上千万一套的别墅……都是人，差别咋就这么大呢？于是，人比人气死人，心理开始失衡。

让我不快乐的还有人际关系。过去一家人其乐融融的温馨越来越稀缺，因为竞争成了社会的主流。竞争的社会，不进则退，甚至进步比别人慢了就是退步。于是，同事间别说帮你拆洗被子、送鸡蛋面几乎绝迹，能不给你下药、下绊儿就算好人了。大家你盯着我，我算计着你，没几个能过得轻松。如今的人际关系真成了打麻将，人人都是盯着上家、看着下家，你说心能不累吗？

按说有钱总比没钱要好，经济毕竟是基础，经济基础决定上层建筑，这咱在中学就知道，可为啥如今有了钱反而变得天天愁眉苦脸甚至苦大仇深起来？我们在发展了经济、挣到了钱的同时，到底丢了啥？

前一段看到一个报道，联合国搞了个全球快乐指数调查，结果大出所料：全世界快乐指数最高的，不是最发达的美国，也不是自然环境最好的欧洲，而是一个经济很落后、生活很原始的太平洋岛国。这一调查结果让我似乎找到了些许答案：经济发展可以改变生活质量，但未必能催生快乐。快乐的根本来自内心的和谐，而内心的和谐来自社会的和谐以及人与人的和谐，而这些仅仅靠发展经济是远远不够的。

当然，我们必须明白，前面所说的20年前的那些快乐，未必是最好的、最坚实的快乐，今天的不快乐也未必都是经济发展的必然结果。但是，如果我们在埋头发展经济的同时，忘了关照我们的心灵，在强调竞争的同时，忽略了人与人之间的关怀，社会经济的发达就很难与个体身心的快乐成正比。因为经济再发达，钱再多，最多只能买来现代化的生活方式，却无法买来和谐与快乐。

### （二）双因素理论的贡献

双因素理论的主要贡献在于，提出调动人的积极性，不仅要注意物质利益和工作条件等外部因素，更重要的是要考虑内在因素。它促使企业管理人员注意工作内容方面因素的重要性，因此是有积极意义的。赫兹伯格告诉我们，满足各种需求所引起的激励深度和效果是不一样的。物质需求的满足是必要的，没有它会导致不满，但是即使满足了，它的作用也是有限的、不能持久的。管理者要调动人的积极性，注意工作的安排，要量才录用，使人才各得其所。随着温饱问题的解决，这种内在激励的重要性越来越凸显。

## 三、ERG 理论

### （一）ERG 理论的提出

美国耶鲁大学的克雷顿·奥尔德弗在马斯洛的需求层次理论基础上，进行了更接近实际的研究，提出了一种新的人本主义需要理论。奥尔德弗认为，人们共存在三种核心的需要，即生存（Existence）的需要、相互关系（Relatedness）的需要和成长发展（Growth）的需要，这一理论被称为“ERG 理论”。

### （二）ERG 理论的主要内容

ERG 理论主要包括以下三个方面的内容。

1. 生存的需要

生存的需要与人们基本的物质生存需要有关，即生理和安全需求（如衣、食、住、行等），关系到人的存在或生存，这实际上相当于马斯洛需求层次理论中的前两个需求。

2. 相互关系的需要

相互关系的需要，即人们对保持重要人际关系的需要。这种社会和地位需要的满足是在与其他需要相互作用中达成的，与马斯洛需求层次理论中的社交需求和尊重需求的外在部分对应。

3. 成长发展的需要

奥尔德弗把成长发展的需要独立出来，用它来表示个人谋求发展的内在愿望，包括马斯洛需求层次理论中尊重需求的内在部分和自我实现需求，即个人自我发展和自我完善的需求。这种需求通过创造性地发展个人的潜力和才能、完成挑战性的工作得到满足。

### （三）ERG 理论与需求层次理论的比较

需求层次理论与 ERG 理论在本质上是相似的，如图 11–2 所示。与马斯洛的需求层次理论不同的是，除了用三种需要替代了五种需求以外，奥尔德弗的 ERG 理论还表明：人在同一时间可能有不止一种需要在起作用；如果较高层次需要的满足受到抑制，那么人们对较低层次需要的渴望会变得更加强烈。

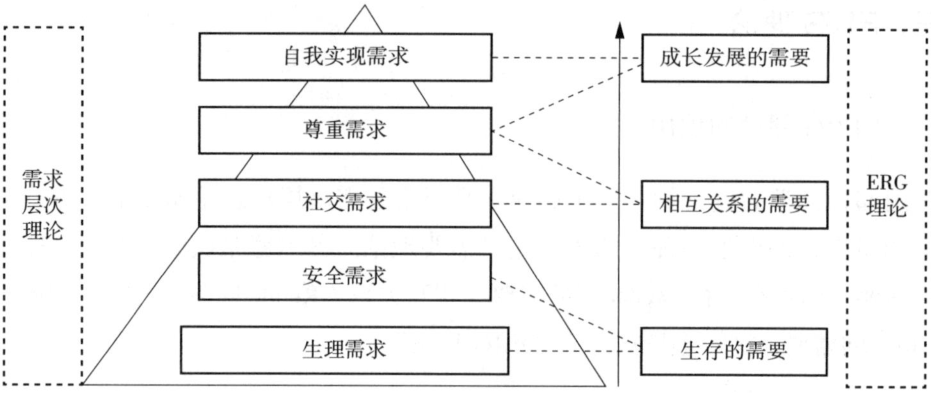


图 11-2　ERG 理论与需求层次理论的比较

需求层次理论的需要层次是一种刚性的阶梯式的上升结构，即认为较低层次的需要必须在较高层次的需要满足之前得到充分的满足，二者具有不可逆性。ERG 理论并不认为需要层次是刚性结构。比如，即使一个人的生存和相互关系需要尚未得到完全满足，他仍然可以为成长发展的需要工作，而且这三种需要可以同时起作用。

ERG 理论还提出了“受挫—回归”思想。马斯洛认为，当一个人的某一层次需求尚未得到满足时，他可能会停留在这一需求层次上，直到获得满足为止。ERG 理论则认为，当一个人某一更高等级的需要得不到满足时，作为替代，他的某一较低层次的需要可能会有所增加。例如，如果一个人的社会交往需要得不到满足，可能他对得到更多金钱或更好工作条件的需要会更加强烈。与需求层次理论类似的是，ERG 理论认为，较低层次的需要被满足之后，会引发更高层次的需要。不同于需求层次理论的是，ERG 理论认为，多种需要可以同时作为激励因素起作用，并且当满足较高层次需要的企图受挫时，会导致人们向较低层次需要回归。因此，企业管理者应结合人的需求结构的变化对管理措施做出相应调整，并根据每个人的不同需要制定相应的管理策略。

### （四）应用 ERG 理论应遵循的原则

应用 ERG 理论时应遵循以下三个原则：

（1）需要并存原则。ERG 理论并不强调需要层次的顺序，认为某种需要在一定时间内对行为起作用，而当这种需要得到满足后，人们可能去追求更高层次的需要，也可能没有这种上升趋势。

（2）需要降级原则。ERG 理论认为，当较高层次需要受挫时，人们可能会退而求其次。

（3）非顺序递增原则。ERG 理论还认为，某种需要在得到基本满足后，其强烈程度不仅不会减弱，还可能会增强，这与马斯洛的观点不一致。

### （五）对 ERG 理论的评价

奥尔德弗的 ERG 理论在需要的分类上并不比马斯洛的需求层次理论完善，对需要的解释也并未超出马斯洛需求层次理论的范围。如果认为马斯洛的需求层次理论是带有普遍意义的一般规律，那么 ERG 理论则偏重于带有特殊性的个体差异。可见，ERG 理论对不同需要之间联系的限制较少。

### （六）ERG 理论的意义

需要就是激发动机的原始驱动力。一个人如果没有什么需要，也就没有什么动力与活力可言了；反之，一个人只要有需要，就表示存在激励因素。企业领导者不仅要掌握需要理论，还要善于将满足员工需要所设置的目标与企业的目标密切结合起来，同时应特别注重对下属较高层次需要的满足，以防止“受挫—回归”现象的发生。

## 四、成就动机理论

### （一）成就动机理论和成就动机模型的提出

美国哈佛大学教授戴维·麦克利兰在对人的需求和动机进行研究后，于 20 世纪 50 年代在一系列文章中提出成就动机理论。麦克利兰把人的高层次需求归纳为对成就、权力和亲和的需求。他对这三种需求，特别是成就需求进行了深入的研究。

美国心理学家约翰·威廉·阿特金森于 1963 年进一步深化了麦克利兰的成就动机理论，提出了具有广泛影响的成就动机模型。

### （二）成就动机理论的主要内容

1. 成就需求（Need for Achievement）：争取成功、希望做得最好的需求

麦克利兰认为，具有强烈成就需求的人渴望将事情做得更完美，提高工作效率，获得更大的成功，他们追求的是在争取成功的过程中克服困难、解决难题、努力奋斗的乐趣，以及成功之后个人的成就感，他们并不看重成功带来的物质奖励。个体的成就需求与他们所处的经济、文化、社会、政府的发展程度有关，同时受到社会风气的制约。

麦克利兰发现，高成就需求者有三个主要特点：

（1）喜欢设立具有适度挑战性的目标，不喜欢凭运气获得的成功，不喜欢接受那些在他们看来特别容易或特别困难的任务。高成就需求者不满足于漫无目的地随波逐

流和随遇而安，总是想有所作为。他们总是精心选择自己的目标，因此，很少自动地接受别人——包括上司——为其选定的目标。除了请教能提供所需技术的专家外，他们不喜欢寻求别人的帮助或忠告。他们要是赢了，会要求应得的荣誉；要是输了，也勇于承担责任。例如，让你选掷骰子（获胜机会是 1/3）和研究一个问题（解决问题的机会也是 1/3），你会选择哪一样？高成就需求者会选择研究问题，尽管获胜的概率相同，但掷骰子容易得多。高成就需求者喜欢研究，而不愿意依靠运气或他人取得成果。

（2）在选择目标时会回避过高的难度。他们喜欢中等难度的目标——既不是唾手可得没有一点成就感，也不是难得只能凭运气。他们会揣度可能办到的程度，然后选定一个难度能够为他们所接受的目标——也就是会选择能够取胜的最艰巨的挑战。对他们而言，当成败可能性均等时，才是能从自身的奋斗中体验成功的喜悦与满足感的最佳机会。

（3）喜欢能立即给予反馈的任务。目标对他们非常重要，他们希望得到有关工作绩效及时而明确的反馈信息，从而了解自己是否有所进步。

麦克利兰指出，金钱刺激对高成就需求者的影响很复杂。一方面，高成就需求者往往会对自己的贡献评价过高，自抬身价。他们既了解自己的长处，也了解自己的短处，所以在选择特定工作时有信心。如果他们在组织中工作出色却薪酬很低，他们是不会在这个组织待很长时间的。另一方面，金钱刺激究竟能对提高他们的绩效起多大作用很难说。他们一般会以自己的最高效率工作，金钱固然是成就和能力的鲜明标志，但是由于他们常会觉得所得到的金钱配不上他们的贡献，所以可能会有不满情绪。

麦克利兰认为：一家公司如果有很多具有成就需求的人，那么公司会发展很快；一个国家如果有很多这样的公司，整个国家的经济发展速度就会高于世界平均水平。但是，在不同国家、不同文化背景下，成就需求的特征和表现不尽相同，对此，麦克利兰未做充分阐述。

2. 权力需求（Need for Power）：影响或控制他人且不受他人控制的需求

权力需求是指影响和控制别人的一种愿望或驱动力。不同人对权力的渴望程度不同。权力需求较高的人会对影响和控制别人表现出很大的兴趣，喜欢对别人“发号施令”，注重地位和影响力。他们常常会表现出喜欢争辩、健谈、直率和头脑冷静的特点，善于提出问题和要求，喜欢教训别人并乐于演讲。他们喜欢具有竞争性和能体现较高地位的场合或情境，也会追求出色的成绩，但他们这样做并不像高成就需求的人那样是为了个人的成就感，而是为了获得地位和权力或与自己已具有的权力和地位相称。

麦克利兰将组织中管理者的权力分为两种：一种是个人权力。追求个人权力的人表现出来的特征是围绕个人需求行使权力，在工作中需要及时的反馈，并且倾向于自己亲自操作。麦克利兰提出，一个管理者若把他的权力形式建立在个人需求的基础上，不利于他人来续位。另一种是职位性权力。职位性权力要求管理者与组织共同发展，自觉地接受约束，在行使权力的过程中获得满足感。

3. 亲和需求（Need for Affiliation）：建立友好亲密的人际关系的需求

亲和需求就是寻求被他人喜爱和接纳的一种愿望。高亲和需求者更倾向于与他人交往，这种交往会给他们带来愉悦感。高亲和需求者喜欢合作而不是竞争的工作环境，希望彼此之间能够沟通与相互理解，他们对环境中的人际关系较为敏感。有时，亲和需求也表现为对失去某些亲密关系的恐惧和对人际冲突的回避。亲和需求是保持社会交往和人际关系和谐的重要条件。

亲和需求与需求层次理论中的社交需求、ERG 理论中的相互关系的需要基本相同。麦克利兰指出，注重亲和需求的管理者容易因为讲交情和义气而违背或不重视管理原则，从而导致组织效率下降。

## 五、期望理论

### （一）期望理论的提出

期望理论又称"效价－手段－期望理论"，是管理心理学与行为科学相结合的一种理论，是北美著名心理学家和行为科学家维克托·弗鲁姆于 1964 年在《工作与激励》一书中提出的。

期望理论是行为金融学的重要理论基础。卡尼曼（Kahneman）和特维斯基（Tversky）（1979）通过实验对比发现，大多数投资者并非标准的金融投资者，而是行为投资者，他们的行为不总是理性的，也不总是风险回避的。期望理论认为，投资者对收益的效用函数是凹函数，而对损失的效用函数是凸函数，表现为投资者在投资账面值亏损时更加厌恶风险，而在投资账面值盈利时，随着收益的增加，其满足速度会减缓。期望理论是行为金融研究中的代表学说。利用期望理论，可以解释不少金融市场上的异常现象，如阿莱悖论、股价溢价之谜（Equity Premium Puzzle）、期权微笑（Option Smile）等。然而由于卡尼曼和特维斯基并没有给出确定价值函数的关键——参考点以及价值函数的具体形式，在理论上存在很大缺陷，从而极大地阻碍了期望理论的进一步发展。

### （二）期望理论公式

弗鲁姆认为，人们采取某项行动的动力或激励力取决于其对行动结果的价值评价和预期达成该结果可能性的估计。换言之，激励力量的大小取决于该行动所能达成目标并能导致某种结果的全部预期价值乘以他认为达成该目标并得到某种结果的期望概率。用公式表示为

$$M=\sum V\times E$$

$M$表示激励力量，是指调动一个人的积极性，激发其内在潜力的强度；$V$表示效价；$E$表示期望值。

1. 效价——工作态度

效价，是指达到目标对于满足他人需要的价值。同一目标，由于各人所处的环境不同、需求不同，需要的目标价值也就不同。目标对个人一般有三种效价：正、零、负。如果个人喜欢其可得的结果，则为正效价；如果个人漠视其结果，则效价为零；如果不喜欢其可得的结果，则为负效价。效价越高，激励力量越大。

期望理论指出，效价受个人价值取向、主观态度、优势需要及个性特征的影响。我们可以根据行为的选择方向进行推测，假如个人可以自由地选择X结果和Y结果中的任一个，在相同的条件下：如果选择X，即表示X与Y相比具有正效价；如果选择Y，则表示Y与X相比具有正效价。也可以根据观察到的需求完成行为来推测。例如，有人认为有价值的事物，别人可能认为全无价值，就像1000元奖金对生活困难者可能很有价值，而对百万富翁来说则意义不大。对一个希望通过努力工作获得升迁机会的人来说，“升迁”的效价很高；如果他对升迁漠不关心，毫无要求，那么升迁对他来说效价就等于零；如果这个人对升迁不仅毫无要求，而且害怕升迁，那么升迁对他来说，效价就是负值。

2. 期望值——工作信心

期望值，是人们判断自己达到某种目标或满足某种需要可能性的主观概率。目标价值大小直接反映人的需要动机强弱，期望值反映人实现需要和动机的信心强弱。弗鲁姆认为，人总是渴望满足一定的需要并设法达到一定的目标。这个目标在尚未实现时，表现为一种期望，即一个人根据以往的能力和经验，在一定的时间希望达到目标或满足需要的一种心理活动。

对于目标的期望值，怎样才算适合？有人把它形容为摘苹果，认为只有跳起来能摘到苹果时，人们才会用力去摘；倘若跳起来也摘不到，人们就不跳了；如果坐着就能摘到，无须去跳，便不会有人努力去摘了。由此可见，领导者在给员工制定工作定额时，要让员工经过努力能完成，再努力就能超额，这才有利于调动其积极性。定额太高，会使员工失去完成的信心；定额太低，唾手可得，员工就不会努力去做。

弗鲁姆认为，期望的东西不等于现实，期望与现实的关系有三种可能性：期望

小于现实，期望大于现实，期望等于现实。这三种可能性对人积极性的影响是不同的。

（1）期望小于现实，即实际结果大于期望值。一般来说，在正强化的情况下，如奖励、升职、提薪、分房子等，当实际结果大于期望值的时候，有助于提高人们的积极性；而在负强化的情况下，如惩罚、灾害、祸患等，期望值大于现实，就会使人感到失望，从而产生消极情绪。

（2）期望大于现实，即实际结果小于期望值。一般来说，在正强化的情况下，人们会产生挫折感，从而使激励力量减弱；在负强化的情况下，期望值大于实际结果，则有利于调动人们的积极性，因为这时人们做了最坏的打算，而结果却比预想的好得多。

（3）期望等于现实，即人们的期望变为现实。一般来说，这种情况有助于提高人的积极性。如果从此以后，没有继续给予激励，积极性则只能维持在期望值的水平上。

### （三）效价与期望值的关系

在实际生活中，目标的效价与期望值常常呈现负相关关系。难度大、成功率低的目标既有重大社会意义，又能满足个体的成就需要，具有高效价；而成功率很高的目标一般缺乏挑战性，做起来索然无味，从而会导致总效价降低。因此，设计和选择适当的外在目标，使其既能给人希望，又能使人感到值得为之奋斗，就成了激励中的关键问题。

### （四）期望模式

需要与目标之间的关系可用期望模式表示：

个人努力→个人成绩（绩效）→组织奖励（报酬）→个人需要

在期望模式中，个人努力指始发行为的强度；个人成绩指个人预期达到的成绩或外界确定的成绩标准，作为一级目标，是个体获取组织奖励的工具；组织奖励包括内在奖励（如委以重任、提供发展机会等）和外在奖励（如提薪、升职等），作为二级目标，是个体满足个人需要的工具；个人需要指个体尚未得到满足的优势需要，是外在目标发挥激励作用的内在基础。在运用目标进行激励时，个体经历了两个层次的期望和效价的评估。期望Ⅰ是指个体根据目标难度和自我力量分析，判断行为成功的概率。假如这个概率恰当，个体就有信心和动力去实现一级目标。期望Ⅱ是指个体根据以往经验和情境条件分析，判断个人成绩导致组织奖励的概率。假如这个概率恰当，个体就会进一步评价组织奖励对满足个人需要的价值。因为人与人之间存在个体差异，所以同一个目标对不同的人会产生不同的效价和期望值。

弗鲁姆的期望模式中的四个因素，需要兼顾三个方面的关系。

1. 努力与绩效

人们总是希望通过一定的努力达到预期的目标，如果个人主观认为达到目标的概率很高，就会有信心，并激发出很强的工作热情；反之，如果个人主观认为目标太高，通过努力也不会有很好的绩效，就会失去动力，在工作中产生消极情绪。

2. 绩效与奖励

人们总是希望在取得成绩后能够得到奖励，当然这个奖励也是综合性的，既包括物质上的，也包括精神上的。如果人们认为取得绩效后能得到合理的奖励，就可能产生工作热情，否则就可能对工作没有积极性。

3. 奖励与需要

结果对个体激励影响的程度，取决于个体对结果的评价，即奖励与满足个人需要的关系。人们总是希望自己获得的奖励能满足某方面的需要。不同的人在年龄、性别、资历、社会地位和经济条件等方面存在差异，对各种需要得到满足的程度的要求是不同的。因此，对不同的人，即使采用同一种奖励办法，能满足需要的程度也是不同的，能激发的工作动力也不同。

## 六、公平理论

### （一）公平理论的提出

公平理论又称“社会比较理论”，是由美国心理学家约翰·斯塔希·亚当斯在《工人关于工资不公平的内心冲突同其生产率的关系》（与罗森合写，1962）、《工资不公平对工作质量的影响》（与雅各布森合写，1964）、《社会交换中的不公平》（1965）等著作中提出的一种激励理论。该理论侧重于研究工资报酬分配的合理性、公平性及其对员工生产积极性的影响。

### （二）公平理论的基本观点

公平理论的基本观点是：人们的工作积极性不仅与个人实际报酬有关，与人们对报酬的分配是否感到公平的关系更为密切。人们总会自觉或不自觉地将自己付出的劳动及所得到的报酬与他人进行比较，并对公平与否做出判断。公平感直接影响员工的工作动机和行为。因此，从某种意义上讲，动机的激发过程实际上是人与人进行比较，做出公平与否的判断，并据以指导行为的过程。

### （三）公平理论的公式

公平理论可以用公平关系式来表示。设当事人为 $a$，被比较对象为 $b$，则当 $a$ 感觉到公平时，有

$$O_p/I_p = O_c/I_c$$

其中：$O_p$——自己对自己所获报酬的感觉。

$O_c$——自己对他人所获报酬的感觉。

$I_p$——自己对自己所做投入的感觉。

$I_c$——自己对他人所做投入的感觉。

当上式为不等式时，可能出现以下两种情况：

（1）$O_p/I_p < O_c/I_c$。在这种情况下，通常有两种解决办法：一是 $a$ 要求增加自己的收入或降低自己今后的努力程度，以使左侧增大，左右两侧趋于相等；二是 $a$ 要求组织减少比较对象的收入或者让其今后提高努力程度以使右侧减小，进而使左右两侧趋于相等。此外，$a$ 还可以另外找人作为比较对象，以达到心理上的平衡。

（2）$O_p/I_p > O_c/I_c$。在这种情况下，$a$ 可能要求减少自己的报酬或在开始时主动多做一些工作，但久而久之，他会重新评估自己的技术和工作情况，到终于觉得他确实应当得到那么高的待遇时，产量便又会回到过去的水平。

除了横向比较外，人们也经常进行纵向比较，即把自己目前投入的努力与目前所获得报酬的比值，同自己过去投入的努力与过去所获报酬的比值进行比较。只有这两者相等时，他才会认为公平，公式如下：

$$O_p/I_p = O_h/I_h$$

其中：$O_p$——自己对现在所获报酬的感觉；

$O_h$——自己对过去所获报酬的感觉；

$I_p$——自己对个人现在投入的感觉；

$I_h$——自己对个人过去投入的感觉。

当上式为不等式时，可能出现以下两种情况：

（1）$O_p/I_p < O_h/I_h$。当出现这种情况时，人们会有不公平的感觉，这可能导致其工作积极性下降。

（2）$O_p/I_p > O_h/I_h$。当出现这种情况时，人们不会产生不公平的感觉，但也不会觉得自己多拿了报酬，因而不会主动多做一些工作，而是会保持现状。

调查和试验的结果表明：不公平感大多是由经过比较认为自己目前的报酬过低产生的；在少数情况下，不公平感也会由经过比较认为自己的报酬过高产生。

我们看到，公平理论的基本观点是客观存在的，但公平本身是一个相当复杂的问题，这主要有以下四方面原因：

第一，与个人的主观判断有关。在上述公式中，无论是自己的或他人的投入或报酬，都是个人感觉，而一般人总是对自己的投入估计过高，对别人的投入估计过低。

第二，与个人所持的公平标准有关。上述公平标准是贡献率，也有采用需要率、平均率的。例如，有人认为助学金应改为奖学金才合理，有人认为应平均分配才公平，也有人认为按经济困难程度分配才适当。

第三，与绩效的评定有关。我们主张按绩效付报酬，并且不同员工之间应相对均衡。但如何评定绩效？是以工作成果的数量和质量，还是按工作中的努力程度和付出的劳动量？是按工作的复杂、困难程度，还是按工作能力、技能、资历和学历？不同的评定办法，会得到不同的结果。最好是按工作成果的数量和质量，用明确、客观、易于核实的标准来度量，但这在实际工作中很难做到，有时不得不采用其他方法。

第四，与评定人有关。绩效由谁来评定，是领导者、群众还是自己？不同的评定人，会得出不同的结果。在同一组织内，往往不是由同一个人来评定，因此会出现松紧不一、回避矛盾、姑息迁就、抱有成见等现象。

公平理论可以给我们一些重要启示。首先，影响激励效果的不仅是报酬的绝对值，还有报酬的相对值。其次，激励时应力求公平，使等式在客观上成立，尽管有主观判断的误差，也不致造成严重的不公平感。最后，在激励过程中，应注意对被激励者公平心理的引导，使其树立正确的公平观：一是要认识到绝对公平是不存在的；二是不要盲目攀比；三是不要按酬付劳，按酬付劳是在公平问题上造成恶性循环的元凶。

为了避免员工产生不公平的感觉，企业会采用各种手段营造公平合理的氛围，使员工产生主观上的公平感。例如，有的企业采用保密工资的办法，使员工相互不了解彼此的收支比率，以免员工互相比较而产生不公平感。

公平理论认为，当员工感到不公平时，他们会采取以下六种选择中的一种：①改变自己的投入；②改变自己的产出；③歪曲对自我的认知；④歪曲对他人的认知；⑤选择其他参照对象；⑥离开该领域。

公平理论还指出，以下四种做法与报酬的不公平有关：①如果根据时间计酬，感到报酬过高的员工会比感到报酬公平的员工有更高的生产率；②如果根据质量计酬，感到报酬过高的员工会比感到报酬公平的员工产量低但质量高；③如果根据时间计酬，感到报酬过低的员工的产量会更低，质量也会更差；④如果根据产量计酬，感到报酬过低的员工会比感到报酬公平的员工产量高而质量低。

### （四）公平的类型

1. 从事物运作的阶段来看，可将公平分为起点公平、过程公平和结果公平

（1）起点公平。比如，高考录取之后，同一分数档的考生被分到同一个学校同一个班级，这样一来，整个班的学生毕业时处于同一条起跑线上，这就是起点公平。

（2）过程公平，又叫“程序公平”，顾名思义，就是指在事件的处理与决策过程中，对事件利益相关方与当事者都是公平的，这个过程不存在因为人为偏移与“走后门”而产生不公正不合理的情况。过程公平是结果公平的保障条件之一。

（3）结果公平，是指人们参与社会活动之后获得的待遇、分配等具有公正性。结果公平是最终衡量公平与否的重要指标。结果公平是人们追求公平的根本目的，也就是说，唯有结果公平，才能得民心、顺民意、使人信服，这也是公平观念的终极体现。

2. 从组织的边界来看，可将公平分为内部公平和外部公平

（1）内部公平，是指同一组织内不同类型工作的相对报酬与工作本身的价值相匹配，也就是说，同一组织内部员工所得的薪酬在相互比较时具有公平性。内部公平要求组织内部各部门、各职位、各技能之间的薪酬水平相互协调，具有较强的合理性。要达到薪酬的内部公平，组织必须确定每一项工作对组织的贡献程度或总体价值是多少，以及这项工作的系统化过程，即“工作评价”。

内部公平是员工之间的一种平衡，这种平衡的衡量标准是，能否让员工对薪酬的公平性感到满意。如果员工认为薪酬不公平，则公司的薪酬设计没有达到内部公平；员工对薪酬公平性的认同感越强，薪酬的内部公平性越好。

内部的不公平，主要有以下两种情况：第一，差距过大，即优秀员工与普通员工之间存在较大差距。优秀员工的工资过高，有利于降低优秀人才的流动率，普通员工的工资过低，则会造成多数员工的不满。第二，差距过小，即优秀员工与普通员工之间的薪酬差距小于工作本身的差距，这会引起优秀员工的不满。

内部公平与否是员工个人对公平的主观感受，这些感受在有些情况下是有误差的。因此，对一家企业来说，要实现薪酬分配的公平，不能仅仅依据员工自身的心理感受，而应该根据客观的公平标准，对员工进行正确的公平观引导。

内部公平对一个组织非常重要，尤其是对团队合作较多的组织。团队合作较多的组织需要更为广泛的技术和专业合作，内部公平可以帮助团队的所有成员尊重他人的贡献和作用，增强团队凝聚力。

（2）外部公平是指公司员工获得的报酬比得上其他公司承担类似工作员工的报酬。有关报酬的统计资料，能够使组织确定所应显示出的外部公平程度。

员工对外部公平的比较主要集中在对其他企业从事相同工作员工获得的工资水平

的考察和关注。这种比较的结果可以影响一个新的求职者做出是否加盟某企业的决策。对企业现有员工来讲，外部公平比较产生的公平性感受会影响他做出如下决策：是继续留在本企业，还是另谋高就。可见，外部公平主要影响不同企业员工的流动性，还会影响一个企业能否吸引高素质员工、留住优秀员工。

达到薪酬外部公平的基本思路是，进行薪酬调查。在了解其他单位的做法以及薪酬水平之后，设计或调整本单位的薪酬水平，可使本单位薪酬制度具有更强的竞争力。

### （五）公平理论的意义

公平理论为组织管理者公平对待每个员工提供了一种分析处理问题的方法，对于组织管理具有较大的现实意义。

1. 管理者要引导员工形成正确的公平观

员工的社会比较或历史比较客观存在，并且这种比较完全凭个人的主观感受。因此，管理者要多做正确的引导，使员工形成正确的公平观。人们往往会过高地估计自己的贡献和作用，而低估他人的绩效和付出，从而产生不公平心理。随着信息技术的不断进步，人们的社会交往越来越多，比较范围越来越大，收入差距也在不断增大，这些都会增加员工产生不公平感的可能性。组织管理者要引导职工正确进行比较，既要看到他人的长处，也要看到自己的短处，要客观公正地选择比较基准，避免盲目攀比。

2. 员工的公平感受将影响整个组织的积极性

事实表明，员工的公平感受不仅会对员工的个体行为产生直接影响，还将影响整个组织的工作积极性。在组织管理中，管理者要着力营造一种公平的氛围，减少不正常舆论传播带来的消极情绪；经常深入群众，了解员工工作、生活中的实际困难，及时帮助解决；关心照顾弱势群体，必要时可根据实际情况，给予一定的补助等。

3. 领导者的管理行为必须遵循公正原则

领导者的管理行为是否公正将直接影响员工对比较对象的选择。如果领导者处事不公，员工必将选择受领导“照顾者”做比较基准，以致增大比较结果的反差而产生不公平心理。同时，也应注意，公平是相对的，是相对于比较对象的一种平衡，而不是平均。在分配时，必须坚持“效率优先，兼顾公平”的原则，允许一部分人通过诚实劳动和合法经营先富起来，带动后富者不断改变现状，逐步实现共同富裕，否则就会出现“大锅饭”现象，使组织运行机制失去活力。

4. 报酬的分配要有利于建立科学的激励机制

对员工报酬的分配要体现“多劳多得，质优多得，责重多得”的原则，坚持精神激励与物质激励相结合。在物质报酬的分配上，应正确运用竞争机制的激励作用，通过合理拉开距离体现公平；在精神上，要采用关心、鼓励、表扬等方式，使员工觉得自己受到了重视，品尝到成功的喜悦与自我实现的快乐，自觉地将个人目标与组织目标统一起来，形成无私奉献的职业责任感。

### （六）公平理论的局限性

公平理论的局限性主要体现在以下几个方面。

1. 公平并不是决定人们积极主动性的根本因素

公平理论作为一个研究公平感对人们积极主动性影响的理论，确实解释了很多因自感不公平而对行为产生影响的情况。但古往今来，许多所谓权臣奸相，比如赵高、王莽等，所受待遇不可谓不隆厚，但仍难以控制谋权篡位的意图。事实上，公平感对人们积极主动性的影响只是辅助性的，并不具有决定性作用。公平感终究还是人们的基本需求和信仰与其所能接触到的任务目标相统一的结果。

2. 个体对公平的理解有差异

（1）不完全信息往往使“比较”脱离客观实际。

公平理论的核心是与他人比较，所以比较的结果是否符合客观实际，取决于人们对比较对象的投入和产出情况是否具有完全信息。在现实中，人们无法完全了解比较对象的投入和产出等具体情况，往往会把自己的实际情况和他人的不完全信息进行比较。于是，本来客观合理的现实，主观上也可能感到不公平。人们往往有“看人挑担轻松”的知觉心理，过高地评价自己的成绩，低估他人的成绩，甚至只比拿钱多少，不比贡献大小。

（2）“主观评价”易使“比较”失去客观标准。

既然公平感是一种主观感受，那么主观认识就会极大地受认知主体的价值观念、知识经验、意识形态、世界观等的影响。因此，不同个体对同种报酬的效用、同种投入价值的评价有可能不同。比如：有的人把工资（奖金）看得比晋升重要，而有的人却把晋升看得更重要；有的人认为学历更重要，而有的人则认为经验更重要。这就使“比较”失去了客观标准，即便两个人的投入产出比完全一样，两个人也都可能感到不公平。

（3）“投入”和“产出”表现形式的多样性使“比较”难以进行。

按照公平理论，投入和产出均具有很多具体表现形式。在现实生活中，不同个体在年龄、性别、所受教育、经验、技能、资历、职务、努力程度、对组织的忠诚度等方面不可能完全相同。比如，我有高学历，而你有资历，那么是高学历重要还是资历重要呢？至于经验、努力程度、忠诚等因素，实在难以比较，即使学历相同，也有不同专业、不同学校、不同年代之分，同样会引起认识上的分歧。

在工作中，人们的公平感首先取决于所得报酬的绝对值。人们之所以希望得到报酬，是为了满足一定的需要、实现一定的目标。如果所得报酬能满足这种需要，则能发挥很好的激励作用，人们就会感到公平；如果不能发挥激励作用，人们就会感到不公平。

其次，人们的公平感取决于期望值。人们在加盟新组织或接受新任务（新工作）时总有一定的预期，期望自己的投入能得到一定的产出。影响人们公平感认识的也可能是这种期望值的大小，而不是通过对比得来的相对值。如果实际得到的报酬等于预期得到的报酬，员工就会感到公平；如果实际得到的报酬大于或小于预期得到的报酬，员工就会感到不公平。

人们的公平感最终来自“认同感”。组织中的个人是否感到公平，最终取决于员工对自己在这个组织中所处的位置是否认同。关于什么是“认同感”，厉以宁教授举了一个很好的例子：一个家庭有三个孩子，第一个孩子上学时家庭困难，家里只能供他读到中学毕业；到第二个孩子上学时，家庭条件好些了，家里供他上大学；到第三个孩子时，家庭富裕了，可以供他出国留学。三个孩子对这个家庭是认同的，他们会觉得家庭对自己是公平的，因为他们对家庭的历史状况是谅解的。20 世纪 70 年代，往往是老大穿新衣服，老二穿旧衣服，老三穿补丁的衣服，老四穿补了又补的衣服，但孩子不会认为父母对自己不公平，因为他们对家庭状况是认同的。同样地，组织中的个人如果对组织有认同感，即便报酬低一点、投入多一点也是无所谓的，更不会产生不公平感。也就是说，本来不公平的现实，因为这种认同感，并不会让人感到不公平。相反，如果组织中的个人对组织不认同，那么无论报酬多高，员工都会感到不公平。

## 七、目标设置理论

### （一）目标设置理论的提出

美国马里兰大学管理学兼心理学教授洛克和休斯在研究中发现，外来的刺激（如奖励、工作反馈、监督的压力）都是通过目标来影响动机的。目标能引导活动指向与目标有关的行为，使人们根据难度的大小调整努力的程度，并影响行为的持久性。于是，在一系列科学研究的基础上，洛克于 1967 年最先提出目标设置理论（Goal Setting Theory），认为目标本身就具有激励作用，能把人的需要转变为动机，使人们的行为朝着一定的方向努力，并将自己的行为结果与既定的目标进行对照，及时进行调整和修正，从而实现目标。这种使需要转化为动机，再由动机支配行动以达成目标的过程就是目标激励。目标激励的效果受目标的性质和周围变量的影响。许多学者做了进一步的理论和实证研究。尤克尔（G. A. Yukl）和莱瑟姆（G. P. Latham）认为，目标设置应与组织成员参与、个别差异和达到目标的艰巨性等因素结合运用，并提出了目标设置的综合模式；班杜拉（Albert Bandura）和洛克等认为，目标对动机的影响受自我效能感等中介变量的影响；德韦克（C. S. Dweck）及其同事在能力理论基础上，区分了目标的性质，并结合社会认知研究的最新成果，提出了动机的目标取向理论等。

洛克和莱瑟姆设计了一种个体目标设置与绩效的复杂模型，图 11-3 为这一模型的简化版本。从图 11-3 中可以看出导致个体高绩效水平的变量及其关系。该模型的基本观点是，把目标看作一种激励因素，因为它可以让人们对目前的绩效与期望达到的目标进行比较。人们一般会认为，如果他们目前的水平还达不到目标的要求，他们就不会感到满足。但只要他们相信，通过努力可以达到目标，他们就会努力工作并实现目标——制定了目标能够提高自己的绩效水平，因为目标可以使期望的绩效类型和水平变得更加明确。

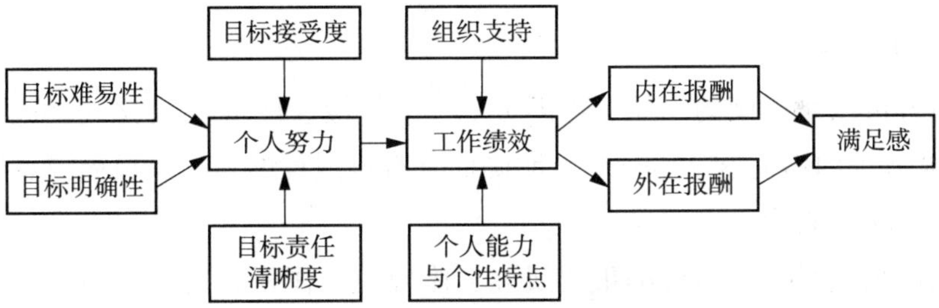


**图 11-3　目标设置与绩效模型（简化）**

### （二）目标设置的必要条件

目标设置的必要条件有两个：①员工必须觉察目标和知道用什么行动去达到目标；②员工必须接受目标，即愿意用必要的行动去完成目标。

目标设置是指开发、协商和建立对个体形成挑战的目标的过程。目标可能是明确清晰的，也可能是含蓄模糊的，或自我强加的，或外部强加的。无论何种形式的目标，都有助于个体对其时间和努力做出合理安排。无目标或目标不清晰的员工在工作时节奏缓慢、表现较差、缺乏兴趣，完成的任务也没有那些具有清晰而富有挑战性目标的员工多。有明确目标的员工显得既能干又有活力，他们能按时完成任务，然后转向别的事情（和目标）。

### （三）目标设置理论的要点

1. 目标难度

目标可以是容易的，如 20 分钟内做完 10 道题；可以是中等的，如 20 分钟内做完 20 道题；可以是难的，如 20 分钟内做完 30 道题；可以是不可能完成的，如 20 分钟内做完 100 道题。目标应当既具有挑战性，又让人通过努力可以实现。正如班杜拉总结的那样："相当容易的目标不足以引起很大的兴趣和努力；适当困难程度的目标可以维持高的努力和通过该目标成就产生满足感；而超过个人能力的目标会通过产生失望和非效能感降低动机。"

难度取决于人和目标之间的关系，同样的目标，对某个人来说可能是容易的，而对另一个人来说可能是难的，这取决于他们的能力和经验。一般来说，目标的绝对难度越高，就越难达到。相关研究表明，绩效与目标的难度存在线性关系。当然，这是有前提的，就是完成任务的人有足够的能力，对目标又有高度的承诺。在这样的条件下，任务越难，绩效越好。一般认为，绩效与目标难度之间存在线性关系，是因为人们可以根据不同的任务难度来调整自己的努力程度。

2. 目标清晰度

目标内容可以是模糊的，如仅告诉员工"请你做这件事"；目标也可以是明确的，如"请在 10 分钟内做完这 25 道题"。明确而具有挑战性的目标比模糊或总体性的目标更容易带来更高的绩效。

明确的清晰度是工作目标的重要属性，体现在工作任务的内容和方向、最后完成期限和应达到的绩效标准等方面。要使目标能引导个体的努力，它必须清晰而具体，这样个体就知道他要干什么，而不用去猜。

3. 自我效能感

自我效能感是班杜拉提出的一个概念，指人们对自己能否有效地实现特定行为目标的自我认知，以个体对能力、经验、过去的绩效、与任务目标相关的信息等多种资源的感知作为评估基础。当员工对某项任务的自我效能感很强时，他们对这个目标的承诺就会提高。这是因为，高自我效能感有助于个体长期坚持某项活动，尤其是当该活动需要克服困难、战胜阻碍时。高自我效能感的人比低自我效能感的人坚持努力的时间要长。

目标影响自我效能感的另一个方面是目标设定的难度。当目标太难实现时，个体的自我评价可能比较低，而一再失败会削弱一个人的自我效能感。根据重要性，目标可以分为中心目标（Proximal Goal）和边缘目标（Distal Goal）。中心目标是很重要的目标，边缘目标就是不太重要的目标。安排员工去完成中心目标可以增强其自我效能感。因为员工会觉得他被安排的是重要任务，这是对他能力的认可。被安排去完成中心目标的员工的自我效能感明显比只被安排去完成边缘目标的员工强。

### （四）目标机制

目标通过四种机制影响行为绩效：第一，目标引导注意和努力指向目标行为，而脱离非目标活动。第二，目标有决定付出多少努力的作用，高目标比低目标要付出更多的努力。第三，目标影响行为的持久性。如果允许员工控制工作时间，较难实现的目标就会延长努力时间，而在平衡了工作时间和努力程度之后，努力时间会缩短。第四，目标会通过唤醒、发现、目标任务知识和策略的使用间接影响行为。

目标设置理论中有很多对在复杂任务中使用任务策略的研究。相对于简单任务，复杂任务环境中有更多策略，而这些策略有很多并不能达到很好的效果。要想完成目标，得到更好的绩效，选择一个良好的策略至关重要。智斯利（Cheslley）和洛克发现，在一个管理情境的模拟研究中，只有在使用了适宜策略的情况下，任务难度与被试的绩效才显著相关。

对于何种情境、何种目标更有利于形成有效策略，还没有明确结论。在能力允许的情况下，实现目标的难度越大，绩效越好。但有时人们在完成困难目标时选择的策略不佳，其绩效会不如完成容易目标时的绩效好。对此现象的解释是，完成困难目标的人在面对频繁而不系统的策略变化时，会表现出恐慌，从而不能采取完成任务的最佳策略，而完成容易目标的人会更有耐心完善其策略。

### （五）满意感

当个体通过种种努力终于实现了目标，如果能得到他需要的报酬和奖赏，他就会感到满意；如果没有得到预料中的奖赏，个体就会感到不满意。满意感还受到另一个因素的影响，就是个体对他所得报酬是否公平的理解。如果通过与同事相比、与朋友相比、与自己的过去相比、与自己的投入相比，他感到所得的报酬是公平的，他就会感到满意；反之，则会不满意。

目标的难度也会影响满意感。任务越容易，越易取得成功，个体越能体验到成功带来的满足感。当目标较难实现时，取得成功的可能性就小，个体就会较难体验到满意感。这就意味着容易的目标比困难的目标能产生更多满意感。然而，完成困难的目标会产生更高的绩效，对个体、对组织有更大的价值。是让个体更满意好，还是取得更高的绩效好？这就产生了矛盾。如何平衡这种矛盾？有下面一些解决办法：第一，设定中等难度的目标，从而使个体既有一定的满意感，又有比较高的绩效；第二，达到部分目标时就给予奖励，而不是仅在完全达到目标时才进行奖励；第三，使目标在任何时候都是中等难度，但不断小量地增加目标的难度；第四，运用多重目标奖励结构，达到的目标难度越大，得到的奖励越重。

如果有对这些目标的高度承诺、恰当的反馈、高的自我效能感以及适宜的策略，就会产生高的绩效。假如高的绩效带来了期望的回报，如有吸引力的奖赏，就会产生高的满意感。工作满意感与工作承诺联系在一起。高的承诺使人们愿意留在该工作岗位上。此外，高的满意感还能增强自我效能感。人们的满意感和对工作的承诺使他们愿意接受新的挑战，这样就能产生新一轮的高绩效。如果没有满足这个高绩效循环的要求，如低挑战性、缺少回报，就会导致低绩效循环。

### （六）目标设置过程中应注意的问题

目标是企业凝聚力的核心，体现了员工工作的意义，能够在理想和信念的层面激励全体员工。因此，管理者和员工在目标设置过程中应注意以下七个方面的问题：

第一，目标设置必须符合激励对象的需要。激励对象的工作成果同其正当的获得期望挂钩，使激励对象表现出积极的目的性行为。员工只有真正觉得设置的目标合乎自己的期望和需要，才会在目标实现的过程中付出有效的努力。

第二，注意目标设置的具体性。目标的内容要具体而明确，能够有定量要求的目标更好，切忌笼统抽象。具体的目标能使员工清晰地知道自己该做什么，并在不断反馈中体验到成就感。但是，过于具体的目标又会造成管理上的困难，不利于企业对目标进行宏观调控。因此，企业只有在某个整体目标的指引下，设置适当的具体目标，才能提高工作绩效。

第三，注意目标的阶段性。实现一个短期目标可以使人较快地看到自己的进步，以及自己的努力和成绩之间的关系，并不断进取以实现下一个目标。如果时间规定得太长，就会使人觉得很难达到，从而挫伤工作的积极性。因此，在设定目标时，既要有近期目标，又要有远期目标，应将远期目标分解为阶段性目标，并将二者有机结合起来，掌握好工作节奏，分段达到预期的目标。

第四，目标的难度拟定要适当，过高了力所不及，过低了无须努力，都不能收到良好的激励效果。设定的目标既要切实可行，又要振奋人心。同一目标对不同人有着不同的难度，企业员工可以根据不同的任务难度调整自己的努力程度。要针对不同岗位的员工以及员工能力的差异，设定不同的目标，将目标难度的设立与员工能力的高低和目标承诺结合起来。

第五，合理运用反馈机制。从心理学角度分析，取得的成果被承认后反馈给劳动者，会使其产生积极的情绪反应，从而激励个人持续不断地以更高的热情投入工作。如果不让员工意识到他们的工作绩效并没有达到预期，则绩效不会有所改善。优秀的管理者会以一种能够诱发积极行动的方式来向员工提供明确的绩效反馈。具体应注意以下四点：①反馈应当是经常性的，使员工在正式的评价过程结束之前就能够大致知道自己的绩效评价结果。②鼓励员工积极参与绩效反馈过程，运用“解决问题法”，即管理者和员工在一种相互尊重和相互鼓励的氛围中讨论如何解决员工绩效中存在的问题。绩效反馈要准确，既包括对不良绩效的改进建议，也包括对有效业绩的认可。赞扬员工的有效业绩有助于增强其自信心，同时激励他们以更饱满的热情投入工作。③要将绩效反馈集中在行为上或结果上而不是人的身上，进行负面反馈时要避免对员工个人存在价值提出疑问。④制定具体的绩效改善目标，然后确定检查改善进度的时间。

第六，鼓励员工参与个人目标和企业目标的设置，参与目标设置的员工比被领导者直接分配目标的员工更能建立较高的目标并取得较好的工作绩效。这是因为，参与目标设置本身就增强了员工对目标的承诺，而员工被动地接受目标会出现设置的目标与自身需要不一致的情况，从而可能影响工作效率的提高和目标的实现。

第七，目标设置应注重对员工努力程度的反映，要进行个性化的工作衡量。员工在能力、资历、性格等方面存在个体差异，所以目标设置应具有个性化。要达到目标设置的个性化，就应注重对员工工作努力程度衡量的具体化，而不是用一把尺子去衡量所有人，这样才能最大限度地激发每个员工的工作积极性。具体来讲，首先，在设置工作目标时，应尽量征询每个员工的意见，使其对工作目标产生强烈的认同感，要尽可能避免安排工作任务有“吃不饱”或“吃不了”的现象；其次，应结合员工个人意见制定多个步骤并制定各步骤的目标，使其能在逐步完成工作目标的过程中，看到自己的进步和实现单元目标的希望，消除工作的枯燥感，提高挑战欲望和成就感，增强自信心；最后，目标反馈主要以员工个人成绩的提高程度作为评价基础，强调个人的努力，淡化个人的能力，使员工在单元目标的引导下，为实现企业长远目标和整体目标而努力。

## 八、强化理论

### （一）强化理论的提出

强化理论是美国心理学家和行为科学家斯金纳、赫西、布兰查德等提出的一种理论，也称“行为修正理论”或“行为矫正理论”。斯金纳于1931年获得哈佛大学的心理学博士学位，并于1943年回到哈佛大学任教，直到1975年退休。1968年，斯金纳获得美国全国科学奖章，是第二位获得该奖章的心理学家。斯金纳认为，人是没有尊严和自由的，人们做出某种行为，不做出某种行为，只取决于一个因素，那就是行为的后果。他提出了“操作条件反射”理论，认为人或动物为达到某种目的，会采取一定的行为作用于环境。当这种行为的后果对他有利时，这种行为就会在以后重复出现；当这种行为的后果对他不利时，这种行为就会减弱或消失。人们可以用这种正强化或负强化的办法来影响行为的后果，从而修正自身行为。

最早提出强化概念的是俄国著名的生理学家巴甫洛夫。在巴甫洛夫经典条件反射中，强化是指在条件刺激物之后出现的无条件刺激的呈现，是一个行为前的、自然的、被动的、特定的过程。在斯金纳的操作条件反射中，强化是一种人为操纵，是指在行为之后以有助于该行为重复出现而进行的奖罚过程。

巴甫洛夫等的实验对象的行为是刺激引起的，称为“应答性反应”（Respondents）。而斯金纳的实验对象的行为是有机体自主发出（Emitted）的，称为“操作性反应”（Operant）。经典条件作用只能用来解释基于应答性行为的学习，斯金纳把这类学习称为“S（刺激）类条件作用”。另一种学习模式，即操作性或工具性条件作用的模式，则可用来解释基于操作性行为的学习，称为“R（强化）类条件作用”。以上两者并称为“S–R”心理学理论。

强化理论主张对激励进行有针对性的刺激，只看员工的行为和结果之间的关系，而不突出激励的内容和过程。

### （二）强化的分类

可以按不同的标准对强化进行分类，见表11–2。

**表11–2 强化分类**

| 分类标准 | 分类 | 含义 | 举例 |
|---|---|---|---|
| 按照强化物的性质 | 积极强化（Positive Reinforcement）、阳性强化、正强化 | 某种刺激物在个体做出某种反应（行为）后出现从而增强了该反应（行为）发生的概率，该刺激物称为“积极强化物” | 表扬一个人，被表扬的这个人的积极行为就会继续 |
| | 消极强化（Negative Reinforcement）、阴性强化、负强化 | 某种刺激物在个体做出某种反应（行为）后而予以排除从而减少了该行为发生的概率，该刺激物称为“消极强化物” | 批评一个人，被批评的人如果受到相应的惩罚，他的这种行为就会被抑制 |

续表

| 分类标准 | 分类 | 含义 | 举例 |
| --- | --- | --- | --- |
| 按人类行为受强化影响的程度 | 一级强化 | 一级强化是指满足人和动物生存、繁衍等基本生理需要的强化 | 一级强化物如食物、水、安全、温暖、性等 |
| | 二级强化 | 二级强化是指任何一个中性刺激如果与一级强化物反复联合，就能获得自身的强化性质 | 二级强化物如金钱、学历、关注、赞同等，最初并不具有强化的作用，而是在与一级强化物匹配后才具有了强化的作用 |
| 根据行为和强化间隔时间来分 | 连续式强化（也称“即时强化”） | 连续式强化是指对每一次或每一阶段的正确反应予以强化，也就是说，当个体做出一次或一段时间的正确反应后，强化物即时到来或撤去 | 持续不断地给某个人送礼物，这种关系会得以巩固 |
| | 间隔式强化（也称“延缓强化”） | 间隔式强化是指行为发生与强化物的出现或撤去之间有一定的时间间隔或按比率出现或撤去。间隔式强化可分为时间式强化和比率式强化。时间式强化又可分为定时距式强化和变时距式强化。比率式强化又可分为定比率式强化和变比率式强化 | 据相关统计，初恋男友送给女友的礼物，每一次要比前一次的价值高出两倍以上才能获得对方的欢心 |

资料来源：编者根据相关资料整理。

### （三）强化理论的应用

在人力资源管理中应用强化理论，可从以下七个方面着手：

（1）选择合适的强化物。有些人喜欢口头表扬，而有些人则更看重物质奖励。因此，组织应结合员工的需要和特点，选择合适的强化物。

（2）选择合适的强化方式。不同员工之间差异很大，组织应根据不同的情景选择合适的强化方式。通常，正强化（如表扬、奖励）比负强化（如批评、惩罚）更为有效，因为正强化能够促进员工有效行为的发生。

（3）选择强化的时间。选择强化的时间段非常重要。例如，在新员工入职或组织转型时期进行强化和行为改造，效果最佳。此外，强化的时间频率也很重要，过于频繁的强化可能会降低其效果。

（4）设立目标体系。组织可以通过设立明确的目标体系，帮助员工提高工作效率，逐步实现目标。此外，在达到每个阶段的目标时应给予相应的激励，增强员工的主动性和积极性。

（5）及时反馈和强化。及时反馈和强化有利于促进员工行为改变。当员工表现出良好的行为时，应及时给予正面的反馈和奖励，以巩固和加强这种行为。

（6）强调员工的社会学习。通过观察和模仿他人的行为，员工可以学习到正确的行为方式。组织可以通过树立榜样为员工提供指引，让他们明白积极的行为会得到奖励，从而激励他们模仿这种行为。

（7）实事求是地进行强化。在实施强化措施时，要确保公平和公正，避免主观偏见。反馈应该是具体和明确的，以便员工能够清楚地了解自己的表现和需要改进的地方。

通过以上方法，组织可以有效地利用强化理论来激励员工，提高他们的工作效率，以及工作的主动性和积极性，进而促进各项目标的实现。

## 第三节　激励方法

在实践活动中，常用的激励方法有三种：工作激励、成果激励和综合激励。工作激励是指通过合理设计与适当分配工作任务来激发员工内在的工作热情；成果激励是指在正确评估员工工作产出的基础上给员工合理的奖励，以保证员工工作行为的良性循环；综合激励是指综合运用工作激励、成果激励及其他激励方法。

### 一、工作激励

员工在工作过程中存在多种多样的需求，如希望自己的工作有挑战性、有一定的自主权等。在这样的背景下，重新审视工作本身对员工的内在激励就显得十分重要。

工作激励的措施主要包括工作扩大法、工作丰富法和工作轮换法。

#### 1. 工作扩大法

工作扩大法是指通过扩大工作的范围、增加工作岗位的职责，消除员工因从事单调乏味的工作而产生的厌倦情绪，从而提高工作效率。工作扩大又可分为横向扩大工作和纵向扩大工作两种。

横向扩大工作是指把员工的工作范围沿组织层级的水平方向扩大，即让员工承担同一层级更多种类的工作。比如，把分工很细的工作合并，由一个人负责一道工序改为一个人负责好几道工序，或者几个人负责几道工序。

纵向扩大工作是指把员工的工作范围沿组织层级的垂直方向扩大，即把经营管理人员的部分职能转由生产人员承担。比如，生产一线工人参与生产计划的制订，自行决定生产目标、作业程序、操作方法等。

### 2. 工作丰富法

工作丰富法是指通过增加岗位的技术和技能含量，使工作内容更具有挑战性和自主性，以满足员工更高层次的心理需求。

工作丰富法的内容主要包括以下五个方面：

（1）技术多样化。技术多样化是指培养每个员工掌握多种技能和技术，给员工提供运用不同技术的机会。技术多样化通常通过培训或进修实现。

（2）工作整体性。工作整体性是指使员工了解本岗位所承担的任务与单位的总任务、总目标、总过程的关系。比如，先让员工用一年左右的时间把所有的工序都体验一遍，再让他在自己擅长的工序工作。

（3）参与管理与决策。参与管理与决策是指组织通过各种形式使员工有参与管理与决策的机会。这不仅包括给组织提建议、找问题，还包括让员工参与决策会议。

（4）赋予员工必要的自主权。在确保单位总目标和部分目标实现的前提下，员工可以自行设定中短期的工作目标和任务，提高员工的责任感和使命感。

（5）信息的沟通与反馈。信息的沟通与反馈是指使员工能经常得到组织或上级领导对他工作结果、工作表现的评价信息，感觉到自己的工作是有意义、有价值的。

### 3. 工作轮换法

工作轮换法是指让员工在预定时间内变换工作岗位，获得不同岗位工作经验的激励方法。这种方法不仅能丰富员工的工作经验，使员工清楚自己的优势和缺点，找准自己的位置，而且能增加员工对组织整体工作的了解，改善部门间的关系。

工作轮换法主要有三种形式：一是确定工作岗位的新员工轮换，二是培养多面手的老员工轮换，三是培养经营骨干的管理人员轮换。

## 二、成果激励

成果激励依据员工的工作业绩给予相应的回报。

一般来说，成果激励包括两大类，即物质激励和精神激励。

### 1. 物质激励

物质激励是指从满足员工的物质需要出发，对物质利益关系进行调节，从而激发员工工作积极性的激励方式。

物质激励关系到员工的切身利益，对于满足员工日益增长的物质文化生活需要具有重要的激励作用，是当前组织中最普遍、最有效、最不可或缺的激励手段。

从形式上来看，物质激励主要包括工资、福利和员工持股计划。

2. 精神激励

精神激励是指从精神上满足员工的需要和追求。精神激励不仅成本低，而且常常能取得物质激励难以达到的效果，是调动员工积极性、主动性和创造性的有效方式。

精神激励主要包括情感激励、荣誉激励和信任激励。

（1）情感激励。情感激励是以增进管理者与员工之间感情联系为手段的激励方式。管理者可以通过多种方式增进与员工之间的情感互动。比如，思想沟通、排忧解难、慰问家访、交往娱乐、批评帮助、共同劳动、民主协商、共同进餐等。情感交流，不仅可以充分体现组织的人情味，而且可以很好地满足员工渴望被关怀、被爱护、被尊重的需求。

（2）荣誉激励。荣誉激励是以激发员工追求良好声誉为主要手段的激励方式。常见的荣誉激励措施有公开表扬、员工评比、晋级提升、以员工的名字来命名某项事务等。荣誉激励是一种象征性激励，是组织对优秀员工价值的肯定与认同。荣誉激励不仅可以提高员工的自信心，还可以满足员工对尊重和自我实现的需要。

（3）信任激励。信任激励是建立在上级对下级理解和信任基础上的激励方式。

常见的信任激励方式有授予实权、委以重任、允许犯错等。信任激励体现了组织对员工的信赖和尊重，可以有效地激发员工“士为知己者死”的工作斗志。

## 三、综合激励

除了工作激励和成果激励，在管理实践中，还有不少辅助性激励手段和方法。

1. 榜样激励

我们常说，榜样的力量是无穷的，说的就是榜样的激励效果。榜样激励是指组织选择内部业绩突出、做法先进、口碑优良的个人或集体加以肯定和表彰，并要求组织内部其他成员向其学习和靠拢，从而激发全体成员积极向上的工作热情的激励方法。

2. 危机激励

危机激励是指组织通过不断向员工灌输危机意识、危机观念，让员工明白生存不易，以及由此可能对员工自身工作、生活带来的不利影响，进而激励员工努力工作的激励方法。

3. 培训激励

培训激励是指组织通过为员工提供定期或不定期的培训、教育或外派学习的机会，满足员工渴望学习、渴望成长需要的激励方法。

4. 环境激励

环境激励是指组织通过改善政治环境、工作环境、生活环境和人际环境，从而使员工在工作过程中心情舒畅、精神饱满、工作效率倍增的激励方法。

# 第十二章　劳动关系管理

## 一、劳动关系概述

### 1. 劳动关系的定义

劳动关系，是指生产关系中直接与劳动有关的各部分之间的社会关系，即劳动力所有者（劳动者、受雇方）与劳动力使用者（雇主、雇佣方）以及相关组织（用人单位）在劳动过程中形成的社会经济关系。

广义的劳动关系，是指任何劳动者与任何性质的用人单位之间因劳动结成的社会关系。

狭义的劳动关系，是指依照国家劳动法律规范确立的劳动法律关系，双方当事人的权利和义务联系是被一定的劳动法律法规所规定和确认的，其权力和义务的实现由国家强制力保障，劳动关系的存在与否可以根据劳动合同或事实劳动关系来判别。

### 2. 劳动关系的内容

劳动关系主要包括劳动者与用人单位在劳动用工、工作时间、休息休假、劳动报酬、劳动福利、劳动培训以及裁员下岗等方面所形成的劳动关系。劳动关系还涉及代表劳动者利益的工会组织在就业、报酬、奖金、考核、社会保险、裁员等方面参与决策与用人单位所形成的劳动关系。

## 二、劳动关系管理的目标

所谓劳动关系管理，是指为了促进组织经营活动的正常进行，缓解和调节组织劳动关系的冲突，实现组织劳动关系的合作，提高组织劳动效率的各种措施和手段。

劳动关系管理的总体目标是：缓解、调整组织劳动关系的冲突，创造良好的工作氛围和工作环境，最大限度地促进合作，以提高组织管理效率，实现组织目标。

具体而言，劳动关系管理的目标体现在以下六个方面：①把工作的干扰降到最低；

②把冲突或冲突的可能性降到最低；③在不降低工资的情况下，把单位劳动的成本降到最低；④使员工的不满情绪通过商定的程序和方式进行宣泄，以建立稳固的雇佣与被雇佣的关系；⑤加强对劳动过程的控制；⑥尽最大可能提高劳动利用效率，以提高生产力。

## 三、劳动关系管理的内容

劳动关系管理主要包括以下内容：

*1. 劳动合同管理*

劳动合同管理主要包括劳动合同履行的原则，员工招收的条件、招工简章、劳动合同文书、专项协议草案审批权限，员工招收录用计划的审批，劳动合同的续订、变更、解除事项的审批，试用期考察办法，员工档案的管理，应聘人员的资料保存，集体合同草案的拟定、协商程序，解除、终止劳动合同人员的档案移交，劳动合同管理制度的修改、废止等。

*2. 劳动纪律*

劳动纪律主要包括：时间规则，如作息时间、考勤办法、请销假程序及办法；组织规则，如组织各部门权责、呈报系统等；岗位规则，如劳动任务、岗位职责、操作规范、职业道德等；协作规则，如工种、工序、岗位间的关系，上下级之间的关系等；劳动定员定额规则，如编制定员规则、劳动定额规则等；劳动岗位规范制定规则，如岗位名称、岗位职责、生产技术规定、上岗标准等。

*3. 劳动安全卫生与其他制度*

劳动安全卫生，是指为了保障劳动者在劳动过程中的安全和健康，在组织劳动和科学管理方面的各项规章制度。劳动安全卫生与其他制度主要包括：①安全生产责任制；②安全技术措施计划制度；③安全生产教育、考核制度；④安全生产检查制度；⑤劳动保护检查制度；⑥伤亡事故报告制度。

## 四、劳动合同的基本内容

根据《中华人民共和国劳动合同法》的规定，劳动合同应当具备以下条款：①用人单位的名称、住所和法定代表人或主要负责人；②劳动者姓名、住址和居民身份证或者其他有效身份证件号码；③劳动合同期限；④工作内容与工作地点；⑤工作时间与休息休假；⑥劳动报酬；⑦社会保险；⑧劳动保护、劳动条件和职业危害防护；

⑨法律法规规定应当纳入劳动合同的其他事项。

在劳动合同中，除应具备上述规定的条款外，用人单位与劳动者可以协商并约定试用期、培训、保守商业秘密、补充保险和福利待遇等其他事项。

## 五、劳动合同期限

劳动合同期限，是指合同的有效时间，一般始于合同的生效之日，终于合同的终止之时。劳动合同期限可以由用人单位和劳动者协商确定，是劳动合同的一项重要内容。

不同类型劳动合同的期限不同，具体如下：

（1）固定期限劳动合同明确约定了合同的终止时间，期限可以是短期（如一年、两年等），也可以是长期（如五年、十年等）。

（2）无固定期限劳动合同没有明确的终止时间，只要不出现约定的终止条件或法律规定的解除条件，劳动关系可以一直存续到劳动者退休为止。

（3）以完成一定工作任务为期限的合同，其期限从某项工作的开始之日算起，到工作完成之日结束。一旦工作完成，合同即终止。

在签订劳动合同时，用人单位和劳动者可以根据实际情况选择适合的合同类型。例如，对于一些临时性的、短期的工作任务，可以选择以完成一定工作任务为期限的合同；而对于一些长期的工作岗位，可以选择固定期限或无固定期限的合同。

## 六、劳动合同的终止

劳动合同可以终止的情形主要有：①劳动合同期满；②当事人约定的劳动合同终止条件出现；③用人单位破产、解散或者被撤销；④劳动者退休、退职、死亡；⑤劳动合同当事人实际已不履行劳动合同满三个月；⑥劳动者患职业病、因工负伤，被确认为部分丧失劳动能力，用人单位按照规定支付伤残就业补助金的；⑦劳动者患职业病或者因工负伤，被确认为完全或者大部分丧失劳动能力的，用人单位不得终止劳动合同，但经劳动合同当事人协商一致，并且用人单位按照规定支付伤残就业补助金的，劳动合同也可以终止。

劳动合同不得终止的情形。劳动合同期满或者当事人约定的劳动合同终止条件出现，劳动者有下列情形之一的，同时又未严重违反劳动纪律或者用人单位规章制度；也无严重失职，营私舞弊，对用人单位利益造成重大损害；也未被依法追究刑事责任，劳动合同期限顺延至下列情形消失：①患病或者负伤，在规定的医疗期内的；②女职工在孕期、产期、哺乳期内的；③法律、法规、规章规定的其他情形。

## 七、劳动合同解除和终止的经济补偿

关于劳动合同解除和终止的经济补偿，《中华人民共和国劳动合同法》（2008 年 1 月 1 日起执行）规定如下：

（1）对劳动者的经济补偿金，由用人单位一次性发给。

（2）用人单位克扣或者无故拖欠劳动者工资的，以及拒不支付劳动者延长工作时间工资报酬的，除在规定的时间内全额支付劳动者工资报酬外，还需加发相当于工资报酬百分之二十五的经济补偿金。

（3）用人单位支付劳动者的工资报酬低于当地最低工资标准的，要在补足低于标准部分的同时，另外支付相当于低于部分百分之二十五的经济补偿金。

（4）经劳动合同当事人协商一致，由用人单位解除劳动合同的，用人单位应根据劳动者在本单位工作年限，每满一年发给相当于一个月工资的经济补偿金，最多不超过十二个月。工作时间不满一年的，按一年的标准发给经济补偿金。

（5）劳动者患病或者非因工负伤，经劳动鉴定委员会确认不能从事原工作、也不能从事用人单位另行安排的工作而解除劳动合同的，用人单位应按其在本单位的工作年限，每满一年发给相当于一个月工资的经济补偿金，同时还应发给不低于六个月工资的医疗补助费。患重病和绝症的还应增加医疗补助费，患重病的增加部分不低于医疗补助费的百分之五十，患绝症的增加部分不低于医疗补助费的百分之百。

（6）劳动者不胜任工作，经过培训或者调整工作岗位仍不能胜任工作，由用人单位解除劳动合同的，用人单位应按其在本单位工作的年限，工作时间每满一年，发给相当于一个月工资的经济补偿金，最多不超过十二个月。

（7）劳动合同订立时所依据的客观情况发生重大变化，致使原劳动合同无法履行，经当事人协商不能就变更劳动合同达成协议，由用人单位解除劳动合同的，用人单位按劳动者在本单位工作的年限，工作时间每满一年发给相当于一个月工资的经济补偿金。

（8）用人单位濒临破产进行法定整顿期间或者生产经营状况发生严重困难，必须裁减人员的，用人单位按被裁减人员在本单位工作的年限支付经济补偿金。在本单位工作的时间每满一年，发给相当于一个月工资的经济补偿金。

（9）用人单位解除劳动合同后，未按规定给予劳动者经济补偿的，除全额发给经济补偿金外，还须按该经济补偿金数额的百分之五十支付额外经济补偿金。

（10）经济补偿金的工资计算标准，是指企业正常生产情况下劳动者解除合同前十二个月的月平均工资。用人单位依据以上（5）、（7）、（8）解除劳动合同时，劳动者的月平均工资低于企业月平均工资的，按企业月平均工资的标准支付。

## 八、工伤认定

工伤认定是劳动行政部门依据法律的授权对职工因事故伤害（或者患职业病）是否属于工伤或者视同工伤给予定性的行政确认行为。

根据我国2011年1月1日起实行的新修订的《工伤保险条例》，工伤一般包括因工伤亡事故和职业病，以下情形应当被认定为工伤：

（1）在工作时间和工作场所内，因工作原因受到事故伤害的。

这里，“工作时间”和“工作场所”是两个必须同时具备的条件，还得是“因工作原因”负伤、致残或者死亡。事故伤害，是指职工在劳动过程中发生的人身伤害、急性中毒事故等伤害。

（2）工作时间前后在工作场所内，从事与工作有关的预备性或者收尾性工作受到事故伤害的。

这里，“工作时间前后”是指非工作时间，具体讲是开工前或收工后的一段时间，如上班时间为9点到12点、14点到18点，但是职工提前在8点30分到岗或者下班后做完收尾工作时间到了18点30分等，均可以认定为“工作时间前后”。这里有一点特别重要，其目的必须是从事预备性或收尾性工作，如为启动机器做准备工作，或者关闭机器后收拾与工作有关的机器、工具等。

（3）在工作时间和工作场所内，因履行工作职责受到暴力等意外伤害的。

这里，“工作时间”和“工作场所”这两个条件必须同时具备，并且必须是在履行本职工作，“受到的伤害”是来自本单位或者外界的“暴力等意外伤害”。比如，有人在职工履行工作职责的时候蓄意对职工进行打击报复，对其人身进行直接攻击，致使职工负伤、残疾或者死亡等。

（4）患职业病的。

患职业病，是指企业、事业单位和个体经济组织的劳动者在职业活动中，因接触粉尘、放射性物质和其他有毒、有害物质等而引起的疾病。

（5）因工外出期间，由于工作原因受到伤害或者发生事故下落不明的。

最高人民法院关于工伤认定的司法解释（2014年9月1日起施行）如下：

社会保险行政部门认定下列情形为“因工外出期间”的，人民法院应予支持：“（一）职工受用人单位指派或者因工作需要在工作场所以外从事与工作职责有关的活动期间；（二）职工受用人单位指派外出学习或者开会期间；（三）职工因工作需要的其他外出活动期间。职工因工外出期间从事与工作或者受用人单位指派外出学习、开会无关的个人活动受到伤害，社会保险行政部门不认定为工伤的，人民法院应予支持。”

（6）在上下班途中，受到非本人主要责任的交通事故或者城市轨道交通、客运轮渡、火车事故伤害的。

最高人民法院关于工伤认定的司法解释（2014年9月1日起施行）如下：

“人民法院审理工伤认定行政案件，在认定是否存在《工伤保险条例》第十四条第（六）项‘本人主要责任’时，应当以有权机构出具的事故责任认定书、结论性意见和人民法院生效裁判等法律文书为依据，但有相反证据足以推翻事故责任认定书和结论性意见的除外。对社会保险行政部门认定下列情形为‘上下班途中’的，人民法院应予支持：（一）在合理时间内往返于工作地与住所地、经常居住地、单位宿舍的合理路线的上下班途中；（二）在合理时间内往返于工作地与配偶、父母、子女居住地的合理路线的上下班途中；（三）从事属于日常工作生活所需要的活动，且在合理时间和合理路线的上下班途中；（四）在合理时间内其他合理路线的上下班途中。”

（7）法律、行政法规规定应当认定为工伤的其他情形。

这是一条法律上的兜底条款，由于工伤事故的复杂性和不确定性，不仅需要专门的法律、行政法规的规范性强制性规定，也需要其他法律法规做出相应调整，对于法律、行政法规规定为工伤的其他情形，也应当纳入工伤范畴。

《工伤保险条例》第十五条规定：“职工有下列情形之一的，视同工伤：（一）在工作时间和工作岗位，突发疾病死亡或者在48小时之内经抢救无效死亡的；（二）在抢险救灾等维护国家利益、公共利益活动中受到伤害的；（三）职工原在军队服役，因战、因公负伤致残，已取得革命伤残军人证，到用人单位后旧伤复发的。”

《工伤保险条例》第十六条规定：“职工符合本条例第十四条、第十五条的规定，但是有下列情形之一的，不得认定为工伤或者视同工伤：（一）故意犯罪的；（二）醉酒或者吸毒的；（三）自残或者自杀的。”

最高人民法院关于工伤认定的司法解释（2014年9月1日起施行）如下：

（1）《工伤保险条例》第十六条第（一）项“故意犯罪的”的认定，应当以刑事侦查机关、检察机关和审判机关的生效法律文书或者结论性意见为依据。

（2）人民法院审理工伤认定行政案件，在认定是否存在《工伤保险条例》第十六条第（二）项“醉酒或者吸毒的”和第十六条第（三）项“自残或者自杀的”等情形时，应当以有权机构出具的事故责任认定书、结论性意见和人民法院生效裁判等法律文书为依据，但有相反证据足以推翻事故责任认定书和结论性意见的除外。

## 九、劳动争议及其处理

### （一）劳动争议

劳动争议，是指劳动关系的当事人之间因执行劳动法律、法规和履行劳动合同而发生的纠纷，即劳动者与所在单位之间因劳动关系中的权利和义务而发生的纠纷。

根据争议涉及的权利和义务的具体内容，可将其分为以下几类：①因确认劳动关系发生的争议；②因订立、履行、变更、解除和终止劳动合同发生的争议；③因除名、辞退和辞职、离职发生的争议；④因工作时间、休息休假、社会保险、福利、培训以及劳动保护发生的争议；⑤因劳动报酬、工伤医疗费、经济补偿或者赔偿金等发生的争议；⑥法律、法规规定的其他劳动争议。

起诉状有：劳动争议起诉状（争议）和民事起诉状（纠纷）。

劳动关系有：事实劳动关系（争议）和劳动合同关系（纠纷）。劳动者（打工者）维权，首先要确认是否存在劳动关系。如果未用工，即便有双方签字盖章的劳动合同，也不存在劳动关系。依照《最高人民法院关于审理劳动争议案件适用法律若干问题的解释（一）》（以下简称《劳动争议司法解释（一）》）第一条第（二）项的规定，劳动者与用人单位之间没有订立书面劳动合同，但已形成劳动关系后发生的纠纷，属于《中华人民共和国劳动法》第二条规定的劳动争议。

### （二）劳动争议的处理

劳动争议的处理通常涉及一系列步骤和程序，具体如下：

1. 初步沟通与协商

（1）了解争议情况。双方应首先明确争议的具体内容，包括争议的原因、涉及的法律问题、双方的主张等。

（2）尝试沟通。在了解争议情况后，双方应尝试进行友好的沟通，以寻求解决争议的可能性。劳动者可以通过与上级或人力资源部门进行沟通，表达自己的诉求和意见。

（3）协商解决。如果沟通有效，双方可以尝试达成一个都能接受的解决方案。解决方案包括调整工作条件、补偿损失、解除误会等。

2. 申请调解

（1）选择调解机构。如果双方无法自行解决争议，可以选择向企业劳动争议调解委员会或依法设立的基层人民调解组织等调解机构申请调解。

（2）提交调解申请。劳动者或用人单位需要向调解机构提交调解申请书，说明争议的事实、理由和请求。

（3）参与调解。调解机构将安排双方进行调解，努力达成调解协议。

调解协议对双方均具有约束力，但如果一方不履行协议，另一方可以选择其他解决方式。

3. 申请仲裁

（1）提交仲裁申请。如果调解不成，劳动者或用人单位可以向有管辖权的劳动争议仲裁委员会提交仲裁申请。仲裁申请书需要明确争议的事实、理由和仲裁请求，并提供相关证据。

（2）等待仲裁裁决。劳动争议仲裁委员会将依法组成仲裁庭对争议进行审理。在审理过程中，双方可以陈述自己的意见和主张，提供证据支持自己的诉求。

仲裁庭将在一定期限内作出裁决，裁决书对双方均具有法律效力。

4. 提起诉讼

（1）提起诉讼的条件。如果劳动者或用人单位对仲裁裁决不服，可以在规定时间内向人民法院提起诉讼。需要注意的是，并非所有仲裁裁决都可以提起诉讼，有些裁决是终局裁决，双方必须履行。

（2）准备诉讼材料。在提起诉讼前，双方需要准备充分的诉讼材料，包括起诉状、仲裁裁决书、相关证据等。

（3）参与诉讼。在诉讼过程中，双方需要按照法院的要求进行举证、质证、辩论等程序。

法院将依法对争议进行审理，并作出判决或裁定。

5. 执行判决或裁定

（1）履行判决或裁定。判决或裁定生效后，双方应自觉履行。如果一方不履行，另一方可以向法院申请强制执行。

（2）申请强制执行。申请强制执行需要向法院提交相关材料，包括强制执行申请书、判决或裁定书等。法院将依法对申请进行审查，并采取相应的执行措施。

注意事项：

（1）在整个劳动争议处理过程中，双方应遵守相关法律法规和程序规定。

（2）劳动者和用人单位在争议处理前应保持冷静和理智，尽量避免情绪化的行为。

（3）在申请调解、仲裁或提起诉讼前，双方应充分了解相关法律法规和程序规定，以便更好地维护自己的合法权益。

【案例】

## 入职时已超法定退休年龄，下班打卡时猝死，能否认定为工伤？

### 基本案情

黎某，男，1956年8月10日出生，2018年12月19日入职北京某保洁公司，入职时已超过法定退休年龄。

2020年2月6日20时左右，黎某在下班打卡时突然倒地不起，北京市红十字会紧急救援中心到场后确认死亡，后司法鉴定为猝死。

2020年2月21日，黎某妻子刘某向人社局申请工伤认定。

2020年6月18日，人社局作出《认定工伤决定书》，认为黎某受到的事故伤害，符合《工伤保险条例》第十五条第一款第（一）项之规定，属于工伤认定范围，予以认定为视同工伤。

公司不服，申请行政复议。复议机关维持了《认定工伤决定书》。

公司起诉：双方不是劳动关系，不能认定为工伤。

公司提起行政诉讼，理由如下：

（1）黎某突发疾病死亡时并非在工作时间及工作岗位，故不应视同工伤。

公司的工作安排为每日7：00–11：00、13：00–16：00以及17：30–18：30，而黎某突发疾病的时间是在20时许，并非工作时间，也并未在工作岗位上，因此不能视同工伤。

（2）黎某已经享受了基本养老待遇，其与公司之间应该是劳务关系，并非劳动关系。

黎某在公司工作时已经达到退休年龄，并且隐瞒了自己2016年已开始享受基本养老保险待遇的事实。如果将退休人员再纳入“职业劳动者”范畴，并与其他劳动者一样予以保护，必然产生逻辑悖论。因为，社保部门对于超过退休年龄的人员不予上社会保险，这跟《中华人民共和国劳动合同法》关于单位要给其职工上社保是矛盾的，在法律实施上是有障碍的。

根据《中华人民共和国劳动合同法实施条例》第二十一条的规定，劳动者达到法定退休年龄的，劳动合同终止；根据《中华人民共和国劳动合同法》第四十四条的规定，劳动者开始依法享受基本养老保险待遇的，劳动合同终止。因此，不应认定黎某视同工伤，认定双方为劳务关系更符合逻辑。《最高人民法院关于审理劳动争议案件适用法律若干问题的解释（三）》第七条规定，用人单位与其招用的已经依法享受养老保险待遇或领取退休金的人员发生用工争议，向人民法院提起诉讼的，人民法院应当按劳务关系处理。

## 法院判决

一审判决：黎某死亡符合工作岗位、工作时间要求。

一审法院认为，《工伤保险条例》第十五条第一款第（一）项规定，视同工伤的情形有：（一）在工作时间和工作岗位，突发疾病死亡或者在48小时之内经抢救无效死亡的。《工伤保险条例》第十九条第二款规定，职工或者其近亲属认为是工伤，用人单位不认为是工伤的，由用人单位承担举证责任。

本案中，双方争议的焦点有二：其一为黎某突发疾病死亡时，是否满足“工作时间”和“工作岗位”两个认定视同工伤的要件；其二为在黎某已超过退休年龄且享受过城乡居民基本养老保险待遇，是否符合视同工伤的认定条件。

“工作时间”的认定需要综合考量岗位性质，如执行的工时制度、工作单位的规章制度、考勤记录、加班情形及事发时的实际状况等。公司主张黎某的工作时间为每日7：00–11：00、13：00–16：00以及17：30–18：30，病亡时间非工作时间，但公司在工伤认定阶段及庭审中均未提交证据证明，且与在案证据相悖，结合双方关于执行综合计算工时的约定，法院对其上述主张不予采纳。人社局所提交的证据可以证明黎某系在工作时间突发疾病死亡。黎某从事保洁工作的地点为朝阳区某商城，其在该工作区域下班打卡过程中突发疾病死亡，根据在案证据及双方陈述，符合工伤认定中关于“工作岗位”的要求。

《工伤保险条例》第六十二条第二款规定，应当参加工伤保险而未参加工伤保险的，用人单位职工发生工伤的，由该用人单位按照本条例规定的工伤保险待遇项目和标准支付费用。工伤保险制度设立的目的是保障因工作遭受事故伤害或患职业病的职工获得医疗救助和经济补偿，是否参加工伤保险只是关系到劳动者工伤待遇支付主体的问题，并非认定工伤的前提条件。

《最高人民法院行政审判庭关于超过法定退休年龄的进城务工农民因工伤亡的，应否适用〈工伤保险条例〉请示的答复》（〔2010〕行他字第10号）及《最高人民法院关于超过法定退休年龄的进城务工农民在工作时间内因公伤亡的，能否认定工伤的答复》（〔2012〕行他字第13号）中均明确，用人单位聘用的超过法定退休年龄的务工农民，在工作时间内、因工作原因伤亡的，应当适用《工伤保险条例》的有关规定进行工伤认定。因此，对于公司所述黎某超过法定退休年龄无法缴纳工伤保险，因此不能视同工伤的意见，不予采纳。

《人力资源社会保障部关于执行〈工伤保险条例〉若干问题的意见（二）》（人社部发〔2016〕29号，2016年3月28日）第二条规定，达到或超过法定退休年龄，但未办理退休手续或者未依法享受城镇职工基本养老保险待遇，继续在原用人单位工作期间受到事故伤害或患职业病的，用人单位依法承担工伤保险责任。

黎某原职业为粮农，无在案证据证明其与其他机关、企事业单位存在退休关系，其生前并未享受上述规定中的城镇职工基本养老保险待遇，其享受的城乡居民基本养老保险待遇无论从性质上还是从实际获得的保险待遇上，都与城镇职工基本养老保险待遇有本质的区别。因此，对于公司所述黎某已享受过城乡居民基本养老保险待遇，因此不能视同工伤的意见，亦不予采纳。

综上，一审判决驳回公司的诉讼请求。

公司不服，提起上诉。

二审判决：黎某在下班打卡时猝死，应当视同工伤。

二审法院认为，《工伤保险条例》第十五条第一款第（一）项规定，职工在工作时间和工作岗位，突发疾病死亡或者在48小时之内经抢救无效死亡的，视同工伤。《最高人民法院行政审判庭关于超过法定退休年龄的进城务工农民因工伤亡的，应否适用〈工伤保险条例〉请示的答复》（〔2010〕行他字第10号）规定，用人单位聘用的超过法定退休年龄的务工农民，在工作时间内，因工作原因伤亡的，应当适用《工伤保险条例》的有关规定进行工伤认定。

我国工伤保险的立法宗旨在于通过发挥工伤预防、工伤补偿和工伤康复等工伤保险的基本功能，实现维护劳动者基本权益的主要目的。劳动保障行政部门作出工伤认定的行政行为，应当对主体、时间、空间等方面进行综合考量，以确保作出的行政行为定性准确，切实维护劳动者的合法权益。

本案中，黎某系外埠进城务工农民，于2018年12月19日入职公司，2020年2月6日20时左右在下班打卡时突然倒地不起，北京市红十字会紧急救援中心到场后确认死亡，后经鉴定确认为猝死。该情形符合上述法律规定应当认定视同工伤的情形。

综上，二审判决如下：驳回上诉，维持一审判决。

公司仍不服，向北京高院申请再审。

北京高院裁定：人社局认定黎某属工伤事实清楚，适用法律正确，程序亦无不当。

北京高院认为，根据最高人民法院行政审判庭《关于超过法定退休年龄的进城务工农民因工伤亡的，应否适用〈工伤保险条例〉请示的答复》（〔2010〕行他字第10号）和最高人民法院行政审判庭《关于离退休人员与现工作单位之间是否构成劳动关系以及工作时间内受伤是否适用＜工伤保险条例＞问题的答复》（〔2007〕行他字第6号）的主要精神，人社局认定黎某符合《工伤保险条例》第十五条第一款第一项规定的工伤情形，并作出《认定工伤决定书》，认定事实清楚，适用法律正确，程序亦无不当。

北京高院裁定如下：驳回公司的再审申请。

（资料来源：根据北京市盈科（南京）律师事务所谭晓辉律师的讲述整理。）

# 参考文献 REFERENCES


［1］刘善仕，王雁飞．人力资源管理［M］．2 版．北京：机械工业出版社，2023.

［2］赵曙明，张正堂，程德俊．人力资源管理与开发［M］．2 版．北京：高等教育出版社，2018.

［3］段超群．培训与开发［M］．沈阳：东北师范大学出版社，2012.

［4］左岸．情商管理课［M］．北京：中国华侨出版社，2017.

［5］陈国海．员工培训与开发［M］．北京：清华大学出版社，2012.

［6］蒋明新．人力资源开发与管理［M］．成都：西南财经大学出版社，2003.

［7］薛永武．人才开发学［M］．北京：中国社会科学出版社，2008.

［8］萧鸣政．人力资源开发与管理：在公共组织中的应用.2 版［M］．北京：北京大学出版社，2009.

［9］石金涛．培训与开发［M］．北京：中国人民大学出版社，2013.

［10］赵曙明．人力资源管理与开发［M］．2 版．北京：高等教育出版社，2018.

［11］卡尔·马克思.资本论［M］．中共中央马克思恩格斯列宁斯大林著作编译局，译．北京：人民出版社，1978.

［12］陈维政，余凯成，程文文．人力资源管理［M］．2 版．北京：高等教育出版社，2006.

［13］阎步克．从爵本位到官本位：秦汉官僚品位结构研究［M］．北京：生活·读书·新知三联书店，2009.

［14］《人力资源管理》编写组．人力资源管理［M］．北京：高等教育出版社，2018.

［15］刘卿，王丽，王新翠．人力资源管理［M］．济南：山东大学出版社，2019.

［16］彭剑锋．人力资源管理概论［M］．2 版．上海：复旦大学出版社，2011.

［17］陈传明 . 管理学［M］. 北京：高等教育出版社，2019.

［18］唐珍 . 谁偷走了我们的幸福［J］. 读者，2011（2）：39.

［19］萧然 . 平常道Ⅱ［M］. 北京：九州出版社，2010.

［20］企业用人准则：五大原则［EB/OL］. https：//www.sohu.com/a/166027949_800727.

［21］普通高等学校招生全国统一考试［EB/OL］. https://baike.baidu.com/item/%E6%99%AE%E9%80%9A%E9%AB%98%E7%AD%89%E5%AD%A6%E6%A0%A1%E6%8B%9B%E7%94%9F%E5%85%A8%E5%9B%BD%E7%BB%9F%E4%B8%80%E8%80%83%E8%AF%95/2567351?fr=ge_ala.

［22］公平理论［EB/OL］. https://baike.baidu.com/item/%E5%85%AC%E5%B9%B3%E7%90%86%E8%AE%BA?fromModule=lemma_search-box.

［23］徐宏. 人力资源开发及其途径［EB/OL］.（2011-11-25）. http://www.people.com.cn/GB/43063/107687/107814/108012/6788003.html.

［24］海尔洗衣机“无所不洗”［EB/OL］. https://wenku.baidu.com/view/ef76483567ec102de2bd892f.html.2011-12-7?_wkts_=1732008200590&needWelcomeRecommand=1.

［25］程序公平［EB/OL］. https://baike.baidu.com/item/%E7%A8%8B%E5%BA%8F%E5%85%AC%E5%B9%B3/4482099?fr=ge_ala.

［26］外部公平［EB/OL］. https://baike.baidu.com/item/%E5%A4%96%E9%83%A8%E5%85%AC%E5%B9%B3?fromModule=lemma_search-box.